南京师范大学附属中学江宁分校 2014—2018 年课改纪实

课程与课堂的一体化建构

张士民　李　滔　编著

东南大学出版社

SOUTHEAST UNIVERSITY PRESS

·南京·

内 容 简 介

全书共分三个部分——上篇、中篇和下篇。上篇:"一体化校本课程的整体建构",从一体化课程的源起、概念阐释、课程体系、课程内容、课程实施等几个方面,阐释了一体化校本课程建设,就是将小学、初中、高中作为一个整体来思考、建构和实施的校本课程,力求为个性特长明显的学生提供不间断跟踪培养的课程平台。中篇:"少教多学课堂的深度实践",提炼学校与各学科的教学主张。在教学主张的统领下,学校层面,研制出一般性的"少教多学"评价标准与模式;学科层面,研究和实验各学科具有个性化的"少教多学"评价标准和教学模式。下篇:"课程与课堂实践的理性表达",教师围绕一体化课程建设和"少教多学"课堂改革发表论文 314 篇,其中核心刊物 28 篇,人大复印资料 5 篇;教师以一体化课程和"少教多学"思考与实践为主题,开设讲座和公开课达 52 次。课程与课堂改革,极大地张扬了教师的个性,丰富了教学的内涵!

希望这些课例对教师们开阔视野、拓展思路、活跃思维会有所帮助。

图书在版编目(CIP)数据

课程与课堂的一体化建构 / 张士民,李滔编著. —
南京 : 东南大学出版社,2018.9
ISBN 978 - 7 - 5641 - 8023 - 2

Ⅰ.①课… Ⅱ.①张… ②李… Ⅲ.①课程-教学研
究-中小学 Ⅳ.①G632.3

中国版本图书馆 CIP 数据核字(2018)第 221653 号

课程与课堂的一体化建构

编 著	张士民 李 滔
责任编辑	宋华莉
编辑邮箱	52145104@qq.com
出版发行	东南大学出版社
出 版 人	江建中
社 址	南京市四牌楼 2 号(邮编:210096)
网 址	http://www.seupress.com
电子邮箱	press@seupress.com
印 刷	南京新世纪联盟印务有限公司
开 本	700 mm×1 000 mm 1/16
印 张	18.75
字 数	357 千字
版 印 次	2018 年 9 月第 1 版 2018 年 9 月第 1 次印刷
书 号	ISBN 978 - 7 - 5641 - 8023 - 2
定 价	58.00 元
经 销	全国各地新华书店
发行热线	025 - 83790519 83791830

(本社图书若有印装质量问题,请直接与营销部联系,电话:025 - 83791830)

前　言

美国著名课程专家拉尔夫·泰勒说:"课程是学校教育的核心任务。"有什么样的课程就有什么样的教育,有什么样的教育就有什么样的发展,课程结构影响着学生的素质结构,课程水平影响着学生的素质水平。

南京师范大学附属中学江宁分校(以下简称附中分校)是 2002 年由南京师范大学附属中学与江宁经济技术开发区(国家级)合作创办的一所全日制学校。附中分校自建校之日起,就提出"一手抓课程、一手抓课堂"的策略,意在形成特色鲜明的课程群组,从而促进学生个性化和学校特色化发展。这体现了附中分校的教育理念与追求。

在课程建设方面,附中分校在江苏省"十一五"规划课题"课程行动研究:个性化教育的校本探索"研究中,已经构建了校本必修和校本选修(校本选修包括选修Ⅱ、选修Ⅲ和社团)的课程体系,编写了"尊重差异是发现个性的前提,发现个性是形成个性的必经之路,适应个性要有教育创新"的重要观点,编写了专著《为学生个性发展奠基——南京师范大学附属中学江宁分校课程建设纲要》。围绕课题核心词在《人民教育》《江苏教育研究》等高水平杂志上发表论文多篇。"十二五"规划课题"基于'个性发展'的幼儿园至高中课程一体化建构的校本探索",就是在"十一五"规划课题基础上的研究,是对原课题的加深、拓展和延伸。

在我国,基础教育的重点仍是知识教育,对学生个性的激发还远远不够,对基于"个性发展"的校本课程一体化研究还不普及。其主要原因是:幼儿园至高中(十五年)各学段都具有的学校在国内还不多见,这就给校本课程一体化的研究带来了现实的困难。但同时,也为附中分校的基于"个性发展"的幼儿园至高中校本课程一体化建设的研究提供了足够的空间。

附中分校的学生来源广泛,能力倾向各不相同,只有实施个性化教育,才能寻求并拓宽适应不同层次需求学生的成长渠道,使学生获得一个多元发展的环境,使各类学生都能心情舒畅、获得尊重,进而得到良性发展。

一体化校本课程建设,就是将小学、初中、高中作为一个整体来思考、建构和实施的校本课程,系统地设计某一学科由具体到抽象,由简单到复杂,由动作表征、印象表征到符号表征的难度渐次升高的螺旋式课程体系,使小学至高中各学段对这一学科的学习既自成系统，又前后衔接、过渡自然、知识连贯，力求为个性特长明显的学生提供不间断跟踪培养的课程平台。

　　幼儿园至高中校本课程的一体化建设，将各学段相互独立的校本课程整合成一个完整的体系，消弭校本课程开发中各自为政、交叉重复的现象，有利于各学段之间的衔接，从而提升个性化教育的效率和效果。在一个精心架构的"幼儿园至高中校本课程一体化建设"的课程体系中，设计能适应学生个性发展的课程，必将为学生的个性发现、发展提供平台，使学生不仅能达到国家课程目标规定的要求，还能具备较高的人文素养和科学素养、较强的学习力和创造力。

　　在课堂教学方面，附中分校根据教学改革的需要，于 2013 年申报了江苏省第 10 期教学研究重点课题"少教多学的运行机制及质量保障体系的研究"。围绕这个课题，学校对古今中外有关"少教多学"或与"少教多学"紧密相关的理论进行收集和学习，为我所用，建构了符合附中分校特点的"少教多学"理论体系，使"少教多学"理论校本化。在此基础上，研制学校一般性"少教多学"课堂教学评价标准和"少教多学"教学模式，并充分发挥"导学案"在"少教多学"运行机制和质量保障体系中的作用，取得了较为丰富的成果和宝贵的经验。

　　附中分校倡导"少教多学"的目的，是让课堂教学行为发生转变，让教学的重心落在"学"上。因为不管你"怎么教"，关键还要看学生是否"学会了""会学了"。其生长结构是从"以学定教"指向"少教多学"，从"少教多学"指向"不教之教"。这里所说的"不教之教"，就是叶圣陶先生说的"凡为教，目的在达到不需要教"，即"教是为了不教"的教学思想。

　　从"以学定教"到"少教多学"再到"不教之教"，这一核心思想揭示了教学的本质，而且建构了完整的教学概念。今天，推动教学改革，研究学生学习方式，发展学生的核心素养，寻找核心素养在课堂教学中落地生根的入口，"以学定教""少教多学""不教之教"仍是教学的准绳。

　　叶圣陶曾指出："学生能够理解和领会的东西，教师完全可以不讲。学生了解不透、领会不深的地方，才需要教师给以指点和引导，适当地多动脑筋。"他总结说："讲的目的，在于达到不需要讲"，他认为这是教学的最大成功。这种通过"不教之教"将教学本质呈现出来，是我们的目标和永远的追求。

张士民 李涵

二〇一八年八月

目　　录

上篇　一体化校本课程的整体建构

中篇 少教多学课堂的深度实践

下篇 课程与课堂实践的理性表达

一体化校本课程的整体建构

　　课程建设是南京师范大学附属中学优良的传统和宝贵的财富,也是南京师范大学附属中学江宁分校内涵发展和特色发展的重要内容,更是家长和社会视野中附中分校的品牌和优势。作为校本课程建设的重要载体,附中分校承担的江苏省"十二五"规划课题"基于'个性发展'的幼儿园至高中课程一体化建构的校本探索",自 2012 年 3 月 11 日开题以来,学校做了大量的研究工作;作为课题研究,附中分校的追求是:想明白,说清楚,做出来。

　　一体化校本课程建设,就是将小学、初中、高中作为一个整体来思考、建构和实施的校本课程,系统地设计某一学科由具体到抽象,由简单到复杂,由动作表征、印象表征到符号表征的难度渐次升高的螺旋式课程体系,使小学至高中各学段对这一学科的学习既自成系统,又前后衔接、过渡自然、知识连贯,力求为个性特长明显的学生提供不间断跟踪培养的课程平台。

■■■ 第一章

课 程 源 起

◇ 回应时代发展对教育的诉求

• 李约瑟之惑

1944 年,英国皇家科学院院士李约瑟博士提出:"中国的古代文明为什么没有发展出现代科学技术?"古代中国人在科学和技术方面曾经有过辉煌,其发达的程度远远超过同时期的欧洲。但为什么近代科学或者说科学革命没有产生在中国,而是在 17 世纪的西方,特别是文艺复兴之后的欧洲呢?

• 钱学森之问

"为什么我们的学校总是培养不出杰出人才?"这就是著名的"钱学森之问"。"钱学森之问"是关于中国教育事业发展的一道艰深命题,需要整个教育界乃至社会各界共同破解。2005 年 7 月 29 日,病榻上的钱学森对前来探望他的温家宝总理坦诚建言:"现在中国没有完全发展起来,一个重要原因是没有一所大学能够按照培养科学技术发明创造人才的模式去办学,没有自己独特的创新的东西,老是'冒'不出杰出人才。这是很大的问题。"

• 创新型人才紧缺

我国教育还不能完全适应社会发展和人民群众接受良好教育的要求。教育观念相对落后,内容方法比较陈旧,中小学生课业负担过重,素质教育推进困难,学生适应社会和就业、创业能力不强,创新型、实用型、复合型人才紧缺。

从 1944 年的"李约瑟之惑"到 2005 年的"钱学森之问",我国拔尖创新人才培养情况不容乐观。问题的关键就在于我国的个性化教育滞后。我们应该发现每个学生的潜能所在,指出他们发展的最佳路径,并建立起丰富的、适合学生个性发展的课程体系,让每个学生通过选择寻找到最适合自己的课程。这样,才能使他们得到充分的、个性化的发展。

◇ 继承百年附中课程文化传统

一百多年来,南师附中以"校风诚朴、善育英才"著称。校友中有 54 位两院院士、30 位共和国将军。南师附中以"慎聘良师、锐意改革"的优良传统,一直走在中国基础教育改革的最前沿。南师附中的辉煌,与其深厚的课程文化密不可分。

早在 1922 年,南师附中第 6 任校长、我国近现代著名心理学家和教育家廖世承先生采用三三制并编订新学制课程大纲,实验道尔顿制,推动了全国中学的学制和课程改革。20 世纪 50 年代进行了文、理、农分科教学实验和四二制试点班教学改革。60 年代进行了旨在推动学生生动活泼主动发展的教育改革。80 年代进行了高中课程结构改革。90 年代试行高中阶段必修课分层教学实验。新一轮课改以来,附中的"素质养成、个性发展、特色创造"三类课程建设也取得了一系列成果。

附中分校传承南师附中的文化传统,其核心就是传承南师附中的课程文化传统,帮助学生发现个性,通过丰富的课程来适应个性、发展个性。

• 校训:嚼得菜根　做得大事

1905—1911 年,我国近代著名教育家和书法家李瑞清先生出任两江师范学堂监督(校长),他提出"嚼得菜根,做得大事"的校训,倡导"俭朴、勤奋、诚笃"的校风。"嚼得菜根,做得大事"是说人能吃得苦,方能做成事。这种艰苦质朴、追求卓越的办学理念,不仅使两江师范学堂声誉日隆,成为东南第一学府,而且是值得附中人永远珍藏的精神财富。

• 教育理念

高质量地实施素质教育,促进每一个学生充分的、个性化的发展——使优秀者更优秀、平常者不平常。

坚持以人为本、全面实施素质教育,把促进学生健康成长作为学校一切工作的出发点和落脚点,着力提高学生服务国家、服务人民的社会责任感,勇于探索的创新精神和善于解决问题的实践能力,培养德、智、体、美全面发展的社会主义建设者和接班人。

◇ 拓展已建构的校本课程体系

附中分校在江苏省"十一五"规划课题"课程行动研究:个性化教育的校本探索"研究中,已经构建了立体化的校本课程体系,形成了"尊重差异是发现个性的前提,发现个性是形成个性的必经之路,适应个性要有教育创新"的重要观点,编写了专著《为学生个性发展奠基——南京师范大学附属中学江宁分校课程建设纲要》,围绕课题核心词在《人民教育》《江苏教育研究》等高水平杂志上发表论文多篇。"基于'个性发展'的幼儿园至高中课程一体化建构的校本探索"是在"课程行动研究:个性化教育校本探索"研究基础上的研究,是对原课题的加深和拓展。

• 立体化课程体系的校本定义

立体化校本课程体系是指按照学校的教育哲学思想,基于学校的现有资源,为促进学生充分、个性化的发展而系统地设计并实施的多维度、多层次、开放型的课程群组。课程群组包含校本必修、校本选修,校本选修包括选修Ⅱ、选修Ⅲ和社团,它们之间相互影响、相互补充、相互促进,而不是简单重复。

• 立体化课程体系的理论支撑

结构主义。皮亚杰在《结构主义》一书中说:所谓结构,也就是一个整体、一个系统、一个集合。二元对立形成结构,结构优良的整体效能大于部分之和。

多元智能。加德纳教授的多元智力理论认为,智能是多元和开放的,各种智能没有高下之分;每一个人都有自己独特的智能光谱;每一种智能都可以得以激活、开发和培养。

• 立体化校本课程结构示意图

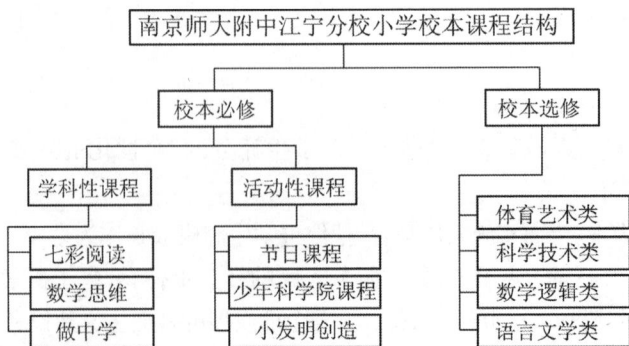

```
        南京师大附中江宁分校小学校本课程结构
                    |
        ┌───────────┴───────────┐
      校本必修                  校本选修
        |                         |
   ┌────┴────┐              ┌──────┤
 学科性课程  活动性课程        │    体育艺术类
   |          |              │    科学技术类
 七彩阅读    节日课程         │    数学逻辑类
 数学思维  少年科学院课程      │    语言文学类
 做中学     小发明创造
```

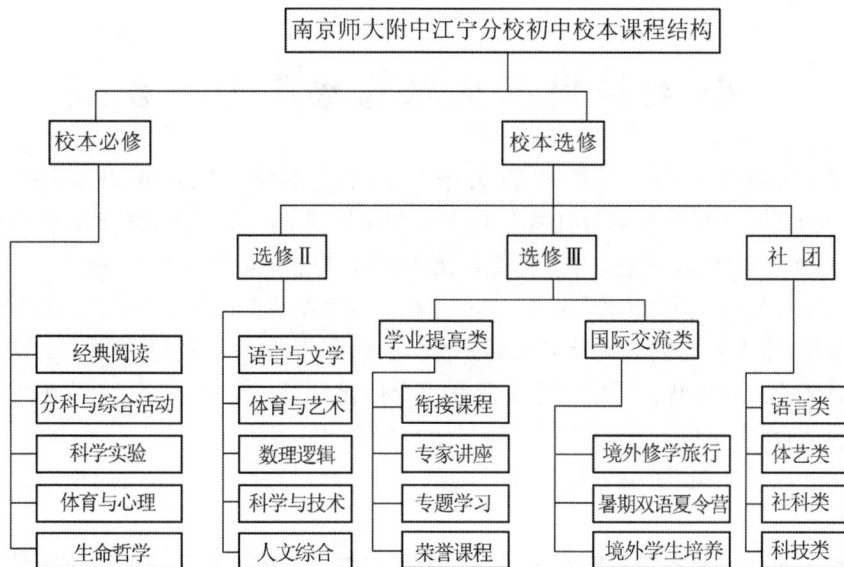

南京师大附中江宁分校初中校本课程结构

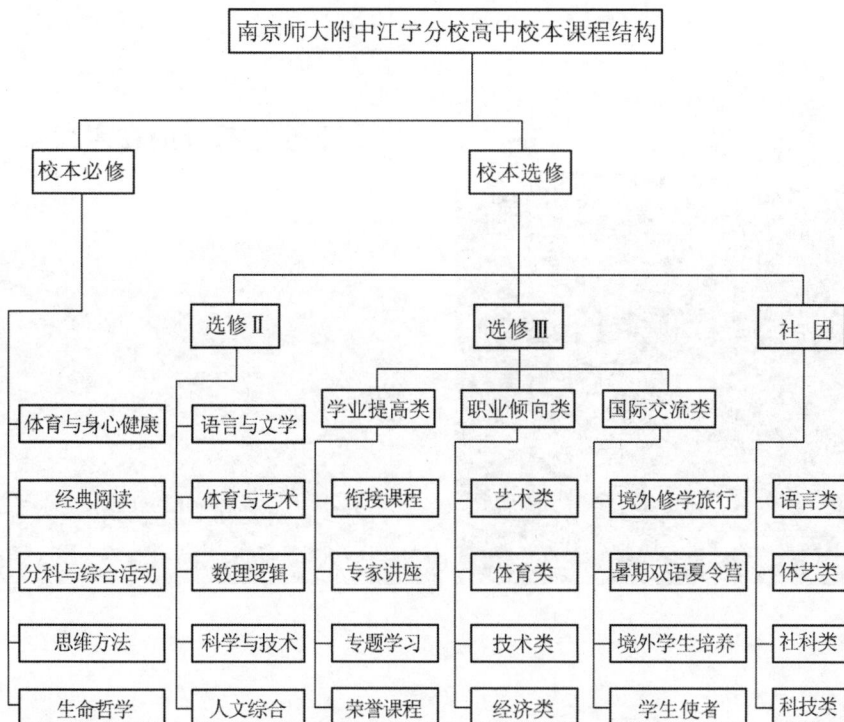

南京师大附中江宁分校高中校本课程结构

◇ 打造特长生跟踪培养的平台

　　附中分校占地 531 亩,校舍 23 万平方米,教育教学设施齐全,规模较大。现在,学校有幼儿园、小学部、初中部、高中部和国际部,223 个教学班,850 多名教职工和 8 600 多名学生,是国内规模较大、层次较高的热点品牌学校之一。

　　附中分校学生家长的需求多元,带着各自的教育期待选择分校;学生的个性也丰富多样,带着各自的兴趣爱好来到分校。我们深深地感觉到:国家规定的课程和我校立体化校本课程已不能完全满足学生个性化发展的需求,因此,需要为学生提供更为适合、丰富的课程,以促进其充分的、个性化的发展。

　　鉴于以上认识,附中分校设计并实施了"幼儿园至高中一体化的校本课程体系"。

　　附:《一体化校本课程实施手册》和《个性化教育的校本探索——南京师范大学附属中学江宁分校一体化校本课程建设纲要》封面

▦▦▦ 第二章

概 念 阐 释

◇ 核心概念

• 个性发展

所谓个性,即个体在一定生理和心理素质上,通过社会实践活动形成和发展起来的,表现为个体在社会实践中所持的态度和行为的综合特征。学生的个性差异客观存在,不同个性特长学生的成长道路也各不相同,学校的责任就在于发现与激发每个学生的潜能所在,指出他们发展的最佳路径,并建立起丰富的、适合学生个性发展的课程体系。

• 课程一体化

课程一体化是指构建从幼儿园、小学、初中到高中各个学段之间过渡自然、知识连贯、习惯养成和能力培养相互衔接的校本课程体系。我校课程一体化强调的是:

课程体系的结构化。从学生个性发展的角度整体规划、设计幼儿园至高中十五年相衔接的校本课程体系,使课程的整体力量大于部分之和。

课程内容的系列化。校本课程的内容呈螺旋式上升、波浪式前进的态势,以克服重复、交叉甚至脱节的现象。

课程形式的多样化。开设形式多样的校本课程,让每个学生通过选择寻找到最适合自己的课程,使学生得到充分的、个性化的发展。

课程管理的集约化。校本课程的一体化建设,必将有利于整合教育资源,节约学校的人力、物力、财力。以一体化统整,打破国家课程与校本课程,以及校本课程不同体系、不同学科之间的壁垒。

• 校本探索

校本探索，是指在高质量地实施国家课程的前提下，学校从实际情况出发，按照自己的教育哲学思想，指导教师研究本校、本班的实际情况，开发校本课程并对国家课程进行校本化实施，以适应不同个性特长学生的不同需求。

校本探索，关键在于行动：在行动中研究，在研究中行动，以行动促研究。

◈ 校本阐释

• 校本课程一体化建构

校本课程一体化建构是指将小学、初中、高中作为一个整体来思考、建构和实施的校本课程。即为满足学生个性发展的需求，根据学校的资源条件，系统地设计某一学科由具体到抽象，由简单到复杂，由动作表征、印象表征到符号表征的难度渐次升高的螺旋式课程体系，使小学至高中各学段对这一学科的学习既自成系统，又前后衔接、过渡自然、知识连贯，力求为个性特长明显的学生提供不间断跟踪培养的课程平台。

• 一体化课程与立体化课程的关系

一体化课程是对立体化校本必修课程的完善。构建幼儿园和小学学段的校本课程体系，以期与初中和高中相衔接，真正达到幼儿园至高中校本课程一体化。如《经典阅读》，幼儿园及小学低年级为经典阅读的预备阶段，重点是培养学生阅读的兴趣；小学中高年级为经典阅读的起始阶段，开始尝试专题性阅读，逐步养成良好的阅读习惯；初中阶段为经典阅读的提高阶段，逐步形成读与写相结合的能力；高中阶段为经典阅读的深化阶段，提升学生对社会人生的思考和看法。

一体化课程是对立体化校本选修Ⅱ课程的优化。对学校现有近 200 门选修Ⅱ课程进行整合优化，打造精品，为学生的个性化发展提供丰富的高质量的课程，使之真正成为国家必修必选课程拓展和应用的平台。小学选修Ⅱ课程强调趣味性，意在激发学生的学科兴趣；初中选修Ⅱ课程强调多样性，意在培养学生的选择意识；高中选修Ⅱ课程强调学术性，意在激发学生的探究精神。

一体化课程是对立体化校本选修Ⅲ课程的开发。我校在高中部分年级已经做了选修Ⅲ课程的尝试。在一体化课程建设中，我们将把选修Ⅲ课程推广到高中各年级以及初中和小学学段。同时,进一步强化选修Ⅲ课程的基础性和层次性,设计不同的教学内容以满足学生个别化发展的需求。

◆ 理论依据

现代课程理论认为:课程就是计划、机会和发展平台。课程的主体应该是学生。在校本课程的设计与实施过程中,我们充分消化吸收教育学、心理学等诸多理论,其中,尤为关注"多元智能"理论、"螺旋式课程"理论和"结构主义"理论。

• 加德纳"多元智能"理论

美国心理学家加德纳(Howard Gardner)在《智力的结构:多元智能理论》一书中,把智力定义为"是在某种社会和文化环境的价值标准下,个体用以解决自己遇到的真正难题或生产及创造出某种产品所需要的能力"。他认为,智力不是一种能力而是一组能力,智力不是以整合的方式存在而是以相互独立的方式存在的。在此基础上,他阐述了他的关于智力的种类及其基本性质的多元智能理论。

加德纳认为,每个人都同时拥有相对独立的九种智力,而这九种智力在每个人身上以不同方式、不同程度的组合使得每个人的智力各具特点,这就是智力的差异性。这种差异性是由环境和教育所造成的,尽管在各种环境和教育条件下个体身上都存在着这九种智力,但不同环境和教育条件下个体的智力发展方向和程度有着明显的差异性。在正常条件下,只要有适当的外界刺激和个体本身的努力,每个个体都能发展和加强自己的任何一种智力。

加德纳还认为,因为每个人的智力都有独特的表现方式,每一种智力都有多种表现方式,所以,我们很难找到一个适用于任何人的统一评价标准,来评价一个人是否聪明与成功。

这启示我们:课程建设一定要把培养学生的个性特长放在首要位置。我们的课程建设不能只围绕着某几种智能设置课程,我们的课程建设要保证学生的多元智能都得到有效发展,我们的教育应该在保证学生全面发展的同时,关注并培养学生的优势智力领域——智力强项或特长,使我们的教育成为发现差异、因材施教、培养特长、树立自信的教育。

• 布鲁纳"螺旋式课程"理论

布鲁纳结构课程理论认为,无论我们选择何种学科,都务必使学生理解该学科的基本结构,采用螺旋上升的方式编辑课程,主张课程分科设置,重视发现式教学。

布鲁纳所提倡的"螺旋式课程",即教育必须了解儿童正在形成的认知阶段,学科的基本结构应适应儿童成长的规律,教材的编写应分成不同的阶段,课程的知识应注意阶段性,能够适应学校不同年级不同能力的学生。螺旋式课程打破了中小学甚至大学统一课程的界限,强调了学科之间的连贯性,这种连续性和发展性的特征,既适应了学生的认知过程,又能促进学生的认知发展。

在课程理论中,课程内容的呈现方式一般有"直线式"与"螺旋式"之分。"直线式"是将课程内容组织成一条在逻辑上紧密联系的直线,一次性开设完成,前后内容基本上互不重复;"螺旋式"是在学生不同的发展阶段,课程内容不断重复出现,但是这些重复出现的内容在深度和广度上都有所加强。一个好的螺旋式课程的编制应从三个方面入手:第一,把学科中普遍的、基本的概念和原理作为课程的中心,并且要注重内容编排的连续性;第二,使学科的知识结构与儿童的认知水平相统一;第三,重视知识的形成过程。

• 皮亚杰"结构主义"理论

皮亚杰在《结构主义》一书中说:所谓结构,也就是一个整体、一个系统、一个集合。二元对立形成结构,结构优良的整体效能大于部分之和。一体化的课程结构必定优于分散、零乱、不成系统的课程碎片。

■■■ 第三章

课 程 体 系

◇ 课程目的

一体化校本课程的建设,目的是构建从幼儿园、小学、初中到高中各个学段相互衔接、过渡自然、知识系统连贯的校本课程体系,让个性特长明显的学生通过选择,在各个学段都能寻找到属于自己的"那一门"课程。

◇ 课程原则

· **贴近学生**

一体化校本课程的核心思想是以尊重学生的个性为根本出发点,在课程的选择与使用上重视学生的学习需求,尤其重视不同层次和特长学生的学习需求,使学生的个性化学习需求得到尊重和满足。

· **渗透能力**

在尊重和满足学生不同个性需求的同时,一体化校本课程的开设渗透学科能力要求,将平时的国家必修必选课程的学习与校本课程学习相融合。

· **彰显特色**

发掘学校特色项目资源,根据现有的师资状况,打造符合学校条件的特色课程,以特色课程彰显学校特色。

• 整合资源

　　根据学校的师资力量及教学设施的情况,整合校内外资源,最大限度地开设一体化校本课程。一方面充分发挥学校的现有资源,特别是专业特长教师的选拔与聘用,另一方面积极与周围高校、科研院所、大型企事业单位合作,引进或共同开发相关课程,提升学校的教育教学品质。

◇ 课 程 结 构

• 一体化课程结构示意图

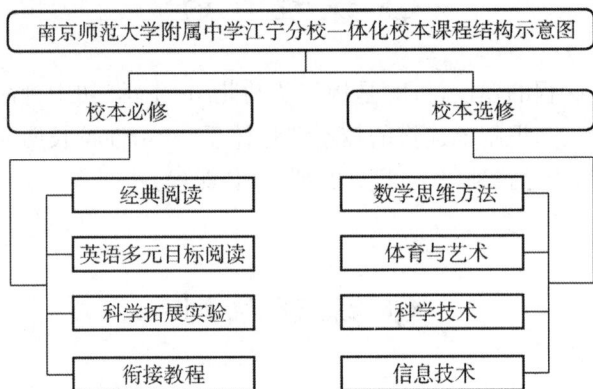

南京师范大学附属中学江宁分校一体化校本课程结构示意图

校本必修　　　　　　　校本选修

经典阅读　　　　　　数学思维方法
英语多元目标阅读　　体育与艺术
科学拓展实验　　　　科学技术
衔接教程　　　　　　信息技术

• 一体化校本必修课程

　　附中分校的特色是什么,这个特色如何表现出来,取决于校长的教育哲学思想,而校长的教育哲学思想最终又体现在课程上。附中分校开发一体化校本必修课程,除了依据课程开发的政策空间外,还指向学生的实际需要和本校的资源条件,更重要的是描述学校的培养目标和办学思路,引导学生的发展方向。

• 一体化校本选修课程

　　一体化校本选修课程,是学校关注学生差异,主动设计多种课程以适应不同潜质学生广泛的学习差异的需要。开发与设置一体化校本选修课程,有利于学生从小学、初中、高中各个阶段通过课程了解自己的兴趣、爱好以及能力倾向,从而规划自己人生的发展方向;一体化校本选修课程的开设,也有利于学生拓展知识、培养能力,将所学知识与社会以及生活实践相结合,从而提升创新意识与综合实践能力。

◇ 课程整合

课程整合是我国《基础教育课程改革纲要》中明确提出的一个概念。从学科视角出发,课程整合是一种课程理念及课程设计方法,强调的是在一定环境下一个系统或结构里全部要素无一例外地结合在一起。

• 整合的必要性

在全面开设立体化与一体化课程的过程中,出现师资不足、场地不够、时间不多等问题,有必要进行整合。

• 整合的可行性

我校立体化与一体化课程的课程体系结构相同,目标一致,便于整合。

附中分校重视学科内、学科间的课程整合,还重视将国家必修与校本必修,校本必修与校本选修,选修与研究性学习、社团等进行整合。整合后,课程的头绪更清晰,逻辑更简单,操作更简便。

一体化课程体系中的经典阅读、英语多元目标阅读、科学拓展实验等校本必修课程,与立体化课程体系中的经典阅读、拓展实验等校本必修课程相整合;一体化课程体系中的数学思维方法、艺术、体育、信息、科技等校本选修课程,作为精品选修,与原立体化课程体系中的选修Ⅱ课程,即基础选修课程同时开设,有特长的同学选择精品选修课程,其他同学仍然选择基础选修。选修一体化课程体系中的精品选修部分,即体育、艺术、信息、科技的同学,在社团活动时间,自动组成精品社团,以自我探究的形式为主,巩固提高。

■■■■ 第四章

课 程 内 容

附中分校以促进学生"个性发展"为目的,以整体的课程结构为核心,根据学生发展的需求、学生的年龄特点以及学校的师资和设施等实际情况,研究并确立一体化校本课程内容。

国家必修课程的呈现方式基本都属于一体化课程。从理论上讲,附中分校已经开设的近 200 门校本必修和校本选修(选修Ⅱ、选修Ⅲ和社团)都可以按照螺旋上升的方式来建构,但这个目标显然无法实现,因为课程开发受师资、场地、时间等众多因素的限制。

在一体化校本课程建设专家咨询会上,江苏省教科院基教所所长彭钢、国家督学成尚荣等专家一致认为:附中分校的一体化课程的设计要有所为有所不为,最好能按照共有的元素,寻找几个点深入下去,来凸显个性化教育的力度。

经专家指导,附中分校提出了四元素,即身心健康、人文素养、科学素养、艺术素养;六要点,即经典阅读、英语多元目标阅读、科学拓展实验、数学思维方法、体育与艺术、信息与科技。

一体化课程建设的"四元素、六要点"的确定,大大简化了一体化课程设计的头绪,得到专家们的充分肯定。

◇ 课程设计

· 一体化校本必修课程

经典阅读

附中分校的学生要有较高的人文素养,反映在课程上,我们开发了经典阅读课程。通过阅读,意在让学生变得聪明一点,善良一点,精神世界丰富一点,直至达到阅读的最高境界——让学生爱读书。这应是学校的一个特色。人致力于三种秩序的建立:社会秩序、自然秩序、心灵秩序。其中,心灵秩序是这三种秩序的灵魂。开设经典阅读课程的目的,就是要构建起学生和谐的心灵秩序。

为真正落实经典阅读课程,附中分校编印了小学一年级到高中三年级共12册《一体化语文阅读教材》,制定了南师附中江宁分校名著阅读课程标准。课程标准对阅读目标、阅读要求、阅读内容、阅读方法、课程评价和实施办法做了具体的规划和要求。其中,小学侧重于趣味性阅读,初中侧重于理解性阅读,高中侧重于思辨性阅读。

英语多元目标阅读

附中分校认为,英语学习不仅是为了增长见识和能力,也是为了文化融通和思想交流。英语学习有助于理解多元文化,使人心胸更开阔、更包容,更能面对较为敏感的话题,在多文化的场合下也会更相处自如。英语学习对人的思维能力、记忆力、对于母语语法的理解都有益处。附中分校设计的英语多元目标阅读课程,就是试图改变以培养交际能力为唯一目标的外语教育观念。

附中分校的英语一体化多元目标阅读,在小学阶段,重点培养孩子的学习兴趣,听、说、玩为一体,做到英语发音准确、书写规范;初中阶段重点培养学生的语言表达能力,听、说领先,读、写跟上,做到英语表达流畅,能正确地描述人和事;高中阶段重点是让学生用英语表达思想,陈述观点。附中分校依托《21世纪报》《津津有味读经典》等读物,开展由低到高的阶梯式阅读,把三个学段串联起来,最终达到在英语学习中,培养学生的行为习惯、思维方式、国际意识、健康品质等综合目标。

科学拓展实验

附中分校的学生除了要有较高的人文素养,还要有较高的科学素养。为此,学校开设了科学拓展实验课程。给学生时间、空间,让他们探究、观察、思考,动手去做,用眼去看,用心去学,强化他们的兴趣,使他们的实验技能得到提高,思维能力得到发展,改变学生以看书、记忆、做习题为主的学习模式。

科学拓展实验课程分物理、化学、生物三个实验模块,一共设计了近200项有趣味、有生长性和发展性的实验。实验所需仪器设备大多简单易置或易找代用品,所选实验内容贴近各学段学生的学习内容,又不与教材重复,是国家必修课程的印证或进一步延伸,符合学生进一步了解和思考的要求。学生可在理、化、生三个学科方向专选一个实验模块完成,也可在两个实验模块或三个实验模块中各选一部分完成。

衔接教程

实践告诉我们:由于知识内容、学习方法、难度要求、思维习惯的差异,会造成学生在新学段学习上的"裂缝"。这种"裂缝"往往造成学生在新的学段开始之时无所适从。所以,附中分校通过开设衔接课程,为学生搭把"向上"的梯子,来弥合这样的"裂缝"。我们从国家必修课程的整体性、连贯性、层次性、有序性出发,通过对小学、初中、高中教材知识点的梳理,找准小、初和初、高教材在知识、思维、目标、方法等方面的衔接点,排查知识衔接的"盲区",编写出版了语文、数学、英语、科学四门学科的《小升初衔接教程》和语文、数学、英语、物理四门学科的《初升高衔接教程》。衔接课程,注重知识的拓展和迁移,既关注知识、方法和思维的连贯性和渗透性,又关注思维的针对性和可操作性,得到学生的喜爱和家长的好评。

• 一体化校本选修课程

附中分校现开设了六门学科,共 26 项一体化校本选修课程。

数学学科:数学思想方法

音乐学科:钢琴、手风琴、竹笛、二胡、流行歌曲表演唱、合唱艺术、舞蹈、管乐

美术学科:版画、书法、水彩画、创意绘画

体育学科:健美操、乒乓球、软式垒球、足球

信息学科:杂志设计与制作、计算机排版艺术

科技学科:乐高机器人、手工制作、仿生机器人、航模、无线电测向、手工制作、校园蝴蝶舞翩翩

◆ 一体化校本必修课程简介

经典阅读

一、课程价值

阅读经典,能不断充实学生的精神生活,完善学生的自我人格,陶冶性情,涵养心灵,提升人生境界,逐步加深对个人与国家、个人与社会、个人与自然关系的思考和认识。同时,在阅读中培养学生的阅读兴趣,扩大学生的阅读视野,学会正确、自主地选择阅读材料,读好书,读整本书,丰富精神世界,提高文化品位。

二、课程目标

学生经过 12 年的阅读,能较熟练地运用略读和浏览的方法,养成默读习惯,有一定的速度。欣赏文学作品,能有自己的情感体验。能领悟作品的内涵,从中获得对自然、社会、人生的有益启示。对作品的思想感情倾向,能联系文化背景作出自己的评价,对作品中感人的情境和形象,能说出自己独到的体验,品味作品中富于

表现力的语言,发现观点与材料之间的联系,并通过自己的思考作出判断;阅读科技类作品,注意领会作品中所体现的科学精神和科学思想方法。

三、课程内容

学段	学期	第一单元 国学撷粹(一)	第二单元 国学撷粹(二)	第三单元 必读经典	第四单元 专题选读
小一	一学年	《三字经》	《百家姓》	《月亮的味道》	中华童谣系列
小二	上学期	《千字文》	《千家诗》(一)	《木偶奇遇记》 《小布头奇遇记》	洪汛涛系列
	下学期	《弟子规》	《千家诗》(二)	《绿野仙踪》 《蓝猫淘气三千问》	金波系列
小三	上学期	《论语》(一)	《论语》(二)	《格林童话》 《列那狐传奇》	陈伯吹系列
	下学期	《大学》	《诗经》(一)	《三毛流浪记》 《天方夜谭》	梅子涵系列
小四	上学期	《中庸》	《诗经》(二)	《海底两万里》 《父与子》	张天翼系列
	下学期	《孟子》(一)	《孟子》(二)	《安徒生童话》 《窗边的小豆豆》	杨红樱系列
小五	上学期	《唐诗》(一)	《唐诗》(二)	《假如给我三天光明》 《夏洛的网》	郑渊洁系列
	下学期	《宋词》(一)	《宋词》(二)	《阁楼上的光》 《爱的教育》	严文井系列
小六	上学期	《世说新语》	《淮南子》	《史记故事》 《上下五千年》	叶圣陶系列
	下学期	《列子》	《乐府诗集》	《汤姆叔叔的小屋》 《草房子》	曹文轩系列
初一	上学期	《春秋》	《孝经》	《繁星春水》 《伊索寓言》	沈石溪系列 贾平凹系列
	下学期	《左传》	《尚书》	《鲁滨孙漂流记》 《西游记》	秦文君系列 钱钟书系列
初二	上学期	《尔雅》	《晏子春秋》选读	《朝花夕拾》 《童年》	黄蓓佳系列 汪曾祺系列
	下学期	《礼记》选读	《孙子兵法》选读	《钢铁是怎样炼成的》 《骆驼祥子》	毕淑敏系列 李敖系列

续表

学段	学期	第一单元 国学撷粹(一)	第二单元 国学撷粹(二)	第三单元 必读经典	第四单元 专题选读
初三	上学期	《容斋随笔》选读	《颜氏家训》选读	《水浒》 《红岩》	三毛系列 叶兆言系列
	下学期	《菜根谭》选读	《黄帝内经·素问》选读	《格列佛游记》 《简·爱》	张晓风系列 格非系列
高一	上学期	《荀子》选读	《楚辞》选读	《边城》 《老人与海》	莫言系列 刘亮程系列
	下学期	《墨子》选读	《文心雕龙》选读	《红楼梦》 《飞鸟集》	路遥系列 余秋雨系列
高二	上学期	《吕氏春秋》选读	《文选》选读	《呐喊》 《哈姆雷特》	毕飞宇系列 龙应台系列
	下学期	《周易》	《人间词话》选读	《茶馆》 《欧也妮·葛朗台》	莫泊桑系列 王开岭系列
高三	上学期	《老子》选读	《文史通义》选读	《三国演义》	鲁迅系列 海子系列
	下学期	《庄子》选读	《鬼谷子》选读	《子夜》	王小波系列 契诃夫系列

四、课程实施

对象:小学一年级至高中三年级全体学生。

课时:小学至初中一年级每周两课时,初中二年级至高中三年级每周一课时。

教材:《一体化语文阅读教材》。

措施:

1. 处理好一体化阅读与常规性阅读之间的关系,保证学生有个性化阅读的时间,尊重学生在推荐篇目内的个性化选择,阅读过程中的控制亦宏观,不宜过细。

2. 阅读过程中生成的问题应主要由学生自己解决。

3. 注意对不同层次学生阅读的分别指导。

五、课程评价

1. 综合考查学生阅读过程中的感受、体验、理解和价值取向,考察其阅读的兴趣、方法与习惯以及阅读材料的选择和阅读量。重视对学生多角度、有创意阅读的评价。

2. 加强形成性评价。采用阅读记录的方式,对学生平时实际的阅读量及随笔写作量加以调控,终结性评价则以问卷的形式为主。

3. 重视定性评价。对于学生阅读的动机、兴趣、习惯予以重点关注,以鼓励为主。

    4. 定期举办读书报告会。

    5. 每周进行读书笔记的检查。

    6. 笔试与口试相结合。

    7. 学校每学期举办一次读书节。

    8. 编辑学生读书随笔集。

附:《一体化语文阅读教材》封面

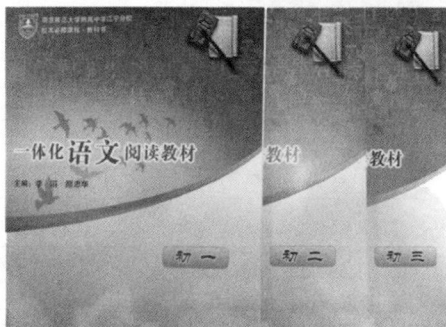

英语多元目标阅读

小 学

一、课程价值

    培养并激发学生对英语学习的兴趣,拓展教材内容,开阔学生视野,提高学生的英语阅读理解能力,使学生养成良好的英语阅读习惯,培养正确的阅读技巧和策略,为终身学习打下基础。

二、课程目标

    在小学低年级英语学习中,结合英语歌曲和牛津英语的学习内容,激发和保持小学生学习英语的兴趣,让孩子在唱一唱、玩一玩、演一演中轻松愉快地学习。在中高年级英语学习中,通过《看听学》和报刊阅读,提高学生阅读能力,激发孩子的阅读兴趣,学习规范的语言,了解英语国家的风土人情。

三、课程内容

一年级

上学期		下学期	
课次	英语歌谣	课次	英语歌谣
1	Unit 1　Hello Nice to meet you	1	Unit 1　Greetings Hello song
2	Unit 1　Hello Good morning	2	Unit 1　Greetings What's your name?
3	Unit 2　Fruit Apple round	3	Unit 2　Transportations The wheels on the bus
4	Unit 2　Fruit Peaches, apples and pears	4	Unit 2　Transportations Transport
5	Unit 3　On the farm Bingo	5	Unit 3　Animals The animal sound song
6	Unit 4　Actions Follow me	6	Unit 4　Actions This is the way/Teddy bear
7	Unit 4　Actions Walking	7	Unit 4　Actions Teddy bear
8	Revision	8	Revision
9	Unit 5　Body Head shoulders knees and toes	9	Unit 5　Numbers Ten little Indian boys
10	Unit 5　Body Eyes eyes eyes	10	Unit 6　Places London bridge is falling down
11	Unit 6　Colors The rainbow song	11	Unit 7　Feelings If you are happy
12	Unit 7　Classic songs	12	Unit 8　Games Hide and seek
13	Unit 7　Classic songs	13	Unit 9　Classic songs
14	Unit 7　Classic songs	14	Unit 9　Classic songs
15	Revision	15	Revision
16	Revision	16	Revision

课程内容

二年级

上学期		下学期	
课次	英语歌谣	课次	英语歌谣
1	Unit 1　My family I love my family	1	Unit 1　Seasons What's your favourite season?
2	Unit 2　We like school	2	Unit 2　Weather How is the weather? Rain rain go away
3	Unit 3　Nature Twinkle，twinkle, little star/Mr Sun	3	Unit 2　Weather Rain rain go away
4	Unit 3　Nature Mr Sun	4	Unit 3　Days of a week
5	Unit 4　Actions Clap your hands	5	Unit 3　Days of a week
6	Unit 4　Actions The Hokey Pokey	6	Unit 4　Toys Do you like to play with dolls?
7	Unit 5　Vegetables Vegetable song	7	Unit 5　Numbers Zero five ten
8	Revision	8	Revision
9	Unit 6　Food and drink Do you like Broccoli Ice Cream?	9	Unit 6　School life Our school
10	Unit 6　Food and drink Pat-A-Cake	10	Unit 6　School life There's a little piano
11	Unit 7　Festivals We wish you a Merry Christmas	11	Unit 7　Positions On, in, under, clap, clap, clap
12	Unit 7　Festivals Happy thanksgiving	12	Unit 8　Friends Make new friends
13	Unit 8　Clothes My clothes	13	Unit 9　Friends The more we get together
14	Unit 9　Classic songs	14	Unit 10　Classic songs
15	Revision	15	Revision
16	Revision	16	Revision

三年级

上学期		下学期	
课次	《看听学》	课次	《看听学》
1	Lesson 1	1	Lesson 19
2	Lesson 1	2	Lesson 19
3	Lesson 3	3	Lesson 21
4	Lesson 3	4	Lesson 21
5	Lesson 5	5	Lesson 23
6	Lesson 5	6	Lesson 23
7	Lesson 7	7	Lesson 25
8	Lesson 7	8	Lesson 25
9	Lesson 9	9	Lesson 27
10	Lesson 9	10	Lesson 27
11	Lesson 11	11	Lesson 29
12	Lesson 11	12	Lesson 29
13	Lesson 13	13	Lesson 31
14	Lesson 13	14	Lesson 31
15	Lesson 15	15	Lesson 33
16	Lesson 17	16	Lesson 35

四年级

上学期		下学期	
课次	《看听学》	课次	《看听学》
1	Lesson 37	1	Lesson 55
2	Lesson 37	2	Lesson 55
3	Lesson 39	3	Lesson 57
4	Lesson 39	4	Lesson 57
5	Lesson 41	5	Lesson 59
6	Lesson 41	6	Lesson 59
7	Lesson 43	7	Lesson 61
8	Lesson 43	8	Lesson 61
9	Lesson 45	9	Lesson 63
10	Lesson 45	10	Lesson 63
11	Lesson 47	11	Lesson 65

续表

上学期		下学期	
课次	《看听学》	课次	《看听学》
12	Lesson 47	12	Lesson 65
13	Lesson 49	13	Lesson 67
14	Lesson 49	14	Lesson 67
15	Lesson 51	15	Lesson 69
16	Lesson 53	16	Lesson 71

五年级

上学期		下学期	
课次	《看听学》 《21世纪报》阅读	课次	《看听学》 《21世纪报》阅读
1	《看听学》Lesson 73 《21世纪报》阅读　第1期	1	《看听学》Lesson 97 《21世纪报》阅读　第1期
2	《看听学》Lesson 75 《21世纪报》阅读　第2期	2	《看听学》Lesson 99 《21世纪报》阅读　第2期
3	《看听学》Lesson 77 《21世纪报》阅读　第3期	3	《看听学》Lesson 101 《21世纪报》阅读　第3期
4	《看听学》Lesson 79 《21世纪报》阅读　第4期	4	《看听学》Lesson 103 《21世纪报》阅读　第4期
5	Revision 《21世纪报》阅读　第5期	5	Revision 《21世纪报》阅读　第5期
6	《看听学》Lesson 81 《21世纪报》阅读　第6期	6	《看听学》Lesson 105 《21世纪报》阅读　第6期
7	《看听学》Lesson 83 《21世纪报》阅读　第7期	7	《看听学》Lesson 107 《21世纪报》阅读　第7期
8	《看听学》Lesson 85 《21世纪报》阅读　第8期	8	《看听学》Lesson 109 《21世纪报》阅读　第8期
9	《看听学》Lesson 87 《21世纪报》阅读　第9期	9	《看听学》Lesson 111 《21世纪报》阅读　第9期
10	Revision 《21世纪报》阅读　第10期	10	Revision 《21世纪报》阅读　第10期
11	《看听学》Lesson 89 《21世纪报》阅读　第11期	11	《看听学》Lesson 113 《21世纪报》阅读　第11期

续表

课次	上学期《看听学》《21世纪报》阅读	课次	下学期《看听学》《21世纪报》阅读
12	《看听学》Lesson 91 《21世纪报》阅读　第12期	12	《看听学》Lesson 115 《21世纪报》阅读　第12期
13	《看听学》Lesson 93 《21世纪报》阅读　第13期	13	《看听学》Lesson 117 《21世纪报》阅读　第13期
14	《看听学》Lesson 95 《21世纪报》阅读　第14期	14	《看听学》Lesson 119 《21世纪报》阅读　第14期
15	Revision 《21世纪报》阅读　第15期	15	Revision 《21世纪报》阅读　第15期
16	Revision 《21世纪报》阅读　第16期	16	Revision 《21世纪报》阅读　第16期

六年级

课次	上学期《看听学》《21世纪报》阅读	课次	下学期《看听学》《21世纪报》阅读
1	《21世纪报》阅读　第1期	1	《21世纪报》阅读　第1期
2	《21世纪报》阅读　第2期	2	《21世纪报》阅读　第2期
3	《21世纪报》阅读　第3期	3	《21世纪报》阅读　第3期
4	《21世纪报》阅读　第4期	4	《21世纪报》阅读　第4期
5	《21世纪报》阅读　第5期	5	《21世纪报》阅读　第5期
6	《21世纪报》阅读　第6期	6	《21世纪报》阅读　第6期
7	《21世纪报》阅读　第7期	7	《21世纪报》阅读　第7期
8	《21世纪报》阅读　第8期	8	《21世纪报》阅读　第8期
9	《21世纪报》阅读　第9期	9	《21世纪报》阅读　第9期
10	《21世纪报》阅读　第10期	10	《21世纪报》阅读　第10期
11	《21世纪报》阅读　第11期	11	《21世纪报》阅读　第11期
12	《21世纪报》阅读　第12期	12	《21世纪报》阅读　第12期
13	《21世纪报》阅读　第13期	13	《21世纪报》阅读　第13期
14	《21世纪报》阅读　第14期	14	《21世纪报》阅读　第14期
15	《21世纪报》阅读　第15期	15	《21世纪报》阅读　第15期
16	《21世纪报》阅读　第16期	16	《21世纪报》阅读　第16期

四、课程实施

对象:小学一年级至六年级全体学生。

课时:每周一课时。

教材:选编歌谣、《看听学》和《21世纪报》阅读。

活动:低年级以唱歌表演为主,中高年级以阅读为主。激发学生对英语学习的兴趣,提高英语阅读水平。

五、课程评价

评价主体多元化。既有教师对学生的评价,也有学生对学生的评价,更有学生的自我评价。

评价方法多样性。关注学生综合语言运用能力的发展过程以及学生在学习过程中的情感态度、价值观念、学习策略等方面的发展和变化。包括课堂参与度观察评价、唱歌表演、中高年级的课堂 daily report、作业评价等。

初 中

一、课程价值

培养并进一步激发学生对英语学习的兴趣和学习动机,拓展学生的视野,增长见识,加深对中西方文化的理解。在提高学生英语应用能力的同时,培养学生创新思维和批判性思维能力,从而形成健康的人格和正确的价值观。

二、课程目标

社会文化目标(social-cultural goals):培养学生爱自己、爱家人、爱他人、爱社会的情怀。

认知思维目标(cognition & thinking goals):培养学生形成良好的学习习惯和有效的学习策略,学会预测、推理、分析、归纳、总结,提高表达的准确性和思想性,提高从多个角度看待事物的批判性思维能力。

语言交流目标(communication goals):通过学习,学生能大胆、自然、自信地表达自己的想法并学会与他人分享。

三、课程内容

初一

上学期		下学期	
课次	教学内容	课次	教学内容
1	*Always Right*《老头子总是对的》	1	*Doctor Dolittle*《怪医杜立德》Chapter 1—2
2	*The Little Mermaid*《海的女儿》	2	*Doctor Dolittle*《怪医杜立德》Chapter 3—4

上学期		下学期	
课次	教学内容	课次	教学内容
3	*Thumbelina* 《拇指姑娘》	3	*Doctor Dolittle* 《怪医杜立德》Chapter 5—6
4	*The Emperor's New Clothes* 《皇帝的新装》	4	*Doctor Dolittle* 《怪医杜立德》Chapter 7—8
5	*The Happy Prince* 《快乐王子》	5	*Doctor Dolittle* 《怪医杜立德》Chapter 9—10
6	*The Devoted Friend* 《忠实的朋友》	6	*Black Beauty* 《黑骏马》Chapter 1
7	*The Three Friends* 《三个朋友》	7	*Black Beauty* 《黑骏马》Chapter 2
8	*The Girl Who Drew Cats* 《画猫的女孩》	8	*Black Beauty* 《黑骏马》Chapter 3
9	*The Pigeon, the Dear, and the Turtle* 《鸽子、鹿和乌龟》	9	*Black Beauty* 《黑骏马》Chapter 4
10	*The Shy Quilt Bird* 《害羞的被子鸟》	10	*Black Beauty* 《黑骏马》Chapter 5
11	*The Wolf and the Lamb* 《狼和小羊》(《伊索寓言》)	11	*Black Beauty* 《黑骏马》Chapter 6
12	*The Father, His Sons, and the Sticks* 《父亲、儿子和木棒》(《伊索寓言》)	12	*Black Beauty* 《黑骏马》Chapter 7
13	*The Lion and the Mouse* 《狮子和老鼠》(《伊索寓言》)	13	*Favourite Asian Folk Tales* 《亚洲民间故事》
14	*The Tortoise and the Eagle* 《乌龟和老鹰》(《伊索寓言》)	14	*Favourite Asian Folk Tales* 《亚洲民间故事》
15	*The Bear and the Two Travelers* 《熊和两个旅行者》(《伊索寓言》)	15	*Favourite Asian Folk Tales* 《亚洲民间故事》
16	*The Lion in Love* 《恋爱中的狮子》(《伊索寓言》)	16	*Favourite Asian Folk Tales* 《亚洲民间故事》

初二

上学期		下学期	
课次	教学内容	课次	教学内容
1	*Alice in Wonderland* 《爱丽丝漫游奇境》Chapter 1—2	1	*The Wizard of Oz* 《绿野仙踪》Chapter 1—2
2	*Alice in Wonderland* 《爱丽丝漫游奇境》Chapter 3—4	2	*The Wizard of Oz* 《绿野仙踪》Chapter 3—4
3	*Alice in Wonderland* 《爱丽丝漫游奇境》Chapter 5—6	3	*The Wizard of Oz* 《绿野仙踪》Chapter 5—6
4	*Alice in Wonderland* 《爱丽丝漫游奇境》Chapter 7—8	4	*The Wizard of Oz* 《绿野仙踪》Chapter 7—8
5	*Alice in Wonderland* 《爱丽丝漫游奇境》Chapter 9—10	5	*The Railway Children* 《铁路少年》Chapter 1—2
6	*Anne of Green Gables* 《绿山墙的安妮》Chapter 1—2	6	*The Railway Children* 《铁路少年》Chapter 3—4
7	*Anne of Green Gables* 《绿山墙的安妮》Chapter 3—4	7	*The Railway Children* 《铁路少年》Chapter 5—7
8	*Anne of Green Gables* 《绿山墙的安妮》Chapter 5—7	8	*The Railway Children* 《铁路少年》Chapter 8—9
9	*Anne of Green Gables* 《绿山墙的安妮》Chapter 8—9	9	*The Adventures of Tom Sawyer* 《汤姆·索亚历险记》Chapter 1—2
10	*Anne of Green Gables* 《绿山墙的安妮》Chapter 10—11	10	*The Adventures of Tom Sawyer* 《汤姆·索亚历险记》Chapter 3—4
11	*Anne of Green Gables* 《绿山墙的安妮》Chapter 12—13	11	*The Adventures of Tom Sawyer* 《汤姆·索亚历险记》Chapter 5—6

续表

上学期		下学期	
课次	教学内容	课次	教学内容
12	*Anne of Green Gables* 《绿山墙的安妮》Chapter 14—15	12	*The Adventures of Tom Sawyer* 《汤姆·索亚历险记》Chapter 7—8
13	*Robin Hood* 《罗宾汉》Chapter 1—2	13	*The Adventures of Tom Sawyer* 《汤姆·索亚历险记》Chapter 9—10
14	*Robin Hood* 《罗宾汉》Chapter 3—4	14	*The Secret Garden* 《秘密花园》Chapter 1—3
15	*Robin Hood* 《罗宾汉》Chapter 5—6	15	*The Secret Garden* 《秘密花园》Chapter 4—6
16	*Robin Hood* 《罗宾汉》Chapter 7—8	16	*The Secret Garden* 《秘密花园》Chapter 7—9

初三

上学期		下学期	
课次	教学内容	课次	教学内容
1	*Treasure Island* 《金银岛》Chapter 1—3	1	*King Solomon's Mines* 《所罗门王的宝藏》Chapter 1—2
2	*Treasure Island* 《金银岛》Chapter 4—5	2	*King Solomon's Mines* 《所罗门王的宝藏》Chapter 3—4
3	*Treasure Island* 《金银岛》Chapter 6—7	3	*King Solomon's Mines* 《所罗门王的宝藏》Chapter 5—6
4	*Treasure Island* 《金银岛》Chapter 8—9	4	*King Solomon's Mines* 《所罗门王的宝藏》Chapter 7—8
5	*Treasure Island* 《金银岛》Chapter 10—11	5	*King Solomon's Mines* 《所罗门王的宝藏》Chapter 9—10

续表

上学期		下学期	
课次	教学内容	课次	教学内容
6	*Treasure Island*《金银岛》Chapter 12—13	6	*King Solomon's Mines*《所罗门王的宝藏》Chapter 11—12
7	*Treasure Island*《金银岛》Chapter 14—15	7	*King Solomon's Mines*《所罗门王的宝藏》Chapter 13—14
8	*The Merchant of Venice*《威尼斯商人》Chapter 1	8	*King Solomon's Mines*《所罗门王的宝藏》Chapter 15—16
9	*The Merchant of Venice*《威尼斯商人》Chapter 2—3	9	*King Solomon's Mines*《所罗门王的宝藏》Chapter 17—18
10	*The Merchant of Venice*《威尼斯商人》Chapter 4—5	10	—
11	*The Merchant of Venice*《威尼斯商人》Chapter 6—7	11	—
12	*The Merchant of Venice*《威尼斯商人》Chapter 8—9	12	—
13	*The Merchant of Venice*《威尼斯商人》Chapter 10—11	13	—
14	*The Merchant of Venice*《威尼斯商人》Chapter 12—13	14	—
15	*The Merchant of Venice*《威尼斯商人》Chapter 14—15	15	—
16	*The Merchant of Venice*《威尼斯商人》Chapter 16	16	—

四、课程实施

对象:初一至初三年级全体学生。

课时:每周一课时。

教材:《津津有味阅读》。

活动:开展读书报告会、读书海报展示等活动,激发学生的学习兴趣,增强自信,推动课后延伸阅读的开展。

五、课程评价

评价内容多维度。包括阅读技巧、阅读速度、理解能力、情感体验等。

评价主体多元化。以阅读小组为单位(3—4 人)开展自我评价、生生互评以及师生互评。

评价方法多样性。通过课堂观察、活动参与度调查、反思等建立学生阅读档案,帮助学生看到自己学习过程中的成果和进步,增强学生对学习的责任感。阅读档案定期以传阅或张贴等方式进行交流,以起到同学之间相互学习和促进的作用。

高　中

一、课程价值

维持并进一步激发学生对英语学科的兴趣,拓展学生的视野。让学生了解英美国家的文化习俗,更好地培养他们的跨文化意识。通过系统训练,提升学生的听说能力并促进读写能力的发展。充分发挥学生学习的自主性和探索性。引领学生领略纯正的英语语言风采,感悟英语语言的美妙和精致。

二、课程目标

语言知识目标:通过经典阅读和报纸阅读,培养学生英语语言的感觉,复习课本所习得的语言知识,学会获取和处理信息,提高阅读速度和理解能力。

思维认知目标:通过经典阅读和报纸阅读,学生能够用英语的思维方式多角度多维度地观察、分析现实社会,并能够表达他们的思想,陈述自己的观点。

社会文化目标:通过经典阅读和报纸阅读,学生了解英美国家的文化习俗,更好地培养他们的跨文化意识和优良的社会行为习惯等。

三、课程内容

高一

上学期		下学期	
课次	教学内容	课次	教学内容
1	《21 世纪报》第 1 期 "津津有味"系列经典 level 4	1	《21 世纪报》第 21 期 "津津有味"系列经典 level 5

续表

上学期		下学期	
课次	教学内容	课次	教学内容
2	《21世纪报》第2期 "津津有味"系列经典 level 4	2	《21世纪报》第22期 "津津有味"系列经典 level 5
3	《21世纪报》第3期 "津津有味"系列经典 level 4	3	《21世纪报》第23期 "津津有味"系列经典 level 5
4	《21世纪报》第4—5期 "津津有味"系列经典 level 4	4	《21世纪报》第24期 "津津有味"系列经典 level 5
5	《21世纪报》第6期 "津津有味"系列经典 level 4	5	《21世纪报》第25期 "津津有味"系列经典 level 5
6	《21世纪报》第7期 "津津有味"系列经典 level 4	6	《21世纪报》第26期 "津津有味"系列经典 level 5
7	《21世纪报》第8期 "津津有味"系列经典 level 4	7	《21世纪报》第27期 "津津有味"系列经典 level 5
8	《21世纪报》第9期 "津津有味"系列经典 level 4	8	《21世纪报》第28期 "津津有味"系列经典 level 5
9	《21世纪报》第10期 "津津有味"系列经典 level 4	9	《21世纪报》第29期 "津津有味"系列经典 level 5
10	《21世纪报》第11期 "津津有味"系列经典 level 4	10	《21世纪报》第30期 "津津有味"系列经典 level 5
11	《21世纪报》第12期 "津津有味"系列经典 level 4	11	《21世纪报》第31期 "津津有味"系列经典 level 5
12	《21世纪报》第13期 "津津有味"系列经典 level 4	12	《21世纪报》第32期 "津津有味"系列经典 level 5
13	《21世纪报》第14期 "津津有味"系列经典 level 4	13	《21世纪报》第33期 "津津有味"系列经典 level 5
14	《21世纪报》第15期 "津津有味"系列经典 level 4	14	《21世纪报》第34期 "津津有味"系列经典 level 5
15	《21世纪报》第16期 "津津有味"系列经典 level 4	15	《21世纪报》第35期 "津津有味"系列经典 level 5
16	《21世纪报》第17期 "津津有味"系列经典 level 4	16	《21世纪报》第36期 "津津有味"系列经典 level 5
假期阅读	报纸寒假合刊	假期阅读	报纸暑假合刊

高二

上学期		下学期	
课次	教学内容	课次	教学内容
1	《21世纪报》第1期	1	《21世纪报》第21期
2	《21世纪报》第2期	2	《21世纪报》第22期
3	《21世纪报》第3期	3	《21世纪报》第23期
4	《21世纪报》第4—5期	4	《21世纪报》第24期
5	《21世纪报》第6期	5	《21世纪报》第25期
6	《21世纪报》第7期	6	《21世纪报》第26期
7	《21世纪报》第8期	7	《21世纪报》第27期
8	《21世纪报》第9期	8	《21世纪报》第28期
9	《21世纪报》第10期	9	《21世纪报》第29期
10	《21世纪报》第11期	10	《21世纪报》第30期
11	《21世纪报》第12期	11	《21世纪报》第31期
12	《21世纪报》第13期	12	《21世纪报》第32期
13	《21世纪报》第14期	13	《21世纪报》第33期
14	《21世纪报》第15期	14	《21世纪报》第34期
15	《21世纪报》第16期	15	《21世纪报》第35期
16	《21世纪报》第17期	16	《21世纪报》第36期
假期阅读	报纸寒假合刊 *Jane Eyre* 《简·爱》 *Classic American Short Stories* 《美国经典短篇小说集》	假期阅读	报纸暑假合刊 *Wuthering Heights* 《呼啸山庄》 *Great Expectations* 《远大前程》

高三

上学期		下学期	
课次	教学内容	课次	教学内容
1	《21世纪报》第1期	1	《21世纪报》第21期
2	《21世纪报》第2期	2	《21世纪报》第22期
3	《21世纪报》第3期	3	《21世纪报》第23期
4	《21世纪报》第4—5期	4	《21世纪报》第24期
5	《21世纪报》第6期	5	《21世纪报》第25期
6	《21世纪报》第7期	6	《21世纪报》第26期
7	《21世纪报》第8期	7	《21世纪报》第27期

续表

上学期		下学期	
课次	教学内容	课次	教学内容
8	《21世纪报》第9期	8	《21世纪报》第28期
9	《21世纪报》第10期	9	《21世纪报》第29期
10	《21世纪报》第11期	10	《21世纪报》第30期
11	《21世纪报》第12期	11	《21世纪报》第31期
12	《21世纪报》第13期	12	《21世纪报》第32期
13	《21世纪报》第14期	13	《21世纪报》第33期
14	《21世纪报》第15期	14	《21世纪报》第34期
15	《21世纪报》第16期	15	《21世纪报》第35期
16	《21世纪报》第17期	16	《21世纪报》第36期
假期阅读	报纸寒假合刊		

四、课程实施

对象:高一至高三年级全体同学。

课时:每周一课时。

教材:"津津有味"系列经典和《21世纪报》(高一版、高二版、高三版、大学版)为主;《中国日报》(*China Daily*);学生自选英语读本为辅。

活动:读书沙龙,每日演讲,优美句式摘抄,小组讨论,短剧创作和演出等。

五、课程评价

评价内容多维度。包括知识与技能、批判性思维、情感和态度等。

评价主体多元化。既有教师对学生的评价,也有学生对学生的评价,更有学生的自我评价。

评价方法多样性。包括课堂观察、作业评价、短剧创作和演出、每日汇报、小组探讨等。遵循趣味性、审美性、多样性的原则,将阅读融于活动、融于生活。

科学拓展实验

一、课程价值

科学拓展实验课程作为一体化校本必修课程,着眼于让学生走进实验室,为学生提供更多的探究和实验的机会。给学生研究的空间和时间,培养学生主动探究的精神和创新能力。倡导和引导学生自主设计、质疑、验证,培养学生的实验能力和观察能力。

二、课程目标

发展学生个性化的学习需求,让学生探究、观察、思考、学习,动手去做、用眼去看、用心去学、用脑去想,强化学生的兴趣,使学生的实验技能得到提高,思维能力得到发展。

三、课程内容

初中物理

实验编号	实验内容
1	捉摸不透的蜡烛
2	纸锅煮蛋
3	探究自制电话机的发声效果
4	家庭音乐会
5	保鲜有妙招
6	穿衣有道
7	防雾眼镜
8	滑冰运动员的冰刀鞋
9	保温瓶怎样才保温
10	爱因斯坦也为之惊叹的自动饮水鸟
11	有趣的肥皂泡
12	小光斑　大学问
13	砂糖也能发光
14	自制潜望镜
15	探究凹面镜成像规律
16	奇怪的视觉
17	笼中鸟
18	人造彩虹
19	会自动转向的箭头
20	自制模拟照相机
21	测量头发丝的直径
22	让纸片转起来
23	测量蚂蚁爬行的平均速度
24	研究百米赛跑的速度变化
25	研究车轮的转动
26	纪念币设计
27	神奇的密码

续表

实验编号	实验内容
28	沙子的妙用——糖炒栗子
29	宇宙与人
30	鸡蛋碰石头
31	力的较量
32	结构大比拼
33	筷筷行动
34	走进摩擦力
35	不倒翁
36	堆纸牌
37	蚂蚁搬家
38	测定液体的密度
39	水火箭
40	赛车
41	孔明灯
42	潜水艇的制作
43	固体的密度测量

高中物理

实验编号	实验内容
1	体验静摩擦力
2	研究铅笔芯的电阻率与温度的关系
3	测定直流电动机的效率
4	体验重心
5	研究有固定转动轴的物体的平衡条件
6	描绘平抛运动的轨迹
7	体验静电触电的滋味
8	用 DIS 描绘电场的等势线
9	用 DIS 测定电源的电动势和内阻
10	用 DIS 研究回路中感应电动势
11	观察水波的干涉现象
12	观察光的干涉现象
13	观察光的衍射现象
14	用锡箔纸取火——体验焦耳定律和闭合电路欧姆定律

续表

实验编号	实验内容
15	制作橘子气枪——体验压缩气体对外做功
16	可拆变压器的应用
17	多种方式测量滑动摩擦力大小
18	探究超重和失重

初中化学

实验编号	实验内容
1	制作"叶脉书签"
2	模拟酸雨腐蚀岩石的过程
3	自制酸碱指示剂
4	化学"冰箱"与冰袋
5	指纹鉴定以及检验加碘食盐中的碘元素
6	水下花园
7	豆腐中钙质的检验
8	食物中常见元素的测定
9	铝器表面刻字以及制备可燃的"胶冻"
10	合成香精
11	消字灵的制作
12	氧气的实验室制取和性质实验
13	氢气的制取和性质
14	对爆炸的研究
15	模拟氨碱法制备纯碱(侯德榜制碱法)
16	钠、钾及其化合物的实验
17	蓝瓶子实验

高中化学

实验编号	实验内容
1	微波水浴合成法制备纳米 Fe_2O_3
2	制备"自燃铁粉"
3	室内空气中甲醛气体含量的检测
4	尿不湿中聚丙烯酸钠吸水特性探究
5	复方氢氧化铝中 $Al(OH)_3$ 的测定
6	不同浓度的"84 消毒液"漂白性质的探究

续表

实验编号	实验内容
7	探究 Mg、Al、Zn 与 $CuSO_4$ 溶液反应
8	HCl 和 NH_3 气体分子的扩散速率比较
9	大气中二氧化碳浓度的简易测定
10	自制火棉
11	可燃的"冰块"
12	加碘食盐中碘元素的检验
13	氧气化学性质的探究
14	中和滴定法测定食醋中醋酸的含量
15	海带中碘元素的分离和检验
16	色素的分离（层析法）
17	蒸馏法回收乙醇
18	甲醛性质的研究
19	原电池放电效果的影响因素
20	蓝瓶子实验的原因探究——亚甲蓝反复变色的本质
21	肥皂的制备
22	摩尔盐的制备
23	食醋中总酸量的测定
24	补铁剂中铁含量的测定
25	钢铁吸氧腐蚀的微型实验

初中生物

实验编号	实验内容
1	变大变小的鸡蛋——探究细胞吸水现象
2	寻找导管（跟踪植物体中的水）
3	分离维管系统（植物体的运输系统）
4	寻找植物体中的叶绿体
5	尝试用不同的溶剂提取叶绿素
6	探究植物体内花青素的特性
7	痕迹分析
8	提取花香
9	细胞内淀粉、脂肪和蛋白质的研究
10	苔藓植物的研究
11	蕨类植物与苔藓植物的比较研究

续表

实验编号	实验内容
12	芦叶的研究
13	高等植物生殖结构研究
14	江宁分校水景池藻类的研究
15	植物腊叶标本的制作
16	单细胞动物的代谢研究
17	鲫鱼的观察与研究
18	土壤动物的调查
19	有害物质对水蚤心率的影响

高中生物

实验编号	实验内容
1	证明唾液淀粉酶的成分是蛋白质
2	比较梨成熟前后还原性糖的含量
3	检验甘蔗中是否含有还原性糖
4	用圆形滤纸分离叶绿体中的色素
5	体验制备细胞膜的方法
6	模拟生物体维持 pH 稳定的机制
7	叶绿素含量的测定
8	植物组织细胞液平均浓度的测定(小液流法)
9	叶绿体色素的分离及理化性质观察
10	种子生命力的快速测定
11	小篮子法(广口瓶法)测定植物的呼吸速率
12	革兰氏染色法、细菌的特殊染色法
13	高氏一号合成培养基的制备、土壤中放线菌的分离
14	微生物细胞大小测定和微生物显微镜直接计数法
15	生活污水(含药厂废水)的细菌学检查
16	脱氧核糖核酸(DNA)的鉴定——孚尔根(Feulgen)反应
17	茚三酮反应
18	尿素与双缩脲的反应
19	探究脱氧核苷酸能否与二苯胺反应
20	动物肝脏中 DNA 的提取
21	探究洗涤剂对池塘富营养化的影响
22	用高倍显微镜观察叶绿体和细胞质流动

四、课程实施

对象:初中和高中全体同学。

课时:每周一课时。

教材:《科学拓展实验》。

五、课程评价

每一次活动,由组长评价、自我评价、大家评价、指导老师评价,按 40%、20%、20%、20%的比例,给出成绩记录,与实验报告一起上交存档。对有新发现、新思路、新办法,产生新结果的,或超越现有水平的表现,教师给予奖励分并记录。每学期,写一份个人总结报告,小组交流。内容以学习中的收获、发现、得意之处、我的优秀表现、我对小组的贡献等方面为主,教师打分。

过程性评价,可从以下几方面进行:

1. 参与的态度。

2. 参与实验前讨论和计划的情况。

3. 参与小组实验的贡献。如组织、准备、分担工作、思路贡献、方法贡献、成果贡献、劳动贡献、资源贡献等。

4. 参与实验后讨论和总结的情况。

5. 参与成果展示中的贡献。如分担项目、整合、资源、总结、规划等工作中的情况。

附:《科学拓展实验》教材封面

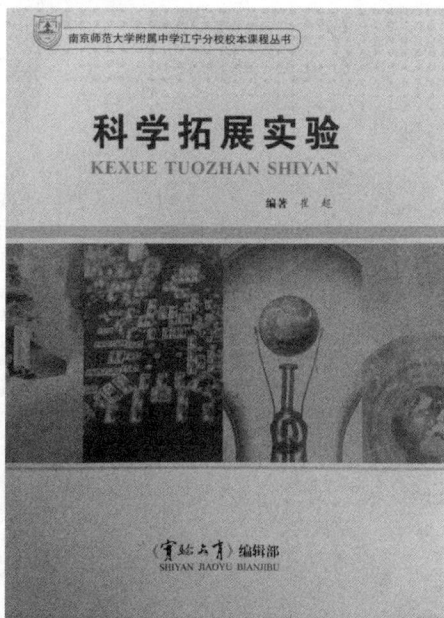

衔接课程

一、课程价值

有效弥合小、初和初、高学段间由于知识内容、学习方法、难度要求、思维习惯等方面的差异而造成的学生在新学段学习上的"裂缝"。

二、课程目标

通过对小学、初中、高中教材知识点的梳理,找准小、初和初、高教材在知识、思维、目标、方法等方面的衔接点,排查知识衔接的"盲区",让学生注重知识的拓展和迁移,既关注知识、方法和思维的连贯性和渗透性,又关注思维的针对性和可操作性。

三、课程内容

《小升初衔接教程》

语 文

第一单元 回眸童年

知识树

我能行

冬阳 童年 骆驼队

童年

综合性学习:诗词大观园

第二单元 触摸成长

初中语文知识树

总会有梦想

文言故事两则

诗歌两首

综合性学习:名著阅读

第三单元 放飞理想

几年前……

几十年前……

千百年前……

综合性学习:探寻附中人的足迹……

英 语

Unit 1 Pursuing your dream

Period 1

Period 2

Period 3

Unit 2　Enjoy our free time

Period 1

Period 2

Period 3

Unit 3　Enjoy our healthy life style

Period 1

Period 2

Period 3

Unit 4　Enjoy travelling in Nanjing

Period 1

Period 2

Period 3

Unit 5　Enjoy fashion

Period 1

Period 2

Period 3

数　学

第一单元　数与代数

1.1　数的应用及解法示例

1.2　数的认识(1)——走进神奇的数字世界

1.3　数的认识(2)——数的大小比较

1.4　数的运算(1)

1.5　数的运算(2)

1.6　数学规律探秘

1.7　认识进位制

1.8　负数的认识

1.9　认识等式

1.10　正比例、反比例

第二单元　图形与几何

2.1　图形的认识(1)

2.2　图形的认识(2)

2.3　公式应用及面积、体积运算

2.4　趣说单位换算

2.5　图形的运动

2.6　图形与位置

科　学

《初升高衔接教程》
语　文

第二单元　夹在书里的枫叶
　　忧国哀民　捕蛇者说
　　什锦珍藏　现代汉语语法简表
　　精神之光　书左忠毅公逸事
　　知识锦囊　文言文语法知识
　　校本课程　南师附中江宁分校语文校本课程简介

第三单元　走进心灵的世界
　　诗海撷英　一棵开花的树
　　　　　　　灵魂
　　回望童年　童年随之而去（节选）
　　触摸亲情　母亲的来信
　　体味世情　朋友
　　学法津梁　"三要""四性""五元"

第四单元　照亮理性的天空
　　自然之思　最后的山
　　拷问灵魂　大悲悯具有拷问灵魂的深度
　　学会感受　谈静
　　趣文链接　立论
　　学法津梁　让你会写议论文

英　语

Unit 1　Pursuing your dream
　　Welcome to the unit
　　Reading
　　Wordlist

Unit 2　Our idol
　　Welcome to the unit
　　Reading
　　Wordlist

Unit 3　Learning to be independent
　　Welcome to the unit
　　Reading
　　Wordlist

Unit 4　Our curriculum
　　Welcome to the unit
　　Reading
　　Wordlist

数　学

物　理

第三章　高中物理的实验基础

§3.1　误差与测量

§3.2　有效数字

§3.3　常用仪器

第四章　力学基础

§4.1　力

§4.2　直线运动

§4.3　力和运动

第五章　高中物理思想与物理方法

§5.1　物理思想简介

§5.2　物理方法简介

§5.3　规范表述

第六章　物理与文化

§6.1　物理与社会

§6.2　物理与哲学

§6.3　物理与美学

§6.4　物理思想家

§6.5　物理诺贝尔奖

四、课程实施

对象:初一和高一新生。

课时:小初衔接教程,在小学六年级毕业前3周或暑假双语夏令营中实施;初高衔接教程,在暑假期间以暑假作业的形式自主实施。开学后利用一周时间加以答疑和辅导。

五、课程评价

1. 课堂表现20分,作业完成情况20分,共40分。

2. 课后作业订正情况10分,提问探讨情况10分,共20分。

3. 试卷测试成绩40分。

附:《小升初衔接教程》《初升高衔接教程》封面(东南大学出版社出版)

◇ 一体化校本选修课程简介

数学思维方法

小 学

一、课程价值

初步学会运用数学的思维方式去观察、分析现实社会,去解决日常生活和其他学科学习中的问题,增强应用数学的意识。

二、课程目标

培养并进一步激发学生对数学学习的兴趣,拓展学生的视野。强调数学与生活的关系,让学生喜欢数学、热爱数学。通过对数学中一些重要思想和方法的介绍,让学生感受、体验人类的理性之美。

三、课程内容

一年级

上学期		下学期	
课次	教学内容	课次	教学内容
1	数一数	1	数图形
2	比一比	2	谁大谁小
3	分一分	3	数的大小排列
4	认位置	4	单数和双数
5	认数	5	锯木头
6	几和第几	6	排队问题
7	认物体	7	有序列举
8	分与合	8	画图示意
9	比重量	9	简单判断
10	发现不同	10	多余条件
11	趣味换算	11	年龄问题
12	移多补少	12	付钱的方法
13	按规律接着画	13	认识钟表
14	按规律接着涂	14	生活中的数学
15	按规律填数	15	有几种走法
16	图形算式	16	重叠问题

二年级

上学期		下学期	
课次	教学内容	课次	教学内容
1	找规律画图	1	栽树(一)
2	巧填算式	2	栽树(二)
3	规律填数	3	观察物体
4	合理安排	4	一步改两步
5	摆火柴棒	5	自编应用题
6	接着画	6	智力算题
7	应用题(一)	7	组数
8	应用题(二)	8	比较大小
9	数线段和画线段	9	推算重量
10	两种分法	10	简单推理
11	数图形	11	方向和位置
12	智巧趣题(一)	12	方格填数
13	智巧趣题(二)	13	连环算式
14	锯木头	14	计算时间
15	剪一剪	15	一笔画
16	拼一拼	16	简单周期

三年级

上学期		下学期	
课次	教学内容	课次	教学内容
1	除法(有余除法)(一)	1	除法(算式谜)
2	除法(有余除法)(二)	2	年月日(简单日期问题)
3	认数(找规律填数)(一)	3	平移和旋转(图形的分与合)
4	认数(找规律填数)(二)	4	除法 乘法(乘除法中的巧算)
5	千克和克(等量代换)(一)	5	除法 乘法(算式中的规律)
6	千克和克(等量代换)(二)	6	千米和吨(最大最小问题)
7	加和减(加减法中的速算)	7	轴对称图形(智巧问题)
8	加和减(和差问题)	8	认识分数(尝试法解题)
9	二十四时计时法(合理分配)	9	长方形和正方形的面积(格点)
10	长方形和正方形(巧求周长)(一)	10	长方形和正方形的面积(公式计算)
11	长方形和正方形(巧求周长)(二)	11	统计(平均数问题)

续表

上学期		下学期	
课次	教学内容	课次	教学内容
12	乘法(乘法中的速算)	12	认识小数(换个角度思考)
13	乘法(和倍问题)(一)	13	反过来考虑
14	乘法(和倍问题)(二)	14	实践与操作
15	乘法(差倍问题)	15	应用题
16	统计与可能性(分类枚举)	16	不变量法

四年级

上学期		下学期	
课次	教学内容	课次	教学内容
1	除法(算式迷)	1	错中求解
2	数图形	2	混合运算与应用题
3	混合运算(等差数列的项)	3	平均数问题(一)
4	混合运算(等差数列求和)	4	平均数问题(二)
5	错中求解(乘除法)	5	找规律(排列组合二)
6	找规律(植树问题)(一)	6	运算律
7	找规律(植树问题)(二)	7	因数和倍数(一)
8	观察物体(数图形二)	8	因数和倍数(二)
9	运算定律(简算)(一)	9	解决问题的策略(图形面积的计算)(一)
10	运算定律(简算)(二)	10	解决问题的策略(图形面积的计算)(二)
11	解决问题的策略(图表法)(一)	11	解决问题的策略(相遇问题)(一)
12	解决问题的策略(图表法)(二)	12	解决问题的策略(相遇问题)(二)
13	智巧问题(一)	13	归一问题(一)
14	智巧问题(二)	14	归一问题(二)
15	假设法解题	15	周期问题(一)
16	等量代换	16	周期问题(二)

五年级

上学期		下学期	
课次	教学内容	课次	教学内容
1	有趣的推理	1	方程
2	多边形的面积计算	2	列方程解题
3	认识小数寻找规律	3	有趣的数阵图
4	小数加减法	4	公倍数和公因数(一)
5	周期问题	5	公倍数和公因数(二)
6	排列与组合	6	认识分数
7	图形的分割	7	分数的大小比较
8	图形的切拼	8	平均数问题(二)
9	小数乘除法的简便计算	9	分数的加减法
10	小数中的等差问题	10	追及问题
11	小数乘除法的巧推妙算	11	还原问题
12	平均数问题(一)	12	圆的认识(一)
13	相遇问题	13	圆的认识(二)
14	实践与操作	14	容斥原理
15	归纳与猜想	15	抽屉原理
16	综合调研	16	最优化问题

六年级

上学期		下学期	
课次	教学内容	课次	教学内容
1	解方程	1	百分数的应用
2	列方程解应用题	2	圆柱体的表面积
3	长方体和正方体表面积巧算	3	圆柱体、圆柱体的体积
4	长方体和正方体体积巧算	4	比和比例(一)
5	分数乘法	5	比和比例(二)
6	分数除法	6	浓度问题
7	工程问题(一)	7	利息和税收
8	工程问题(二)	8	利润和折扣
9	比在实际中的应用	9	行程问题
10	分数计算中的技巧	10	平均数问题
11	复杂的分数应用题	11	列方程解应用题

续表

上学期		下学期	
课次	教学内容	课次	教学内容
12	实践与操作	12	不定方程
13	假设法解题	13	对应法解题
14	倒推法解题	14	设数法解题
15	综合复习	15	图表法解题
16	期末水平测试	16	期末水平测试

四、课程实施

对象:小学一年级至六年级全体学生。

课时:每周两课时。

教材:自编教材《好玩的数学》。

活动:设计一些小竞赛等活动,激发学生对课程的兴趣,提高学习效率。

五、课程评价

评价内容多维度。包括知识与技能、数学思考、解决问题、情感和态度。

评价主体多元化。既有教师对学生的评价,也有学生对学生的评价,更有学生的自我评价。

评价方法多样性。遵循趣味性、审美性、多样性的原则,将作业融于活动、融于生活。口头作业有说算理、说算法、说过程等形式;书面作业有基础性练习、数学日记等形式;操作作业有小设计、小制作、小调查、小论文等。

附:《好玩的数学》教材封面

中　学

一、课程价值

体会数学与自然及人类社会的密切联系,了解数学的价值,增进对数学的理解和学好数学的信心;具有初步的创新精神和实践能力。力求对现实世界中蕴含的一些数学模式进行思考并作出判断。

二、课程目标

让学生在自主学习、探究活动中,体验数学发现和创造的历程;提高空间想象、抽象概括、推理论证、运算求解、数据处理等基本能力;提高数学提出、分析和解决问题的能力,提高数学表达和交流的能力,发展独立获取数学知识的能力,培养数学应用意识和创新意识。

三、课程内容

初　一

第一讲　分类的数学思想　数的分类(一)有理数与无理数、整数与分数

第二讲　分类的数学思想　数的分类(二)绝对值的化简

第三讲　分类的数学思想　数的分类(三)奇数与偶数、质数与合数

第四讲　分类的数学思想　方程解的讨论

第五讲　枚举的数学思想　用枚举法解题

第六讲　归纳的数学思想　经验归纳法、规律探究问题

第七讲　化归的数学思想　复杂的有理数计算问题

第八讲　转化的数学思想　化多元方程为一元方程

第九讲　数形结合的数学思想　数轴、绝对值和相反数

第十讲　数形结合的数学思想　从面积到乘法公式

第十一讲　整体代入的数学思想　有理数的计算和代数式的值

第十二讲　函数与方程的数学思想　从问题到方程

第十四讲　数学解题方法研究　反证法与同一法

高 二

第一讲　用函数思想探究方程问题

第二讲　用函数思想探究不等式问题

第三讲　用函数思想探究数列问题

第四讲　用函数思想探究三角问题

第五讲　用函数思想探究解析几何问题

第六讲　以数辅形思想　代数法、解析法、向量法

第七讲　以数助形思想　函数图像、几何意义的利用

第八讲　数形互助思想

第九讲　分类讨论思想　根据数学概念分类

第十讲　分类讨论思想　根据定理与公式的限制条件分类

第十一讲　分类讨论思想　根据运算性质与运算要求分类

第十二讲　分类讨论思想　根据图形位置的不确定性分类

第十三讲　分类讨论思想　根据函数性质分类

第十四讲　转化与化归思想　等与不等的转化

第十五讲　转化与化归思想　正与反的转化

第十六讲　转化与化归思想　特殊与一般的转化

四、课程实施

对象:初一、初二、高一、高二年级全体学生。

课时:每周两课时。

教材:选编讲义。

活动:设计一些小竞赛等活动,激发学生对课程的兴趣,提高学习效率。

五、课程评价

评价内容多维度。包括数学的知识与技能,数学思考能力,运用数学解决问题的能力等。

评价主体多元化。既有教师对学生的评价,也有学生对学生的评价,更有学生的自我评价。

手 风 琴

一、课程价值

手风琴是一种既能够独奏,又能伴奏的键盘乐器,不仅能够演奏单声部的优美旋律,还可以演奏多声部的乐曲。手风琴的演奏强调手指、手臂与风箱的巧妙结合。通过手指尖不停地与键盘和键钮进行不同速度、不同时间的接触,能增加神经末梢与大脑信息的传递和肌肉的控制能力,增强左脑与右脑的信息处理能力和反

应能力。

二、课程目标

掌握手风琴的演奏技巧,加强练习曲及演奏曲目的训练,培养学生的手风琴独奏能力。同时配有一部分的重奏作品,旨在训练学生的配合能力。

三、课程内容

年级	章节	内容
小学低年级	一、手风琴简介	1. 手风琴的沿革 2. 手风琴的乐器构造 3. 演奏姿势 4. 手风琴记谱法
	二、不发音的风箱拉奏练习	1. 风箱运用 2. 风箱运用的基本要求 3. 常见的几种风箱推拉标记 4. 乐理常识
	三、不发音的触键练习	1. 触键方法 2. 左手触键练习 3. 右手触键练习
	四、左手的练习	1. 弹奏要求 2. 贝司音阶 3. 节奏型练习 4. 练习曲
	五、入门乐曲练习一	1.《新年好》 2.《闪烁的小星星》 3.《共产儿童团歌》 4.《小白菜》 5.《掀起你的盖头来》 6.《小白船》
	六、乐理常识	1. 右手的练习 2. 右手弹奏的动作要领 3. 指法的安排 4. 五指练习
	七、入门乐曲练习二	1.《小蜜蜂》 2.《春天到》 3.《荷兰舞曲》 4.《四季歌》 5.《小波尔卡》 6.《看朋友》 7.《风笛》 8.《齐步行进》

年级	章节	内容
小学 低年级	八、基本乐理	1. 认识五线谱 2. 怎样记录音的高低 3. 怎样记录音的长短 4. 怎样记录音的休止 5. 怎样记录音的强弱 6. 什么叫作音色 7. 调式、音阶、调、调号 8. 各种常用记号
	九、左右手配合练习	1. 两手配合弹奏要求 2. 练习曲
	十、入门乐曲练习一	1.《闪烁的小星星》 2.《请你唱个歌吧》 3.《啊,在小树林那边》 4.《小波尔卡》 5.《旋律》 6.《洋娃娃和小熊跳舞》 7.《三十里铺》 8.《友谊地久天长》 9.《雪绒花》 10.《送别》
	十一、入门乐曲练习二	1.《威尼斯狂欢节》 2.《青年圆舞曲(片段)》 3.《在剧院里》 4.《小酸莓果》 5.《啊,苏珊娜》 6.《顽童》 7.《小奏鸣曲》 8.《土耳其进行曲》
	十二、音阶基本练习	1. C大调的长、短琶音练习 2. a小调音阶练习 3. a小调的长、短琶音练习 4. G大调音阶与连音练习 5. G大调琶音与跳音练习 6. e小调音阶练习 7. e小调琶音练习 8. F大调音阶与顿音、非连音练习 9. ♯F大调琶音与和弦的练习 10. d小调音阶与平行大调双音三度的练习 11. d小调琶音与平行大调双音六度的练习 12. 风箱的控制与D大调双音八度练习 13. D大调琶音与分解八度练习 14. 风箱震音与B大调的复调练习

年级	章节	内容
小学中年级	一、手风琴相关术语	1. 手风琴右手键盘及左手贝司 2. 手风琴左右手变音器 3. 手风琴力度术语 4. 手风琴速度术语 5. 手风琴表情术语
	二、手风琴风箱练习	1. 手风琴风箱的运用 2. 手风琴左手低音（贝司）大三和弦与风箱的配合练习 3. 手风琴左手低音（贝司）大三和弦手指移动与风箱的配合练习 4. 手风琴左手低音（贝司）小三和弦与风箱的配合练习 5. 手风琴右手黑键与风箱的配合练习
	三、乐理详解	1. 音名、音阶、音级详解 2. 唱名、半音详解 3. 变音记号、同音异名、调式与调号详解 4. 音程、和音、和弦详解 5. 简谱识谱以及练习详解 6. 手指与音位配合练习详解 7. 综合节奏运用 8. 音阶与五指位置的转换 9. 左手大、小、七和弦
	四、入门乐曲练习	1.《粉刷匠》 2.《小摇篮曲》 3.《欢乐颂》 4.《小圆舞曲》 5.《匈牙利集体舞曲》
	五、C大调乐曲练习（换指）	1.《一路平安》 2.《邀请舞曲》 3.《欢乐舞曲》
	六、a小调乐曲练习（音阶）	1.《娃哈哈》 2.《洋娃娃和小熊跳舞》 3.《小红花》 4.《小酸莓果》
	七、F大调乐曲练习（音阶、琶音阶）	1.《威廉退尔序曲》 2.《墨西哥帽子舞》 3.《皇帝圆舞曲》 4.《d小调练习》（琶音阶、轮指） 5.《草原情歌》 6.《采茶扑蝶》

续表

年级	章节	内容
小学中年级	八、G大调乐曲练习（三度音程、音阶）	1.《梁山伯与祝英台》主题 2.《拍手歌》 3.《五更调》
	九、手型基本练习	1. 右手五指定音,固定手型的断奏练习 2. 右手五指定音,固定手型的连奏练习
	十、左手低音（贝司）伴奏型练习	1. 低音与大三和弦齐奏型 2. 低音与大三和弦分解音型练习 3. 大三和弦（正）三角伴奏音型练习 4. 大三和弦（倒）三角伴奏音型练习 5. 大三和弦转位（低音流动）伴奏音型练习 6. 低音保持伴奏音型练习 7. 低音、大三和弦、属七和弦的连接练习 8. 低音与小三和弦齐奏型练习 9. 低音与小三和弦分解音型联系 10. 低音与小三和弦（正）三角音型练习 11. 低音与小三和弦（倒）三角音型练习 12. 低音、大三和弦、属七和弦的连接练习 13. 连音奏法与顺指法练习 14. 连音奏法与隔指练习 15. 连音与跳音综合练习
	十一、指法精讲	1. 顺指法精讲 2. 扩指法精讲 3. 缩指法精讲 4. 穿指法精讲 5. 跨指法精讲 6. 换指法精讲
	十二、节奏乐曲练习	1.《小水罐波尔卡》 2.《啊,苏姗娜》 3. e小调练习《康定情歌》变奏 4.《读书郎》 5. 降B大调练习《号手的节日》 6.《沂蒙山小调》 7.《扬基歌》 8.《只要妈妈笑一笑》(转调) 9. g小调练习《蓝花花》 10. D大调练习《加伏特舞曲》 11.《羊毛剪子咔嚓嚓》 12.《b小调练习》(八度) 13.《乌克兰民歌变奏》 14. 降E大调练习《孤独的牧羊人》 15.《海滨之歌》(转调)

续表

年级	章节	内容
小学 中年级	十二、节奏乐曲练习	16.《小啄木鸟》 17. c 小调练习《小苹果》 18.《杜鹃圆舞曲》 19.《鸽子》 20. A 大调练习《苗岭的早晨》 21.《西班牙女郎》 22.《瑶族舞曲》 23. 升 f 小调练习《小天鹅舞曲》 24.《跳舞波尔卡》 25.《青年友谊圆舞曲》 26. 降 A 大调练习《凯旋进行曲》 27.《少女波尔卡》 28.《金蛇狂舞》 29. f 小调练习《红莓花儿开》(二重奏) 30.《喝吧、喝吧波尔卡》 31. E 大调练习《潜海姑娘》 32.《手风琴波尔卡》(二重奏) 33. 升 c 小调练习《牧羊姑娘》 34.《游击队歌》
小学 高年级	一、音符讲解及练习	1. 左手低音(贝司)旋律型练习 2. 简易的双手配合练习 3. 全音符对四分音符的练习(简称:一对四) 4. 二分音符对四分音符的练习(简称:一对二) 5. 四分音符对四分音符的练习(简称:一对一) 6. 三角音型伴奏与八分音符练习 7. 常见节奏型的双手配合练习 8. 附点音符的双手配合、切分节奏的双手配合练习 9. 前八后十六节奏型、三连音的双手配合练习 10. 小三和弦伴奏音型、连音与跳音的综合练习 11. 常用换指指法的双手配合练习 12. 顺指法的双手配合、穿指法、跨指法的双手配合练习 13. 缩指法、扩指法的双手配合、同音换指的双手配合
	二、音符重奏练习	1.《拉德斯基进行曲》 2.《京调》 3.《"微笑"波尔卡》(二重奏) 4.《大象》(不规则强拍、节奏练习) 5.《天鹅》(三重奏) 6.《分解和弦练习曲》 7.《蓝天》(探戈舞曲) 8.《翻身的日子》 9.《练习曲星座》(升种大调练习组合)

续表

年级	章节	内容
小学高年级	二、音符重奏练习	10.《贝司练习曲》 11.《快乐的啰嗦》 12.《送我一支玫瑰花》(探戈舞曲) 13.《西班牙斗牛士》(二重奏) 14.《降D大调手风琴圆舞曲》 15.《莫斯科郊外的晚上》(摇滚风格) 16.《卡门》序曲(选自歌剧《卡门》) 17.《铃儿响叮当》(三重奏) 18.《B大调手风琴进行曲》 19.《江河水》 20.《伦巴的印象》(古巴水彩画) 21.《我思念》(升g小调练习) 22.《天山晚会》 23.《小河淌水》(降b小调练习) 24.《打虎上山》 25.《二泉映月》(二胡名曲) 26.《十面埋伏》(琵琶大曲)
	三、音阶基础	1. C大调音阶 2. C大调、a小调音阶练习(音程练习)
	四、音阶练习曲 (任选其中一首)	1.《车尔尼手风琴练习曲集》第一册 No. 15 2.《车尔尼手风琴练习曲集》第一册 No. 22
	五、新音符	1. 新音符与新节奏(一) 2. 新音符与新节奏(二) 3. 变化音和双音 4. 常用调性(G) 5. 常用调性(D) 6. 常用调性(F) 7. 常用调性(a小调) 8. 常用调性(e小调) 9. 常用调性(d小调)
	六、中国乐曲	1.《扎红头绳》——选自舞剧《白毛女》 2.《步步高》 3.《小松树》
	七、外国乐曲	1.《三首民歌》 2.《乡村花园》 3.《雄壮进行曲》
	八、音程训练	1. e小调音阶(G大调的关系小调) 2. G大调、e小调音阶练习(音程练习) 3.《车尔尼手风琴练习曲集》第一册 No. 27 4.《车尔尼手风琴练习曲集》第一册 No. 36

续表

年级	章节	内容
小学高年级	八、音程训练	5.《浏阳河》 6.《小步舞曲》(《初级钢琴曲集》No. 1) 7.《花好月圆》 8.《小司机》 9.《我爱北京天安门》 10.《军队进行曲》 11.《闪烁着的萤火虫》 12.《银色的水鞋》
初中	一、C大调练习	1. C大调在键盘上的位置及指法 2. C大调音阶、琶音练习 3. 练习曲 4. 乐曲练习
	二、G大调练习	1. G大调在键盘上的位置及指法 2. G大调音阶、琶音练习 3. 练习曲 4. 乐曲练习
	三、F大调练习	1. F大调在键盘上的位置及指法 2. F大调音阶、琶音练习 3. 练习曲 4. 乐曲练习
	四、D大调练习	1. D大调在键盘上的位置及指法 2. D大调音阶、琶音练习 3. 练习曲 4. 乐曲练习
	五、各调式练习曲	1.《车尔尼手风琴练习曲集》第二册 NO. 3 2.《车尔尼手风琴练习曲集》第二册 NO. 10 3.《盼红军》(四川民歌) 4.《小步舞曲》(《初级钢琴曲集》No. 10) 5.《晚会》 6.《骑兵进行曲》 7.《草原牧歌》 8.《外国乐曲》(任选其中一首) 9.《那波里舞曲》(选自舞剧《天鹅湖》) 10.《双鹰旗下》 11.《意大利进行曲》
	六、单低音基础训练	1. 单低音配右手和声 2. 单低音练习曲(配右手和弦)

续表

年级	章节	内容
初中	七、单低音练习曲	1. 降 B 大调、g 小调音阶练习(音程练习) 2. 双手在两个八度上练习,平行进行 3. B 大调、g 小调琶音练习(和弦分解) 4. A 大调、f 小调音阶练习(音程练习) 5. 双手在两个八度上练习,平行进行 6. A 大调、f 小调琶音练习(和弦分解) 7.《车尔尼手风琴练习曲集》第二册 No. 6 8.《车尔尼手风琴练习曲集》第二册 No. 14
	八、复调乐曲	1.《楼台相会》(梁祝选段) 2.《波罗乃兹舞曲》 3.《快乐的女战士》(选自舞剧《红色娘子军》) 4.《茉莉花》 5.《翻身的日子》 6.《古巴的巴涅拉舞曲》 7.《蓝天》(探戈舞曲) 8.《芭蕾舞曲调》
高中	一、B 大调练习	1. B 大调在键盘上的位置及指法 2. B 大调音阶、琶音练习 3. 练习曲 4. 乐曲练习
	二、a 小调练习	1. a 小调在键盘上的位置及指法 2. a 小调音阶、琶音练习 3. 练习曲 4. 乐曲练习
	三、A 大调练习	1. A 大调在键盘上的位置及指法 2. A 大调音阶、琶音练习 3. 练习曲 4. 乐曲练习
	四、E 大调练习	1. E 大调在键盘上的位置及指法 2. E 大调音阶、琶音练习 3. 练习曲 4. 乐曲练习
	五、各调式综合练习曲	1.《新年好》 2.《小波尔卡》 3.《波尔卡舞曲》 4.《格巴科舞曲》 5.《让我们跳起占卡舞》 6.《家庭桑巴》 7.《火之吻》

年级	章节	内容
高中	五、各调式综合练习曲	8.《欢乐的眼睛》 9.《瑞典狂想曲》 10.《迷惑的华尔兹》 11.《塔兰泰拉舞曲》 12.《圆舞曲》
	六、手风琴高级进阶	1. 手风琴扒谱详解 2. 手风琴自助编曲详解 3. 手风琴即兴演奏详解 4. 手风琴伴奏制作详解 5. 手风琴和声高级技巧 6. 手风琴音效、混响高端进阶
	七、手风琴乐曲（一）	1. 基本练习 2. 练习 3. 乐曲 4. 视奏与为旋律配伴奏
	八、手风琴乐曲（二）	1. C大调、a和声小调 2. G大调、e和声小调 3. F大调、d和声小调
	九、手风琴乐曲（三）	1. 练习曲（No. 94） 2. 练习曲（op. 599No. 19） 3. 练习曲（op. 599No. 20） 4.《粉末》（《十月围城》主题曲） 5.《雨爱》（《海派甜心》片尾曲） 6.《带我飞》（《刺陵》主题曲）

四、课程实施

对象：小学一年级至高中二年级有特长的学生。

课时：每周两课时。

教材：选编讲义。

活动：听赏、练习、演奏、合作。

五、课程评价

评价内容多维度。指法考评、练习考评、演奏考评。

评价主体多元化。学生自评、生生互评、教师评价。

评价方法多样性。课堂演奏、活动展示、考级参赛等。

二　胡

一、课程价值

二胡训练的价值在于通过严格的练习来达到精神上的修炼,使人战胜自我,克服自身原来的懒散、胆怯、懦弱、自卑、消极等缺点,培养积极进取、顽强拼搏的精神以及坚韧不拔、自强不息的意志品质。二胡训练能赋予人尤其是青少年专注、努力、观念、习惯等几种最重要的素质。

二、课程目标

掌握二胡乐器自身的构造、音乐声学原理及其发展的历史沿革。探索二胡演奏的风格和流派,同时建立自身的风格基点。掌握二胡演奏的各种传统的、基本的演奏技巧,较为熟练自如地进行各个时期传统二胡曲目的演奏,完成对改编曲、大型协奏曲等曲目的成功演绎,同时在技巧运用上,能够结合时代需要,立足于传统而又有所突破。学生能在主观能动的学术状态中,对二胡演奏艺术的审美进行独立的思考。

三、课程内容

小学低年级

第一讲　入门要点

　　一、二胡的由来

　　二、二胡的构造

　　三、怎样识简谱

　　四、音符、时值、节拍

第二讲　二胡基本知识

　　一、二胡演奏的常用符号

　　二、民族音乐家——刘天华

　　三、《良宵》的故事

　　四、二胡的定音

第三讲　姿势

　　一、二胡的演奏姿势

　　二、左手持琴基本姿势

　　三、左手手指按弦姿势

　　四、右手持弓姿势

第四讲　技巧

　　一、左手指法技巧

　　二、右手弓法技巧

小学中年级

第二讲　D调换把练习

一、练习曲

二、乐曲《田园春色》

第三讲　G调换把练习

一、练习曲

二、乐曲《纺棉花》

第四讲　F调换把练习

一、练习曲

二、乐曲《牧羊姑娘》

<h2 style="text-align:center">小学高年级</h2>

第一讲　揉弦

一、揉弦的基本动作

二、中指、无名指揉弦及练习曲

三、食指揉弦及练习曲

四、揉弦综合练习及练习曲

五、乐曲《小花鼓》

第二讲　保留指的运用

一、食指保留练习曲

二、中指保留练习曲

三、无名指保留练习曲

四、乐曲《无锡景》

<h2 style="text-align:center">初一</h2>

第一讲　短快弓技术的训练

一、短弓练习

二、快弓练习

三、短快弓结合练习

四、乐曲《赛马》

第二讲　滑音

一、滑音的掌握与运用

二、练习曲

三、乐曲《烛影摇红》

初二

第一讲　打音

　　一、打音的掌握与运用

　　二、练习曲

　　三、乐曲《江南春色》

第二讲　颤音

　　一、颤弓的掌握与运用

　　二、练习曲

　　三、乐曲《江河水》

高一

第一讲　顿弓

　　一、顿弓的掌握与运用

　　二、练习曲

　　三、乐曲《大河涨水沙浪沙》

第二讲　颤弓

　　一、颤弓的掌握与运用

　　二、练习曲

　　三、乐曲《光明行》

高二

第一讲　演奏中的音色美

　　一、音色的美只能存在于对比变化之中，音色的美为内容所决定

　　二、音色美的多样性

第二讲　演奏中的力度与音量

　　一、二胡演奏中力度存在的两种概念

　　二、变化音量大小的三种演奏方法

第三讲　乐曲

　　一、《葡萄熟了》

　　二、《战马奔腾》

　　三、《野蜂飞舞》

　　四、《二泉映月》

四、课程实施

　　对象：小学一年级至六年级；初一、初二年级；高一、高二年级有天赋或有二胡

特长的学生。

课时:每周两课时。

教材:选编讲义。

活动:设计一些舞台表演类演出活动,激发学生对课程的兴趣,提高学习效率。

五、课程评价

评价内容多维度。包括知识与技能,学习的态度与毅力、情感等。

评价主体多元化。既有教师对学生的评价,也有学生对学生的评价,更有学生的自我评价。

评价方法多样性。包括:课堂观察,还课评价等。我们遵循趣味性、审美性、多样性的原则,将演奏融于活动、融于生活。

流行歌曲表演唱

一、课程价值

掌握演唱技巧,表达音乐形象,把握作品风格,培养学生演唱的整体表现能力。把学生从对流行演唱感性的模仿,提升到理性地掌握流行演唱技巧和演唱舞台表现上来,从而提升学生的音乐素质。

二、课程目标

让学生在掌握音乐知识和演唱技巧的基础上,体验和感受歌唱艺术之美,并能根据自身的特点和不同的需求,用多种表演形式演唱歌曲,亲身体验演唱和表演的乐趣,变被动学习为主动学习,增强自信心和参与意识,以此培养学生的实践能力和创新能力。

三、课程内容

小学

章节	内容
第一章　儿童歌唱要领	
第二章　歌唱咬字训练	
第三章　歌唱发声训练	1. 呼吸训练
	2. 松弛训练
	3. 气息训练
	4. 强化横膈膜扩张训练
第四章　舞台表演训练	1. 站姿训练
	2. 上场训练
	3. 下场训练

续表

章节	内容
第四章　舞台表演训练	4. 鞠躬训练
	5. 眼神训练
	6. 手势训练
	7. 话筒运用

初中

章节	内容
第一章　儿童歌唱要领	
第二章　变声期嗓音保护	
第三章　乐理基础知识	1. 基本音级
	2. 音符的时值
	3. 休止符、半音与全音
	4. 变化音、附点音符
	5. 节奏、节拍
第四章　歌唱发声训练	1. 气息的运用与控制
	2. 共鸣训练
	3. 力度控制训练
	4. 音色统一训练
	5. 声音灵活度训练
第五章　各种曲风歌唱要领	1. 抒情慢歌歌唱要领
	2. 动感快歌歌唱要领
	3. 爵士歌曲歌唱要领
	4. 摇滚歌曲歌唱要领
	5. R&B 歌曲歌唱要领
	6. 说唱歌曲歌唱要领
	7. 民谣歌曲歌唱要领

高中

章节	内容
第一章　流行音乐的基本知识	1. 西方流行音乐发展与风格简介
	2. 中国流行音乐发展与风格简介
	3. 流行音乐名家名曲简介

续表

章节	内容
第二章　歌唱语言的发声	1. 歌唱的发声原理
	2. 歌唱的呼吸原理
第三章　建立符合歌唱的语言发声体系	1. 说话与歌唱的异同
	2. 歌唱语言与朗诵
	3. 歌唱语言发声的要求
	4. 歌唱语言发声训练的步骤与要点
第四章　歌唱语言的语音基础知识	1. 与歌唱相关的普通话语音知识
	2. 歌唱语言中声母的发音规律和技巧
	3. 歌唱语言中韵母的发音规律和技巧
	4. 歌唱语言中声调的运用及规律
第五章　歌唱语言的咬字与吐字	1. 字音的结构特点
	2. 歌唱语言的咬字训练
	3. 歌唱语言的吐字训练
	4. 歌唱语言的归韵训练
第六章　歌唱语言的情感表达	1. 歌唱语言的感受与体验
	2. 歌唱语言理解五步法
	3. 歌唱语言的重音
第七章　歌唱语言的语调运用	1. 歌唱语言语调的色彩
	2. 歌唱语言语调的运用技巧
第八章　如何学习歌曲	1. 如何选歌
	2. 歌词分解
第九章　综合训练	1. 试唱歌曲
	2. 听听别人是怎么想的
	3. 与乐队合作
	4. 舞台表演

四、课程实施

对象：小学至高中有特长的学生。

课时：每周两课时。

教材：选编讲义和歌谱。

活动：参与音乐活动，激发学生对课程的兴趣，提高歌唱能力。

五、课程评价

有教师对学生的评价，也有学生对学生的评价，更有学生的自我评价。

竹笛演奏

一、课程价值

培养并进一步激发学生对民族音乐的兴趣,拓展学生的视野。强调竹笛演奏与民族音乐的关系,让学生喜欢民族音乐,热爱民族音乐。通过对竹笛演奏一些技法的训练,让学生感受体验竹笛演奏的魅力。

二、课程目标

1. 学习并掌握音乐会演奏级别曲目以及练习曲,熟练掌握竹笛演奏的技能、技巧(震、叠、赠、打以及南方风格的演奏)的各种练习。

2. 熟悉竹笛的历史沿革和相关文化,熟识乐谱,掌握相关乐理知识。能够熟练驾驭竹笛"气、指、唇、舌"四样基本功,掌握不同流派、不同风格的艺术特点。

3. 突出舞台实践,全面提高艺术素养及表现能力,以达到台风良好、技能技巧娴熟、乐曲处理完整的标准及艺术境界。

三、课程内容

小学

低年级	
课次	教学内容
第一讲 笛子概述	1. 笛子简述 2. 笛子的形制、构造及种类 3. 笛子的选购、维护 4. 笛膜选贴 5. 笛子定调与转调
第二讲 吹奏基础知识	1. 吹奏口型状态 2. 试吹 3. 持笛、按孔及身体姿势 4. 呼吸法
第三讲 全按作 5(小工调)的中低音区发音练习与音符的连接	1. 吹响笛子与数拍练习 2. 1、2、3 音练习 3. 7、6、5 音的吹奏 4. 4、5、6 音练习
第四讲 读谱常识	1. 音阶 2. 音区 3. 音的长短关系 4. 节拍
第五讲 轻吐与连线 ——舌的运用(一)	1. 轻吐动作练习 2. 轻吐与连线

续表

低年级	
课次	教学内容
第六讲　全按作 5 的高音区练习	1. 7、1 音的练习及节奏训练 2. 2、3 音练习 3. 4、5、6 音练习 4. 7、1 音的练习 5. 拓展综合练习

中年级	
课次	教学内容
第一讲　吐奏——舌的运用(二)	1. 重音与保持音 2. 断音
第二讲　独奏曲选(一) 　　　——基础篇综合练习	《塔塔尔族舞曲》
第三讲　独奏曲选(二)	《明媚的阳光照天山》
第四讲　常用技巧(一)	1. 装饰音 2. 装饰音综合练习
第五讲　气与唇的配合	1. 强弱音吹奏(力度变化练习) 2. 大跳音程的连接 3. 泛音吹奏
第六讲　独奏曲选(三) 　　　——装饰音与强弱变化综合练习	1.《欢乐歌》 2.《梅花三弄》
第七讲　独奏曲选(四)	1.《姑苏行》 2.《小河淌水》

高年级	
课次	教学内容
第一讲　转调指法(一)全按作 2 　　　(正宫调)的练习	1. 全按作 2 指法练习 2. 全按作 2 半孔 do 的运用 3. 全按作 2 指法综合练习
第二讲　常用技巧(二)	1. 骨干音之间的滑奏 2. 装饰性滑音
第三讲　独奏曲选(五) ——常用技巧与全按作 2 指法综合练习	1.《陕北好》 2.《牧笛》
第四讲　独奏曲选(六)	1.《春到湘江》 2.《踏雪寻梅》
第五讲　独奏曲选(七)	1.《小放牛》 2.《水乡赞》 3.《弥渡随想》

初中

初一	
课次	教学内容
第一讲　常用技巧	1. 花舌 2. 飞指、轮指 3. 指揉音 4. 震音 5. 剁音 6. 历音
第二讲　独奏曲选（八）	1.《喜相逢》 2.《五梆子》 3.《扬鞭催马运粮忙》 4.《枣园春色》
第三讲　独奏曲选（九）	1.《牧民新歌》 2.《秦川抒怀》 3.《到农村去》
初二	
课次	教学内容
第一讲　转调指法	1. 全按作6(尺字调)指法练习 2. 全按作3(六字调)指法练习 3. 全按作7指法练习 4. 全按作1(乙字调)指法练习 5. 全按作4(凡字调)指法练习 6. 指法综合练习
第二讲　低音笛的适应练习	1. 适应练习 2.《寒江残雪》
第三讲　独奏曲选（十）	1.《鹧鸪飞》 2.《深秋叙》 3.《秋湖月夜》 4.《南韵》

高中

高一	
课次	教学内容
第一讲	气功
第二讲	自修与乐曲风格的把握
第三讲	气、指、舌结合训练
第四讲	震、叠、赠、打及南方风格的演奏
第五讲　演奏作品	《早晨》《幽兰逢春》

续表

高二	
课次	教学内容
第一讲	圆滑音
第二讲	剁音
第三讲	转调、变化音阶
第四讲	气息控制及循环换气
第五讲	形形色色的笛子
第六讲	《小八路勇闯封锁线》《流浪者之歌》

四、课程实施

对象:小学一年级至六年级;初一、初二年级;高一、高二年级有竹笛特长的学生。

课时:每周两课时。

教材:选编讲义。

活动:设计一些舞台表演类演出活动,激发学生对课程的兴趣,提高学习效率。

五、课程评价

评价内容多维度。包括知识与技能、识谱、视唱、练耳、演奏、情感和态度。

评价主体多元化。既有教师对学生的评价,也有学生对学生的评价,更有学生的自我评价

评价方法多样性。包括:课堂观察,还课评价等。遵循趣味性、审美性、多样性的原则,将演奏融于活动、融于生活。

钢 琴

一、课程价值

通过对钢琴演奏的技巧学习,熟练演奏钢琴作品,感受并表现古典音乐魅力;培养并进一步激发学生对古典音乐的兴趣,拓展学生的音乐视野,提高学生的音乐表现能力与欣赏水平。

二、课程目标

1. 学习并掌握钢琴初级、中高级演奏技术技巧,能熟练演奏中高级钢琴作品曲目。

2. 在钢琴演奏的学习过程中,学习了解古典音乐体系,并能够通过自己的演奏,表现各风格音乐作品的特点。

3. 依托钢琴的学习,提高音乐的听赏水平,在学校各类文化艺术活动中,积极参与实践表演,展示自我。

三、课程内容

小学

低年级	
课次	教学内容
第一章　幼儿乐理	1. 五线谱 2. 节拍 3. 音符 4. 节奏 5. 乐谱视唱
第二章　演奏基础	1. 坐姿 2. 演奏手型 3. 起手 4. 吊腕练习1
第三章　演奏基础	1. 吊腕练习2 2.《小汤1》全音符 3.《小汤1》二分音符 4.《小汤1》四分音符
第四章　小汤普森1 钢琴手指天天练入门册	按照教材逐步进行
第五章　小汤普森2 钢琴手指天天练预备册	按照教材逐步进行
中年级	
课次	教学内容
第一章　拜厄 　　　　大汤普森	1. 拜厄 op.1—op.50 2. 大汤普森第一、二册
第二章　巴斯蒂安钢琴教程2	按照教材曲目逐步进行
第三章　巴托克	《小宇宙》
第四章　快乐儿童钢琴曲集	相对应程度作品选择演奏练习
高年级	
课次	教学内容
第一章　哈农钢琴练指法	第一部分 1—20
第二章　练习曲	拜厄 op.51—op.100
第三章　复调	巴赫《初级钢琴曲集》
第四章　练习曲	车尔尼599

初中

初一	
课次	教学内容
第一章　练习曲	1. 车尔尼《钢琴简易练习曲》139 2. 莱蒙《钢琴练习曲》 3. 车尔尼 849
第二章　小奏鸣曲集	按照教材曲目进度进行
第三章　哈农钢琴练指法 什密特钢琴手指练习	1. 哈农第二部分 2. 什密特手指练习
第四章　乐曲演奏	1.《孩子们的舞蹈》 2.《波兰舞曲》 3.《回旋曲》

初二	
课次	教学内容
第一章　练习曲	1. 车尔尼 849 2. 24 首左手练习 3.《趣味钢琴技巧》
第二章　复调	巴赫《小前奏曲与赋格曲》
第三章　小奏鸣曲集	按照教材曲目进度进行
第四章　乐曲	1.《捉迷藏》 2.《舞曲》 3.《圆舞曲》 4.《花鼓》

高中

高一	
课次	教学内容
第一章　练习曲	1. 车尔尼 299 2. 车尔尼 636
第二章　复调	1. 巴赫《二部创意曲》选曲 2. 巴赫《法国组曲》
第三章　乐曲	1. 莫扎特《钢琴奏鸣曲》选曲 2. 肖邦《圆舞曲》选曲 3. 柴可夫斯基《四季》选曲 4.《中国钢琴名曲曲库》选曲

续表

高二	
课次	教学内容
第一章 练习曲	1. 车尔尼299 2. 车尔尼740
第二章 复调	1. 巴赫《三部创意曲》选曲 2. 巴赫《平均律钢琴曲集》选曲
第三章 乐曲	1. 格里格《抒情钢琴小品》选曲 2. 门德尔松《无词歌》选曲 3. 舒伯特《即兴曲》选曲 4. 贝多芬《钢琴奏鸣曲》选曲

四、课程实施

对象:小学一年级至六年级;初一、初二年级;高一、高二年级精选有学习兴趣或有钢琴特长的学生。

课时:每周两课时。

教材:选编教材、讲义、乐谱。

活动:依托学校文艺活动,给学生提供展示自我的舞台。

五、课程评价

1. 多维度评价。包括基础乐理、视奏能力、视唱练耳、演奏技巧、情感和态度。

2. 评价主体多元化。既有教师对学生的评价,也有学生对学生的评价,更有学生的自我评价。

3. 评价方法多样化。包括:课堂过程性学习评价、还课评价等。遵循教学趣味性、审美性、多样性原则,将钢琴演奏融于活动、融于生活、融于实践表演。

合唱艺术

一、课程价值

培养并进一步激发学生对合唱艺术的兴趣,掌握科学的发声方法,提高学生的演唱技巧和声部配合能力,开拓音乐视野,提升音乐综合素养和舞台表现力。在合唱训练过程中,逐渐向学生渗透团队合作意识和"打碎自我,融入集体"的大局观,培养学生的集体主义精神和健康乐观的心态。

二、课程目标

学生能够了解合唱的历史发展和优秀合唱作品;能够比较熟练地识读五线谱,掌握相关乐理知识;重视舞台实践能力培养,帮助学生积累舞台表演的经验。各声部成员之间能在充分了解并密切配合指挥手势的前提下,用和谐统一的声音,抒发音乐中美好的情感。

三、课程内容

小学二年级

上学期		下学期	
课次	内容	课次	内容
1	五线谱识读:高音谱号 小字一组 1、2、3 声音练习:wu	1	视唱练习 6 声音练习 音程练习 6
2	五线谱识读:小字一组 4、5、6 声音练习:wu	2	视唱练习 7 声音练习 音程练习 7
3	五线谱识读:小字一组 7 和小字二组 1,唱准音阶 声音练习:wu	3	视唱练习 8 声音练习 音程练习 8
4	五线谱识读:全音符 小字二组 2、3、4、5 声音练习:wu	4	视唱练习 9 声音练习 音程练习 9
5	五线谱识读:二分音符 小字组 7、6、5 声音练习:wu	5	视唱练习 10 声音练习 音程练习 10
6	五线谱识读:四分音符 音阶练习 声音练习:wu	6	视唱练习 11 声音练习:gu 音程练习 11
7	五线谱识读:八分音符 音阶练习 声音练习:wu	7	视唱练习 12 声音练习:gu 音程练习 12
8	五线谱识读:十六分音符 音阶练习 声音练习:wu	8	视唱练习 13 声音练习:gu 音程练习 13
9	五线谱识读:常用休止符 音阶练习 声音练习:wu	9	视唱练习 14 声音练习:hu 音程练习 14
10	五线谱识读:附点音符 音阶练习 声音练习:wu	10	视唱练习 15 声音练习:hu 合唱作品欣赏 1
11	五线谱识读:拍号 音阶练习 声音练习:wu	11	音程练习 15 声音练习:hu 合唱作品欣赏 2

续表

上学期		下学期	
课次	内容	课次	内容
12	视唱练习1 声音练习:bu 音程练习1	12	合唱作品欣赏3、4 声音练习:hu
13	视唱练习2 声音练习:bu 音程练习2	13	作品排练《共产儿童团歌》
14	视唱练习3 声音练习:bu 音程练习3	14	作品排练《共产儿童团歌》
15	视唱练习4 声音练习:bu 音程练习4	15	作品排练《共产儿童团歌》
16	视唱练习5 声音练习:bu 音程练习5	16	作品排练《共产儿童团歌》

小学三年级

上学期		下学期	
课次	内容	课次	内容
1	合唱历史简介及欣赏	1	优秀合唱作品鉴赏
2	合唱历史简介及欣赏	2	优秀合唱作品鉴赏
3	声音练习:li 声部视唱练习1	3	优秀合唱作品鉴赏
4	声音练习:li 声部视唱练习2	4	声音练习:di 声部视唱练习6
5	声音练习:li 声部视唱练习3	5	声音练习:di 声部视唱练习7
6	声音练习:la 声部视唱练习4	6	声音练习:di 声部视唱练习8
7	声音练习:la 声部视唱练习5	7	声音练习:do 声部视唱练习9
8	声音练习:la 声部视唱练习6	8	声音练习:do 声部视唱练习10

续表

上学期		下学期	
课次	内容	课次	内容
9	作品排练《我和你》	9	作品排练《读书郎》
10	作品排练《我和你》	10	作品排练《读书郎》
11	作品排练《我和你》	11	作品排练《读书郎》
12	作品排练《我和你》	12	作品排练《读书郎》
13	作品排练《送别》	13	作品排练《茉莉花》
14	作品排练《送别》	14	作品排练《茉莉花》
15	作品排练《送别》	15	作品排练《茉莉花》
16	复习回顾	16	复习回顾

小学四年级

上学期		下学期	
课次	内容	课次	内容
1	练声曲1、优秀合唱作品鉴赏	1	练声曲7、优秀合唱作品鉴赏
2	练声曲2、优秀合唱作品鉴赏	2	练声曲8、优秀合唱作品鉴赏
3	练声曲3、优秀合唱作品鉴赏	3	练声曲9、优秀合唱作品鉴赏
4	练声曲4、优秀合唱作品鉴赏	4	练声曲10、优秀合唱作品鉴赏
5	练声曲5、优秀合唱作品鉴赏	5	练声曲11、优秀合唱作品鉴赏
6	练声曲6、优秀合唱作品鉴赏	6	练声曲12、优秀合唱作品鉴赏
7	作品排练《我们是共产主义接班人》	7	作品排练《滴哩,滴哩》
8	作品排练《我们是共产主义接班人》	8	作品排练《滴哩,滴哩》
9	作品排练《我们是共产主义接班人》	9	作品排练《滴哩,滴哩》
10	作品排练《我们是共产主义接班人》	10	作品排练《滴哩,滴哩》
11	作品排练《少年,少年,祖国的春天》	11	作品排练《我们的田野》
12	作品排练《少年,少年,祖国的春天》	12	作品排练《我们的田野》
13	作品排练《少年,少年,祖国的春天》	13	作品排练《我们的田野》
14	作品排练《少年,少年,祖国的春天》	14	作品排练《我们的田野》
15	复习回顾以往作品	15	复习回顾以往作品
16	考核	16	考核

小学五年级

上学期		下学期	
课次	内容	课次	内容
1	练声曲13、优秀合唱作品鉴赏	1	练声曲18、优秀合唱作品鉴赏
2	练声曲14、优秀合唱作品鉴赏	2	练声曲19、优秀合唱作品鉴赏
3	练声曲15、优秀合唱作品鉴赏	3	练声曲20、优秀合唱作品鉴赏
4	练声曲16、优秀合唱作品鉴赏	4	练声曲21、优秀合唱作品鉴赏
5	练声曲17、优秀合唱作品鉴赏	5	练声曲22、优秀合唱作品鉴赏
6	作品排练《小鸟，小鸟》	6	作品排练《红星歌》
7	作品排练《小鸟，小鸟》	7	作品排练《红星歌》
8	作品排练《小鸟，小鸟》	8	作品排练《红星歌》
9	作品排练《弟弟问蓝天》	9	作品排练《摘星星》
10	作品排练《弟弟问蓝天》	10	作品排练《摘星星》
11	作品排练《弟弟问蓝天》	11	作品排练《摘星星》
12	作品排练《赶海的小花》	12	作品排练《夏夜》
13	作品排练《赶海的小花》	13	作品排练《夏夜》
14	作品排练《赶海的小花》	14	作品排练《夏夜》
15	复习回顾	15	复习回顾
16	考核	16	考核

小学六年级

上学期		下学期	
课次	内容	课次	内容
1	练声曲23、优秀合唱作品鉴赏	1	练声曲28、优秀合唱作品鉴赏
2	练声曲24、优秀合唱作品鉴赏	2	练声曲29、优秀合唱作品鉴赏
3	练声曲25、优秀合唱作品鉴赏	3	练声曲30、优秀合唱作品鉴赏
4	练声曲26、优秀合唱作品鉴赏	4	练声曲31、优秀合唱作品鉴赏
5	练声曲27、优秀合唱作品鉴赏	5	练声曲32、优秀合唱作品鉴赏
6	作品排练《冬雪》	6	作品排练《同一首歌》
7	作品排练《冬雪》	7	作品排练《同一首歌》
8	作品排练《冬雪》	8	作品排练《同一首歌》
9	作品排练《伞花》	9	作品排练《同一首歌》
10	作品排练《伞花》	10	作品排练《太阳出来了》
11	作品排练《伞花》	11	作品排练《太阳出来了》

续表

上学期		下学期	
课次	内容	课次	内容
12	作品排练《歌声与微笑》	12	作品排练《太阳出来了》
13	作品排练《歌声与微笑》	13	作品排练《太阳出来了》
14	作品排练《歌声与微笑》	14	作品排练《太阳出来了》
15	复习回顾	15	复习回顾
16	考核	16	考核

初一

上学期		下学期	
课次	内容	课次	内容
1	简易视唱练耳训练1 合唱发声技巧训练1	1	简易视唱练耳训练4 合唱发声技巧训练8
2	简易视唱练耳训练2 合唱发声技巧训练2	2	简易视唱练耳训练5 合唱发声技巧训练9
3	简易视唱练耳训练3 合唱发声技巧训练3	3	简易视唱练耳训练6 合唱发声技巧训练10
4	合唱发声技巧训练4 合唱作品赏析	4	合唱发声技巧训练11 合唱作品赏析
5	合唱发声技巧训练5 合唱作品赏析	5	合唱发声技巧训练12 合唱作品赏析
6	合唱发声技巧训练6 合唱作品赏析	6	合唱发声技巧训练13 合唱作品赏析
7	合唱发声技巧训练7 合唱作品赏析	7	合唱发声技巧训练14 合唱作品赏析
8	作品排练《大海啊,故乡》	8	作品排练《装扮蓝色的地球》
9	作品排练《大海啊,故乡》	9	作品排练《装扮蓝色的地球》
10	作品排练《大海啊,故乡》	10	作品排练《装扮蓝色的地球》
11	作品排练《大海啊,故乡》	11	作品排练《装扮蓝色的地球》
12	作品排练《西风的话》	12	作品排练《装扮蓝色的地球》
13	作品排练《西风的话》	13	作品排练《鳟鱼》
14	作品排练《西风的话》	14	作品排练《鳟鱼》
15	作品排练《西风的话》	15	作品排练《鳟鱼》
16	回顾与评价	16	回顾与评价

初二

上学期		下学期	
课次	内容	课次	内容
1	合唱历史介绍 合唱节介绍	1	简易视唱练耳训练10 合唱发声技巧训练20
2	合唱历史介绍 合唱节介绍	2	简易视唱练耳训练11 合唱发声技巧训练21
3	简易视唱练耳训练7 合唱发声技巧训练15	3	简易视唱练耳训练12 合唱发声技巧训练22
4	简易视唱练耳训练8 合唱发声技巧训练16	4	合唱发声技巧训练23 合唱作品赏析
5	简易视唱练耳训练9 合唱发声技巧训练17	5	合唱发声技巧训练24 合唱作品赏析
6	合唱发声技巧训练18 合唱作品赏析	6	合唱发声技巧训练25 合唱作品赏析
7	合唱发声技巧训练19 合唱作品赏析	7	作品排练《雪球花》
8	作品排练《乘着歌声的翅膀》	8	作品排练《雪球花》
9	作品排练《乘着歌声的翅膀》	9	作品排练《雪球花》
10	作品排练《乘着歌声的翅膀》	10	作品排练《雪球花》
11	作品排练《乘着歌声的翅膀》	11	作品排练《街头少年合唱》
12	作品排练《美丽的村庄》	12	作品排练《街头少年合唱》
13	作品排练《美丽的村庄》	13	作品排练《街头少年合唱》
14	作品排练《美丽的村庄》	14	作品排练《街头少年合唱》
15	作品排练《美丽的村庄》	15	作品排练《街头少年合唱》
16	回顾与评价	16	回顾与评价

高一

上学期		下学期	
课次	内容	课次	内容
1	合唱指挥常识1 简易视唱练耳训练13	1	合唱指挥常识4 简易视唱练耳训练16
2	合唱指挥常识2 简易视唱练耳训练14	2	合唱指挥常识5 简易视唱练耳训练17
3	合唱指挥常识3 简易视唱练耳训练15	3	合唱指挥常识6 简易视唱练耳训练18

续表

上学期		下学期	
课次	内容	课次	内容
4	合唱发声技巧训练 26 合唱作品赏析	4	合唱发声技巧训练 29 合唱作品赏析
5	合唱发声技巧训练 27 合唱作品赏析	5	合唱发声技巧训练 30 合唱作品赏析
6	合唱发声技巧训练 28 合唱作品赏析	6	合唱发声技巧训练 31 合唱作品赏析
7	作品排练《飞来的花瓣》	7	作品排练《山在虚无缥缈间》
8	作品排练《飞来的花瓣》	8	作品排练《山在虚无缥缈间》
9	作品排练《飞来的花瓣》	9	作品排练《山在虚无缥缈间》
10	作品排练《飞来的花瓣》	10	作品排练《山在虚无缥缈间》
11	作品排练《在银色的月光下》	11	作品排练《青春舞曲》
12	作品排练《在银色的月光下》	12	作品排练《青春舞曲》
13	作品排练《在银色的月光下》	13	作品排练《青春舞曲》
14	作品排练《在银色的月光下》	14	作品排练《青春舞曲》
15	回顾	15	回顾
16	考核评价	16	考核评价

高二

上学期		下学期	
课次	内容	课次	内容
1	合唱指挥常识 7 简易视唱练耳训练 19	1	合唱指挥常识 10 简易视唱练耳训练 22
2	合唱指挥常识 8 简易视唱练耳训练 20	2	合唱指挥常识 11 简易视唱练耳训练 23
3	合唱指挥常识 9 简易视唱练耳训练 21	3	合唱指挥常识 12 简易视唱练耳训练 24
4	合唱发声技巧训练 32 合唱作品赏析	4	合唱发声技巧训练 35 合唱作品赏析
5	合唱发声技巧训练 33 合唱作品赏析	5	合唱发声技巧训练 36 合唱作品赏析
6	合唱发声技巧训练 34 合唱作品赏析	6	合唱发声技巧训练 37 合唱作品赏析

续表

上学期		下学期	
课次	内容	课次	内容
7	作品排练《猜调》	7	作品排练《远方的客人请你留下来》
8	作品排练《猜调》	8	作品排练《远方的客人请你留下来》
9	作品排练《猜调》	9	作品排练《远方的客人请你留下来》
10	作品排练《猜调》	10	作品排练《远方的客人请你留下来》
11	作品排练《半个月亮爬上来》	11	作品排练《美丽的草原我的家》
12	作品排练《半个月亮爬上来》	12	作品排练《美丽的草原我的家》
13	作品排练《半个月亮爬上来》	13	作品排练《美丽的草原我的家》
14	作品排练《半个月亮爬上来》	14	作品排练《美丽的草原我的家》
15	回顾	15	回顾
16	考核评价	16	考核评价

四、课程实施

对象:小学二年级至六年级;初一、初二年级;高一、高二年级具备一定音准和识谱能力,声音条件较好,且对合唱感兴趣的学生。

课时:每周两课时。

教材:自编讲义。

五、课程评价

1. 过程评价与效果评价相结合。

2. 平时表现占40%,学习效果考试占60%。

书　法

一、课程价值

书法一体化课程的开设旨在培养学生良好的写字习惯,激发学生练习书法的兴趣,使青少年在汉字书写过程中养成良好的性格特征和学习习惯,继承和发扬中华民族书法艺术的优良传统,弘扬民族精神,增强民族凝聚力。

二、课程目标

让学生了解书法的风格特点和艺术规律,掌握书写工具的性能,训练硬笔楷书和毛笔楷书、隶书、篆书、行书的书写方法,进行书法创作及书法艺术欣赏,提高学生的书写能力和审美能力。提升艺术素质,激发创造精神,陶冶审美情趣,增强爱国情操。

三、课程内容

学段年级	章次	教学内容
小学 一年级	如何写铅笔字	一、学习的方法 　1. 书写基本常识 　2. 书写工具的选择使用 　3. 写字姿势与执笔方法
	正楷铅笔字基础训练	二、正楷字基本笔画写法 　1. 横（一）训练 　2. 竖（丨）训练 　3. 撇（丿）训练 　4. 点（丶）训练 　5. 捺（乀）训练 　6. 折（一）训练 三、正楷字训练 四、拼音字训练 五、正楷字欣赏
小学 二年级	正楷铅笔字基础训练	六、正楷字训练 　1. 对联训练 　2. 诗词训练 　3. 短文训练
小学 三年级	如何写钢笔字	七、学习的方法 　1. 钢笔书写工具的选择使用 　2. 执笔方法
	楷体钢笔字训练	八、楷体钢笔字的结构 　1. 上下结构训练 　2. 上中下结构训练 　3. 左右结构训练 　4. 左中右结构训练 　5. 全包围结构训练 　6. 半包围结构训练
小学 四年级	楷体钢笔字训练	九、参差错落，突出主笔 　1. 横划类的主笔训练 　2. 竖划类的主笔训练 　3. 撇划类的主笔训练 　4. 其他类的主笔训练
小学 五年级	楷体钢笔字训练	十、楷体钢笔字临摹古代墨迹

学段年级	章次	教学内容
小学 六年级	毛笔书法概述	一、学习书法的意义 二、汉字书体种类 （篆书、隶书、楷书、草书、行书） 三、毛笔书法基本常识 　1. 毛笔书写工具的选择使用 　2. 毛笔写字姿势与执笔方法 　3. 毛笔选择碑帖与临摹方法
初一 年级	毛笔楷书练习	四、毛笔楷书基本常识 　1. 楷书基本笔画 　　横（一） 　　竖（丨） 　　撇（丿） 　　点（、） 　　捺（乀） 　　折（乛） 　2. 楷书间架结构 　3. 楷书章法练习 　4. 楷书名作赏析
初二 年级	毛笔隶书练习	五、隶书的基本知识 　1. 隶书基本笔画 　2. 隶书偏旁部首练习 　　横（一） 　　竖（丨） 　　撇（丿） 　　点（、） 　　捺（乀） 　　折（乛） 　3. 隶书结体规律 　4. 隶书章法练习 　5. 隶书名作赏析
高一 年级	毛笔篆书练习	六、篆书的基本知识 　1. 篆书基本笔法规律 　2. 篆书结构变化 　3. 篆书章法练习 　4. 篆书名作赏析
高二 年级	行书训练	七、行书的基本知识 　1. 行书基本笔画与书写方法 　2. 行书章法练习 　3. 行书名作赏析

四、课程实施

对象:小学一年级至高二年级学生。

课时:每周两课时。

教材:校本教材。

五、课程评价

1. 通过书法欣赏,检验学生书法欣赏水平提高的状况。

2. 临帖练习后,进行作品创作,以班为单位开展自评、互评活动。

3. 在全校范围内组织学生作品展,进一步激发学生对书法的兴趣。

版　画

一、课程价值

　　版画是手工和绘画的综合体,对学生动手动脑及创新能力、实践能力的培养是其他课业形式所不能替代的。版画课程的开设可以提高中小学生的动手能力、设计能力和创造能力,培养勤动脑、巧动手的习惯。

二、课程目标

　　1. 让学生在作品欣赏活动中形成对版画的正确审美情趣和审美能力,培养学生热爱版画、继承发扬民间艺术的情感。

　　2. 学生在实践活动中掌握版画的基本知识和技能,培养学生的合作精神和创新能力,提高学生的动手能力,使学生在版画的制作活动中得到潜移默化的锻炼。

三、课程内容

学段年级	章次	教学内容
小学一年级	吹塑纸版画	1. 学习基础、简单的吹塑纸版画的制作方法 2. 了解吹塑纸版画的创作稿子、过稿、制版、印刷等步骤 3. 掌握肌理效果表现的方式方法
小学二年级	纸版画	1. 掌握纸版画的制作方法 2. 了解制版、印制等技法内容
小学三年级	橡皮刻初级课程	1. 初步了解橡皮刻的阴刻刻印步骤 2. 学会刻印基础图案的方法 3. 熟练掌握不同类型点、线、面的刻印技巧
小学四年级	橡皮刻中级课程	1. 熟练运用阴刻的刻印方法 2. 在刻印时对不同种类进行分类学习,追求制作效果独特,具有明快的艺术效果的作品
小学五年级	橡皮刻高级课程	1. 以风景、静物等题材进行自由创作 2. 创作出不同风格的原创作品

续表

学段年级	章次	教学内容
小学六年级	橡皮刻高级课程	1. 以人物等题材进行自由创作学习 2. 创作出不同风格的原创作品
初一年级	黑白木刻初级课程	1. 认识木刻版画 2. 黑白木刻版画的基本工具材料 3. 黑白木刻的基本制作过程 4. 黑白木刻的黑白处理 5. 黑白木刻的构图 6. 黑白木刻的刀法和刀法组织 7. 黑白木刻的临摹与创作
初二年级	黑白木刻初级课程	1. 了解黑白木刻艺术特点、历程及制作方法 2. 基本掌握手工印刷技巧 3. 独立完成木刻版画作品的临摹与创作
高一年级	黑白木刻高级课程	1. 以静物、风景等主题进行临摹和创作 2. 鉴赏优秀的木刻版画作品 3. 系统学习与训练木刻刀法
高二年级	黑白木刻高级课程	1. 以静物、风景等主题进行临摹和创作 2. 鉴赏优秀的木刻版画作品 3. 系统学习与训练木刻刀法

四、课程实施

对象：小学一年级至高二年级学生。

课时：每周两课时。

教材：校本教材。

五、课程评价

1. 班级展示。课堂上适时举办以评价为目的的展示和课堂讨论活动，鼓励学生参与评价的过程。

2. 校内作品展。通过国庆节、学校艺术节等活动组织校内版画作品展。

3. 各级各类比赛活动。通过参加各级各类比赛活动，能够很好地促进学生之间的学习与交流。

创意绘画

一、课程价值

培养并进一步激发学生对美术的兴趣爱好，拓展学生的思维和艺术视野。让学生了解创意在艺术领域中的应用，强调绘画与创意、设计的关系，通过对设计基础知识和方法的学习，锻炼学生的创新思维能力。同时强调运用手绘的方式，让学生感受绘画的乐趣、体验创造的活力、实践创意的构思,掌握创意设计的方法,体会各类设计课题的深化意义,让学生不再被传统绘画的框架所束缚,开拓绘画格局的新视野。

二、课程目标

了解创意在生活中的重要性,学会绘画的基本理论和专业技法,能够使用多工具充分表达创意想法。学会创意设计基础的理论和方法,掌握分析、评价各类创意绘画的形式美感,加强创意、创新思维在绘画中的运用。

体会创意与绘画之间的联系,掌握两者的尺度,真正实践创意带给绘画无限的创作空间,让学生具有创新精神和实践能力。

三、课程内容

学段年级	章节	教学内容
小学一年级	绘画基础	一、绘画常识 1. 工具的应用 2. 绘画时的注意事项 3. 简单绘画技法学习 4. 简单绘画技法练习
		二、情境绘画 1. 单个主题表现 2. 整幅画面表现
小学二年级	造型基础	三、创意造型 1. 简单图案的欣赏 2. 简单图案的练习 3. 简单图案的绘制 4. 简单图案的装饰 5. 简单图案的应用
小学三年级	色彩基础	四、创意色彩 1. 简单的色彩知识 2. 色彩的搭配 3. 色彩的游戏 4. 色彩与造型的应用
小学四年级	图案基础	五、创意图案 1. 创意图案欣赏 2. 创意图案的造型和色彩 3. 创意图案练习 4. 创意图案的应用

学段年级	章节	教学内容
小学五年级	综合练习	六、综合探索 　　1. 多技法的探索 　　2. 多材料的探索 　　3. 多媒介的探索 　　4. 综合应用
初一年级	创意表现	一、创意与艺术 　　1. 总述创意的定义 　　2. 创意的门类 　　3. 创意绘画欣赏 二、创意绘画基本常识 　　1. 工具的使用 　　2. 常见技法练习 三、造型练习 四、色彩练习
初二年级	创意表现	五、创意图形 　　1. 创意图形欣赏 　　2. 创意图形的造型和色彩 　　3. 创意图形练习 　　4. 创意图形的应用
高一年级	创意插画	一、插画定义及功能 二、插画的分类 三、插画名家欣赏 四、插画练习 　　1. 技法练习 　　2. 材料练习
高二年级	创意插画	五、插画创作 　　1. 造型创作 　　2. 色彩创作 　　3. 综合创作

四、课程实施

对象:小学一年级至高二年级学生。

课时:每周两课时。

教材:校本教材。

五、课程评价

1. 学生欣赏作品的水平。

2. 进行作品创作,以班为单位开展自评、互评活动。

3. 在全校范围内组织学生作品展览,激发学生对创意绘画的兴趣。

健 美 操

一、课程价值

健美操是集音乐、舞蹈、体操、美学于一体,以徒手或手持轻器械或用专门器械的操化练习,达到健身、健美和健心为目的的一种新兴娱乐、观赏型体育项目。它是以人体自身为对象,以健美为目标,以身体练习为内容,以艺术创造为手段的一种新型运动项目。

二、课程目标

掌握健美操的基本技术和相关理论,提高运动技能,培养学生对健美操的兴趣;引导学生积极参加体育锻炼,进一步促进学生身体正常发育和功能发展;全面发展学生的协调性、柔韧性、力量性、耐力等身体素质;培养学生良好的身体姿态,塑造学生的形体美和表现动作美,陶冶学生美的情操,进一步展示当代学生的健康美和时代美。

三、课程内容

节次	教学内容	关注点
1	理论知识: 1. 讲授健美操的基本理论知识,包括健美操的概念、特点、锻炼价值 2. 乐理常识,包括节奏、韵律、风格及如何欣赏音乐等	健美操的概念、特点,乐理常识
2	基本姿态练习	培养表现意识
3	基本动作: 1. 四大类 ——头颈部位动作,躯干部位动作,游离肢体动作(包括上下两部位) 2. 七个环节动作 ——头颈、上肢、肩、胸、腰、胯、下肢 3. 动作类型 ——屈、伸、转、绕、绕环、移、提、沉、旋、含、展、举、踢、跑、跳等	动作的力度,动作的控制;动作的部位、方向、路线的控制,动作的发力部位
4	形体练习: 基本站位、芭蕾的七位手、基本的舞步等	动作和节奏的配合
5	组合动作: 1. 复习基本动作 2. 乐感训练,选择适宜的音乐对学生进行训练	使学生建立对音乐的初步感受

续表

节次	教学内容	关注点
6—14	学习大众健身操一级	身体姿态正确,动作流畅,表现力强
15—16	学习大众健身操一级地上动作	全身协调,节奏感强,充分展示表现力
17	复习大众健身操一级	动作熟练、到位、幅度大,音乐节奏强
18	考核	

四、课程实施

对象:小学一年级至高二年级学生。

课时:每周两课时。

教材:校本教材。

五、课程评价

1. 在健美操教学过程中参与的程度及学习的态度。

2. 对所学内容掌握的程度、自身各方面素质提高的幅度。

3. 自主学习和与他人合作学习的能力。

4. 考核采用自我评价、小组评价及教师综合评价相结合的办法。

乒 乓 球

一、课程价值

乒乓球运动占用场地少,器材简单,运动量可大可小,趣味性强,既可娱乐又可健身。参加这项运动可以提高人的灵敏度、协调度、动作速度和上下肢的活动能力,改善心肺功能,全面提高身体素质。

二、课程目标

掌握乒乓球的基础技术和相关理论,提高球技,培养学生树立终身体育的观念;让学生体验乒乓球的乐趣,加强同学之间的交流合作,培养学生的自信、果断、顽强的意志品质及良好的团队合作意识;通过教学和训练,提高学生的灵敏度和协调能力,改善心肺功能,全面提高身体素质。

三、课程内容

初中

章节	教学内容	关注点
1	引导课	1. 介绍乒乓球的历史 2. 有关的乒乓知识 3. 当今乒乓格局等
2	熟练球性(颠球)	介绍拍型、握拍法、站位法、准备姿势等;同学们自由组合展示球技(上台实践),教师观察学生水平
3—4	1. 学习发上旋平击球(正、反手) 2. 身体素质练习(腿部力量)	发球首先注意抛球高度和上升回落的线路要稳定,其次找准触球的点,再次发球时的第一跳落点决定是长球还是短球,最后注意手臂和手腕的用力
5—7	复习发正、反手平击球 学习并掌握反手直拍推挡或横拍拨球技术	反手直拍要注意拍面的角度,横拍手臂的拨球
8—9	1. 介绍乒乓球运动的几种常用的步法 2. 身体素质练习 3. 步法的练习 4. 复习发平击球和反手推或拨	步法:单步、侧滑步、侧身步、上步、交叉步等; 平击球要做到落点到位,球速快; 反手练习提高命中率,落点到位达到板数要求
10—11	反手左半台比赛	以球台为组别进行小型的循环赛,采用11分3局2胜制,决出每张球台的冠军再进行台与台之间的淘汰赛制,直到决出总冠军
12	1. 介绍正手攻球技术类型 2. 学习正手近台攻球挥拍动作 3. 学生根据挥拍动作自主练习	正手攻球类型:近台右半台攻球、侧身位攻球、中远台攻球、扣杀球; 挥拍动作练习要求学生要对动作有充分的技术了解,体会挥拍动作自主学习,上台进行练习
13—15	1. 复习发平击球、反手推挡或拨球 2. 学习正手右半台近台攻球	正手动作要固定,引拍时重心右脚、挥拍时重心左脚,腰和前臂的协调配合
16	复习本学期所学内容	教师巡视指导
17—18	考核:反手推挡或拨球	动作正确到位,落点准确稳定,板数回合多

高中

章节	教学内容	学法要点
1	1. 乒乓球运动简介 2. 规则介绍	学生自我展示练习
2—3	握拍方法、站位、准备姿势	球性练习游戏： 1. 拍乒乓球； 2. 颠球； 3. 抛、接球练习
4—5	1. 学习正手发平击球 2. 抛球与接球练习	从身体右后方向前挥拍，拍型稍前倾、击球中上部，身体重心移至前脚
6—7	1. 反手发平击球 2. 抛球与接球练习	拍型稍前倾、击球中上部，击球后的第一落点应落在本方球台的中区
8	复习正反手发平击球	同上
9	单元测试：发平击球	正反手
10—11	学习反手推挡	在上升期击球中部，拍型与台面垂直或稍前倾，前臂和手腕稍向前移动，主要借对方来球力量
12—13	学习正手挡球	同上
14—16	1. 推挡球练习 2. 对墙练颠球	控制球的落点，先练挡中线，再斜线或直线。一人加力一人匀力推挡，二人轮换到二人全力推挡
17	复习推挡球	充分利用身体重心的移动和腰部的转动，来增加击球的力量
18	推挡球测评：正反手	动作熟练，击球准确

四、课程实施

对象：小学一年级至高二年级学生。

课时：每周两课时。

教材：校本教材。

五、课程评价

1. 学生在乒乓球教学过程中参与的程度。

2. 学生对乒乓球技术掌握与提高的幅度。

3. 学生对乒乓球技术运用的程度。

4. 在乒乓球比赛中的表现与成绩。

软式垒球

一、课程价值

软式垒球的竞争性和趣味性都可以和正规棒垒球相媲美,它集跑、跳、投、击、传、接于一身,集智慧、勇敢、艺术、反应于一体。软式垒球能够锻炼学生的身体素质和培养学生相互配合的团队协作精神,对青少年的身心健康大有益处。

二、课程目标

掌握软式垒球的基础技术和相关理论,让学生体验软式垒球的乐趣,加强同学之间的交流合作,培养学生自信、果断、顽强的意志品质及良好的团队合作意识。提高学生的灵敏度和协调能力,改善心肺功能,全面提高身体素质。

三、课程内容

课次	教学内容	关注点
1	1. 简介软式垒球运动的概况 2. 教学内容及考核标准	介绍软式垒球的历史,软式垒球的比赛规则,场地及器材的使用
2	熟悉球性	一些简单的游戏,激起学生对软式垒球的兴趣
3—4	初步学习肩上传球技术	教授学生一些简单的接传球动作,打好传接球的基本功。进一步学习肩上传球,加强接球的动作
5—7	学习接地滚球的技术动作	加强接地滚球、平直球、高空球的手法
8—9	1. 初步学习打击技术 2. 学习跑垒 3. 封杀的练习	加强击球和传球的能力,进行跑垒技术的学习
10—11	1. 学习编排击球次序 2. 教学比赛	让学生了解在比赛中的击球顺序规则,将基本的规则运用到比赛中去
12	1. 加强击球、传球的技术动作 2. 初步学习防守的阵型及站位	让学生了解场地的站位和防守位置
13—15	初步学习补漏和补垒的技术	掌握在比赛中的跑动,进行补漏和补垒的练习
16	教学比赛	运动所学知识进行教学比赛
17—18	考核:传球、击球,比赛中的规则运用	将球传准、到位,有速度

四、课程实施

对象:小学一年级至高二年级学生。

课时:每周两课时。

教材:校本教材。

五、课程评价

1. 学生在软式垒球教学过程中参与的程度。
2. 学生对软式垒球技术掌握与提高的幅度。
3. 学生对软式垒球技术运用和对规则理解的程度。
4. 学生在软式垒球比赛中的表现与成绩。

足 球

一、课程价值

足球运动能激发学生运动的兴趣。在训练过程中,可提高学生的身体综合素质,发展下肢的协调性、爆发力和耐力,并能在运动过程中培养学生的集体荣誉感、凝聚力和团队合作意识。

二、课程目标

掌握基本的脚法运球,全面提高运球能力。通过学习足球比赛的战术及规则,培养学生的集体凝聚力和荣誉感。适当地举行比赛,让技术在实践中得到提升与锻炼,使技术更具有实战性,也培养同学们拼搏与吃苦耐劳的作风。

三、课程内容

初中

课次	教学内容	关注点	组织教学
1	足球的起源与发展介绍	学习足球理论知识,激发大家兴趣	1. 教学引导,设问 2. 老师总结发言 3. 用PPT介绍本节内容 4. 师生互动环节
2	脚背外侧运球	脚背外侧运球的技术;运球的节奏性	1. 教师示范动作 2. 讲解要点 3. 组织练习 4. 巡视纠错 5. 学生展示,点评 6. 素质练习
3	脚背外侧运球(复习与提高)	脚背外侧运球节奏感;运球时眼睛平视	1. 组织复习训练 2. 点评学习情况 3. 提高复习新要求 4. 巡视纠错 5. 集中展示,点评 6. 素质训练

续表

课次	教学内容	关注点	组织教学
4	脚背正面运球	技术动作规范化；动作的协调性	教学组织训练同脚背外侧运球相同
5	脚内侧传接地滚球	传接球的技术；控制好接球的范围	1. 示范动作,讲解要点 2. 组织练习 3. 巡视纠错 4. 集中展示,点评 5. 分组练习
6	复习与提高上节内容	传接球的准确性；接球合理性	1. 两人一组传接球 2. 点评问题 3. 用标志物限制传接球区域 4. 自由组合练习
7	脚背正面、外侧运球（复习与提高）	两种运球动作熟练	教学组织同上
8	综合复习运球、传接球（复习提高阶段）	运球、传接球；快速带球跑动,传接能力	1. 两人一组练习 2. 老师巡视点评纠错 3. 大家根据自己情况自由安排练习内容 4. 素质练习
9	教学比赛	传接球准确性；技术合理运用	1. 比赛组织 2. 比赛要求 3. 老师总结比赛
10	比赛规则、教学比赛	减少传接球失误；对抗情况下完成动作能力	1. 讲解比赛规则 2. 组织比赛 3. 老师观看比赛,且小结比赛
11	曲线运球	变向运球；扣拨球的准确性	1. 讲解要领、示范动作 2. 分组练习 3. 巡视纠错、点评 4. 运球比赛 5. 素质练习
12	一只脚扣拨球练习	扣拨球；支撑脚跟进	1. 老师示范动作、讲解要点 2. 组织练习 3. 巡视纠错 4. 集中展示、点评
13	上节内容	扣拨球；力量、方向的掌控	同上

续表

课次	教学内容	关注点	组织教学
14	颠球	颠球的技术动作； 触球部位的固定	1. 示范动作,结合讲解要点 2. 组织练习 3. 集中展示、点评
15	掷界外球	动作要点； 注意违例动作	1. 示范动作,结合讲解要点 2. 组织练习 3. 集中展示、点评
16	复习各种运球与传接球	运球、传接球； 合理安排组织练习	1. 讲解练习 2. 自由分组训练 3. 老师巡视纠错 4. 集中点评
17	复习提高曲线运球	曲线运球动作协调性	同上
18	考核：运球、传接球	考核； 合理组织安排考试	1. 讲解考核要求 2. 考核标准 3. 组织考核 4. 集中点评

高中

章节	课次	教学内容	组织教学
基础知识	1	体育与健康理论	1. 教师配以事例讲解 2. 学生讨论与师生互动相结合
基本技术	2	脚的各部位传地滚球	教师在讲解示范的基础上,让学生自己多摸索与探究
	3	脚的各部位接停球	教师讲解并进行完整的动作示范,组织学生分组练习,让学生多自我体会
	4	脚的各部位运球	教师讲解动作要领,并邀请学生共同示范,组织练习；巡视给予指导
	5	综合复习以上三种传、停、运的动作技术	安排场地器材让学生自主练习、合作学习并给予相应的指导
组合技术	6	自主选择传球与停球的组合练习	学生自由组合,两人一组,鼓励学生间相互学习与指导
	7	自主选择运球与停球的组合练习	学生合作学习,练习过程中相互探讨,教师给予引导
	8	自主选择运球与传球的组合练习	让学生自主尝试练习,发现问题相互探讨与纠正,增强自我改进能力
	9	踢停运射的综合练习	学生分组自主选择练习方式,比赛过程中教师给予适当的指导

章节	课次	教学内容	组织教学
战术及规则	10	个人战术——跑位	教师配以板式讲解并邀请同学示范,学生自由组合进行练习
	11	局部战术——三人配合	教师结合比赛中的事例进行讲解,组织学生分组练习
	12	个人战术与局部战术复习	学生自主选择战术演练,学习过程中合作探究
	13	竞赛规则——犯规与不正当行为	教师利用视频、图片等形象教具,结合提问与讨论的教学方式进行教学
教学比赛	14	教学比赛	学生分组比赛,教师巡回指导并在赛后给予点评
	15	教学比赛	学生自主分组比赛,教师巡视指导,并在赛后予以简评
	16	教学比赛	学生自主分组,教师场外巡视指导,赛后讨论个人战术的应用
	17	教学比赛	学生自主分组,教师场外巡视指导,赛后讨论局部战术的应用
教学考核	18	必测项目:运球绕杆+射门	教师讲解考核方法及评分标准;组织学生进行项目考核

四、课程实施

对象:初一至高二年级学生。

课时:每周两课时。

教材:校本教材。

五、课程评价

1. 学生在足球学习过程中参与的程度。

2. 学生对足球技术掌握与提高的幅度。

3. 学生对足球技术运用和对规则理解的程度。

4. 学生在足球比赛中的表现与成绩。

乐高机器人

一、课程价值

培养并进一步激发学生对学习乐高机器人的兴趣,拓展学生的视野。强调机器人与生活的关系,让学生喜欢机器人,热爱机器人。通过参与乐高机器人一系列竞赛活动,让学生感受、体验人类的创造之美。

二、课程目标

初步学会运用 STEM 的思维方式去观察、分析现实社会,去解决日常生活和其他学科学习中的问题,增强应用学科知识的意识。

体会科技与自然及人类社会的密切联系,了解机器人的价值,增进对机器人的理解;具有初步的创新精神和实践能力。

三、课程内容

乐高机器人初级课程

课次	乐高机器人
1	椅子
2	梯子
3	机械手
4	陀螺
5	跷跷板
6	斜拉桥
7	道闸
8	包裹传送带
9	会转弯的车
10	大力挤压机
11	测距仪器
12	迷你吊车
13	电动雨刮器
14	吹风机
15	电动车
16	电动摇椅
17	旋转木马
18	壁障机器人
19	巡线机器人
20	声控机器人

乐高机器人中级课程

课次	乐高机器人
1	结构搭建(一)
2	结构搭建(二)
3	齿轮传动(一)
4	齿轮传动(二)
5	齿轮传动(三)

续表

课次	乐高机器人
6	连杆原理(一)
7	连杆原理(二)
8	程序设计(一)
9	程序设计(二)
10	程序设计(三)
11	程序设计(四)
12	程序设计(五)
13	程序设计(六)
14	程序设计(七)
15	程序设计(八)
16	程序设计(九)
17	结构搭建(三)
18	结构搭建(四)
19	齿轮传动(四)
20	齿轮传动(五)

乐高机器人高级课程

课次	乐高机器人
1	一点透视法
2	两点透视法
3	初识 CAD
4	CAD 绘图环境
5	CAD 简单图形绘制上
6	CAD 简单图形绘制下
7	CAD 绘制小桌子
8	绘制礼品盒
9	未来桥梁上
10	未来桥梁下
11	智慧汽车上
12	智慧汽车下
13	Java Programming(一)
14	Java Programming(二)

续表

课次	乐高机器人
15	Java Programming（三）
16	Java Programming（四）
17	Java Programming（五）
18	气动指南
19	搭建准备
20	基础搭建

四、课程实施

对象：小学至高中全体学生。

课时：每周两课时。

教材：选编讲义。

活动：设计一些小竞赛等活动，激发学生对课程的兴趣，提高学习效率。

五、课程评价

评价内容多维度。包括知识与技能、动手能力、操作能力与创新能力等。

评价主体多元化。既有教师对学生的评价，也有学生对学生的评价，更有学生的自我评价。

评价方法多样性。包括：课堂观察、操作评价等。将作业融于活动、融于生活。操作作业有小设计、小制作、小调查、小论文等。

手工制作

一、课程价值

了解中外手工艺术的发展概况、文化渊源；理解手工艺术与时代生活的密切关系，培养学生形象创造思维能力、审美情趣和综合设计能力。通过掌握手工的结构、空间、整体观察和整体表现的基本能力，拓展学生创新的综合素质。

二、课程目标

在实践活动中让学习学会充分利用生活废弃物进行创造性手工制作，美化生活；畅想自己的设想，运用自己的智慧变废为宝，让我们的地球家园变得越来越纯洁。这样，学生在学习的过程中，责任心将会越来越强，审美意识将会越来越深厚。

三、课程内容

年级	章次	教学内容	
二年级	涂涂画画	1. 给小花、小草、小树穿上美丽的衣裳 2. 我给大自然添色彩 3. 沿着线走 5. 美丽的花园	4. 画道路 6. 幸福的一家
	小剪刀	1. 我和小剪刀做朋友 3. 看！我剪的 5. 美丽的蝴蝶	2. 小剪刀真神奇 4. 美味的水果 6. 聪明的狐狸
	小小环卫士	1. 瞧！我收集的东西 3. 光盘鱼 5. 战斗机空中飞	2. 瓶盖风铃 4. 大轮船海上漂 6. 漂亮的收纳盒
	折纸	1. 可爱的小兔子 3. 夏蝉鸣叫 5. 小蘑菇	2. 可爱的天使鱼 4. 小狗朋友 6. 手指玩偶
	科学小制作	1. 小水枪 3. 彩旗飘飘 5. 小狗牧羊	2. 万花筒 4. 小猫钓鱼
三年级	折纸	1. 认识折纸线型、符号 2. 基础折法（四角向中心折、双正方形） 3. 奥特曼 5. 笔筒 7. 带帆小船	4. 六角星奖章 6. 菜篮子 8. 荷花
	剪纸	1. 穿花衣的母鸡 3. 向日葵向太阳 5. 七星小瓢虫	2. 张牙舞爪的螃蟹 4. 甜甜的菠萝 6. 可爱的小蚂蚁
	剪贴画	1. 什么是剪贴画？ 3. 如何拼贴 5. 小公主/小王子	2. 剪贴画的素材 4. 树叶鱼 6. 海洋世界
	黏土手工制作	1. 感受黏土 3. 多彩水果 5. 各种饼干	2. 如何保护黏土 4. 动物朋友 6. 我喜欢的卡通形象
	变废为宝	1. 学会收集 3. 饮料瓶花篮 5. 饮料瓶储物篮	2. 饮料瓶花瓶 4. 饮料瓶盆栽 6. 饮料瓶灯笼
	科学小制作	1. 漂流瓶 3. 看谁的飞机飞得远 5. 美丽的彩虹	2. 乒乓球不倒翁 4. 碗做的打击乐 6. 老鼠进洞啦

续表

年级	章次	教学内容	
四年级	剪纸	1. 勤劳的小蜜蜂 3. 雪花2 5. 雪花4	2. 雪花1 4. 雪花3 6. 雪花5
	黏土手工	1. 自制黏土 3. 盆景 5. 早餐、点心	2. 美丽的花 4. 太阳帽
	制作书签	1. 书签的定义 3. 衣服吊牌书签 5. 包装盒书签	2. 制作书签的基本方法 4. 冰棍杆书签 6. 旧发卡书签
	制作贺卡	1. 贺卡的基础知识 3. 教师节贺卡的制作 5. 圣诞节贺卡的制作	2. 生日贺卡的制作 4. 父亲节/母亲节贺卡的制作 6. 新年贺卡的制作
	旧物改造	1. 冰棍杆儿童直尺 3. 冰棍杆宠物秋千 5. 易拉罐椅子	2. 冰棍杆杯垫 4. 易拉罐吊兰花瓶 6. 奶粉罐抽纸筒
	科学小制作	1. 有趣的跷跷板 3. 蚂蚁上树啦 5. 可以吃的"爱心纸"	2. 旋转的走马灯 4. 树叶笛子 6. 防烫手的杯托
五年级	单独纹样窗花	1. 折叠方法 3. 梅花纹样 5. 莲花纹样	2. 剪法技巧 4. 海棠纹样 6. 牡丹花纹样
	贴画	1. 贴画的概念 3. 线贴画1 5. 豆贴画1 7. 布贴画1	2. 关于贴画的材料 4. 线贴画2 6. 豆贴画2 8. 布贴画2
	叶脉书签	1. 收集树叶 3. 叶脉书签1 5. 叶脉书签3 7. 叶脉书签5	2. 用煮制法或腐烂法制作叶脉 4. 叶脉书签2 6. 叶脉书签4 8. 叶脉书签6
	家有妙招	1. 旧袜子玩偶1 3. 旧手套玩偶 5. 旧衣服收纳袋	2. 旧袜子玩偶2 4. 废弃鞋盒收纳盒 6. 创意风铃
	科学小制作	1. 酸酸甜甜的牛奶 3. 大饮料瓶秤 5. 能开能关的手套	2. 自制盐 4. 简易的丝瓜刨 6. 能去油腻的墨汁

续表

年级	章次	教学内容	
六年级	四折团花剪纸	1. 熟练掌握四折折法	2. 学会花纹样
		3. 团花剪纸的要领	4. 创作1
		5. 创作2	6. 创作3
	贴画	1. 动物贴画1	2. 动物贴画2
		3. 鱼虫贴画1	4. 鱼虫贴画2
		5. 风景贴画1	6. 风景贴画2
		7. 人物贴画1	8. 人物贴画2
	布艺	1. 布艺概念	2. 布艺与传统文化
		3. 布艺与现代文化	4. 学会辨别布料
		5. 基本针法	6. 剪裁基本方法
		7. 旧布料新用途	8. 布艺小制作
	家有妙招	1. 旧衣服时尚包包	2. 旧衣服宠物新家
		3. 旧茶叶罐的妙用	4. 酒瓶台灯
		5. 旧包装盒新用	6. 旧衣变新衣
	科学小制作	1. 不容易卷角的书	2. 自动补水器
		3. 不用电的吸尘器	4. 小巧发热器
		5. 定时灭蚊香片	6. 防滑晾衣扣
初一	中国结	1. 中国结概述	2. 中国结的基础
		3. 基本结的认识	4. 平结的编制法
		5. 平结手链	6. 蜻蜓
	立体剪纸	1. 立体剪纸的特征	2. 立体剪纸的材料、工具
		3. 立体单朵花1	4. 立体单朵花2
		5. 立体星星1	6. 立体星星2
	串珠艺术	1. 串珠简介	2. 串珠的基本手法
		3. 串珠——星星	4. 串珠——小圆球
		5. 串珠——小草莓	6. 串珠——头饰
	围巾的编织	1. 如何选针和毛线	2. 如何起针
		3. 编织的基本方法	4. 编织技巧
		5. 怎样收针	
	不织布	1. 认识不织布	2. 不织布小挂件的制作
		3. 不织布小玩偶的制作	4. 不织布水果的制作
	科学小制作	1. 种豆芽	2. 桂花糖
		3. 自制手电筒	4. 不留污点的苍蝇拍
		5. 上蹿下跳的小猴	6. 展翅高飞的鸟

年级	章次	教学内容	
初二	中国结	1. 蛇结的编织方法 3. 蛇结手链 5. 双联结	2. 金刚结的编织方法 4. 金刚结手链 6. 鞭炮结
	立体剪纸	1. 立体雪花的简单剪法1 3. 3D立体雪花1 5. 花球1	2. 立体雪花的简单剪法2 4. 3D立体雪花2 6. 花球2
	串珠艺术	1. 串珠的基本技能 3. 串珠饰物 5. 大件串珠作品	2. 串珠花卉 4. 串珠卡通人物
	手套的编织	1. 如何选针和毛线 3. 如何起针 5. 怎样收针	2. 了解手套的结构 4. 编织的基本方法、技巧
	DIY小饰物	1. DIY包装饰品 3. DIY首饰小饰品 5. DIY家居饰品	2. DIY生活装饰饰品 4. DIY服饰小饰品
	科学小制作	1. 美丽的蝴蝶标本 3. 音乐小喷泉 5. "糖画家"的杰作	2. 追光的豆芽 4. 做个古筝弹一弹 6. 雨量器
高一	中国结	1. 绶带的编制 3. 团锦结 5. 满足(玉米的编制)	2. 同心结 4. 团锦结如意 6. 守护星
	布艺	1. 设计技能 3. 缝针技能	2. 裁剪技能 4. 主题作品
	刺绣	1. 基本知识 3. 十字绣 5. 丝带绣	2. 针法 4. 珠绣
	毛衣的编织	1. 如何选针和毛线 3. 如何起针 5. 编织的基本方法、技巧 7. 领子怎样编织	2. 了解毛衣的结构 4. 花样的编排 6. 袖子和衣身怎样组合 8. 收针技巧
	科学小制作	1. 自动抽水机 3. 音乐门铃 5. 中华号火箭	2. 小型发电机 4. 全自动小船 6. 会翻筋斗的小皮筏
高二	中国结	1. 四节盘长结 3. 回型盘长结 5. 飞舞的心(蝴蝶的编制)	2. 六节盘长结 4. 绣球宫灯挂饰 6. 蟠桃献寿
	布艺	1. 设计技能 3. 缝针技能	2. 裁剪技能 4. 主题作品

年级	章次	教学内容	
高二	刺绣	1. 针法 3. 丝带绣	2. 珠绣 4. 传统绣
	毛衣的编织	1. 花样的编排 3. 袖子和衣身怎样组合 5. 收针技巧	2. 编织的基本方法、技巧 4. 领子怎样编织
	科学小制作	1. 离心式抽水泵 3. 太阳能热气球 5. 太阳能水袋加热器	2. 人造闪电 4. 自制电影放映机 6. 自制玫瑰香水

四、课程实施

对象：小学二年级至高二年级学生。

课时：每周一课时。

教材：自编教材。

活动：激发学生对课程的兴趣，培养学生良好的生活习惯；通过实践活动，让学生掌握一些技能、技巧，从而自悟出技巧。

五、课程评价

评价内容多维度。包括技能与技法、基础知识的掌握、解决问题的能力、科技创新能力、情感与态度。

评价主体多元化。既有老师对学生的评价、学生相互间的评价，也有家长的评价、学生的自我评价。

评价方法多样化。包括：课堂观察、作品展示评价、学生自我小结（口头、书面）等。遵循趣味性、审美性、创新性、多样性的原则，将作品融于活动、融于生活、融于社会。

校园蝴蝶舞翩翩

一、课程价值

通过蝴蝶课程的活动体验，让更多的学生学会发现并欣赏大自然的美，热爱多种多样的生命形式。在理解蝴蝶与环境的关系中，形成尊重生命、敬畏自然的情感，从心底唤醒对自然保护的热情，把环保意识渗透到正在形成的价值观中。培养一批热爱自然、乐于探究自然奥秘的未来公民，并且带动和影响更多的人关注蝴蝶、关注我们的环境。

二、课程目标

学生获得蝴蝶的形态结构、生殖与发育、生物分类、蝴蝶与环境、生物多样性的基础知识。正确使用捕蝶网、观察盒，学会动物拍摄的技巧。具备一定的野外监测的能力,获得观察、饲养蝴蝶的能力。学会规范化、科学化进行蝴蝶监测,初步获得收集信息、鉴别蝴蝶的能力。在实践中,培养组织纪律性、注意力、合作能力和创新能力。通过对身边生命的关注从而形成对生物与环境相互依存的认识,进而自发地成为积极的环保志愿者。

三、课程内容

小学阶段:认识校园蝴蝶,观察与饲养校园常见的青凤蝶和斐豹蛱蝶。

初中阶段:进行校园蝴蝶监测,辨识校园蝴蝶及其寄主植物,开展蝴蝶的生殖与发育等行为的研究。

高中阶段:开展蝴蝶的相关研究性学习,校园生物多样性分析,校园蝴蝶园的建设与管理,走出校园进社区的宣传和讲座以及学校网站建设。

四、课程实施

以选修课、社团、研究性学习为主,必修课适当渗透。成果以绘画、观察日记、监测数据、蝴蝶摄影作品、艺术创作、成果答辩、研究性论文等形式呈现。

五、课程评价

小学阶段,主要依据课堂记录、绘画、学习过程中的收获与体验,以及观察日记、识蝶大赛情况等进行评价。

初中阶段,以活动小组为单位进行评价,并兼顾个人在监测中的表现和蝴蝶摄影作品的质量。

高中阶段,以活动小组为单位进行,并兼顾个人的研究性学习的体验与收获。

计算机排版艺术

一、课程价值

掌握常见印刷品的设计与制作方法及印前与输出等核心功能与应用技巧,让设计不只是设计,更重要的是培养企划能力与想法,具体表现在文字、色彩、框架、复合造型、图表、构图、样式设定库以及电子杂志主题等的设计。诠释图册、产品包装、书籍、宣传册、杂志等最新设计的巨大魅力。

二、课程目标

培养学生从事计算机排版设计的基本理论素养与初步实践能力,通过对版式设计项目的实践学习,使学生掌握设计的视觉要素、构成要素,编排设计表现内容与形式的关系、设计要素及其构成规律与方法,以及各种应用性设计的形式特点,使学生能够进行具有感染力的版式设计,从而使作品的内容更清晰、更有条理地传达给读者。体验从计算机排版艺术设计到印刷装订的一般过程,体验同学间合作共同完成一个项目的智慧与乐趣。

三、课程内容

初中

初一上学期		初一下学期	
章节	教学内容	章节	教学内容
一、概述	1.1 出版流程 1.2 印刷版材 1.3 印刷色彩 1.4 书籍尺寸 1.5 落版 1.6 出血 1.7 再版	一、索引自动化	1.1 索引相关概念 1.2 以"索引词条文件"批量标记索引项目 1.3 逐一手工标记索引项 1.4 索引佳例示范与讨论 1.5 本书索引制作过程
二、排版	2.1 排版 2.2 个人出版思潮 2.3 排版基本概念 2.4 版面美学之我见	二、域	2.1 所谓域（fields） 2.2 域的插入与更新 2.3 本书使用的域 2.4 StyleRef 域选项（options）
三、页面设置	3.1 纸张大小 3.2 版心的大小和位置 3.3 页眉与页脚的大小和位置 3.4 节（sections）的概念 3.5 出血	三、宏、VBA、对象	3.1 所谓宏（macro） 3.2 所谓 VBA 3.3 对象（objects） 3.4 实例：程序代码自动插入行号、术语转换、列出文档使用的所有字体等
四、页眉与页脚	4.1 页眉/页脚的大小和位置 4.2 页眉/页脚的内容设置 4.3 插入页码	四、电子文档	4.1 绪论 4.2 超链接（hyperlink） 4.3 书签（bookmark） 4.4 批注（comment） 4.5 追踪修订（track changes） 4.6 电子文档的保护

初一上学期		初一下学期	
章节	教学内容	章节	教学内容
五、版心	5.1　样式(styles) 5.2　模板(templates) 5.3　脚注(footnotes) 5.4　多重栏位(multi-columns) 5.5　分隔设置 5.6　项目(清单;列表;list) 5.7　表格 5.8　图片 5.9　图文框 5.10　题注(captions) 5.11　多层次样式/自动化章节编号 5.12　交叉引用(cross references) 5.13　书签(bookmark)	五、PDF 电子文档	5.1　绪论 5.2　便携式的条件 5.3　PDF 简介 5.4　PDF Reader 5.5　PDF Writer 5.6　PDF Distiller 5.7　Adobe Acrobat 5.8　PDF Maker
六、图文结合	6.1　绪论 6.2　插入图片 6.3　插入对象 6.4　图片与对象的剪裁 6.5　图片与对象的精准定位 6.6　图片与对象的大小 6.7　插入图文框 6.8　文绕图 6.9　覆盖于文档上的图片/对象 6.10　图片对文档体积的影响——效率总检	六、综合实例一	综合实例　项目
七、目录自动化	7.1　藉由样式自动产生目录 7.2　手工加入目录项 7.3　更新目录 7.4　切断目录链接,成为独立文字 7.5　单章目录的制作 7.6　图表目录的制作	七、综合实例二	综合实例　项目　打印输出
		八、综合实例三	综合实例　项目　作品评价

高中

高一上学期		高一下学期	
章节	教学内容	章节	教学内容
一、Part 1 设计篇	版式设计原理 1. 认识版式设计 2. 版式设计的意义	一、主题项目一	主题项目篇 ——名片版式设计
二、版式设计的基本原理	1. 根据内容进行版面的编排 2. 根据版面调整版面率 3. 根据版式设计调整设计元素的设置顺序	二、主题项目二	主题项目篇 ——招贴版式设计
三、版式设计的视觉流程	1. 单向视觉流程 2. 重心视觉流程 3. 反复视觉流程 4. 导向性视觉流程 5. 散点视觉流程	三、主题项目三	主题项目篇 ——报纸版式设计
四、版式设计的基本程序	1. 明确设计项目 2. 明确传播信息内容 3. 定位读者群体 4. 明确设计宗旨 5. 明确设计要求 6. 计划安排 7. 设计流程	四、主题项目四	主题项目篇 ——杂志版式设计
五、版式设计构图元素	1. "点"的编排构成 "点"的构成与表现 "点"的编排方式 2. "线"与空间的关系 "线"的构成与表现 "线"的编排方式 3. "面"的版面构成 "面"的构成与表现 "面"的编排方式	五、主题项目五	主题项目篇 ——书籍版式设计
六、版面空间构成	1. 更改版面比例,营造版面空间感 2. 更改版面位置关系,营造版面空间感 3. 通过调整版面黑白灰层次,营造版面空间感	六、主题项目六	主题项目篇 ——户外广告、DM 单版式设计

高一上学期		高一下学期	
章节	教学内容	章节	教学内容
七、色彩一	色彩的基础知识	七、主题项目七	主题项目篇 ——包装版式设计
八、色彩二	色彩在版式设计中的应用	八、主题项目八	主题项目作品总评价

四、课程实施

对象：初一年级、高一年级学生。

课时：每周一课时。

教材：自编校本教材。

活动：组织小组合作和班级竞赛活动，激发学生的制作兴趣。

五、课程评价

评价内容多维度。包括知识与技能、解决问题的能力、情感和态度等。

评价主体多元化。既有教师对学生的评价，也有学生对学生的评价，更有学生的自我评价。

评价方法多样化。包括：课堂观察、作业评价等。我们把课堂分为模仿、创作、修正、赏析四大类，教师全程关注、协助和引导学生一步步达成目标，完成作品。

杂志的设计与制作

一、课程价值

培养学生对应用文档设计制作的兴趣，贴近学生生活。通过对杂志正文、目录、封面、封底的设计与制作过程、方法以及常用技巧的介绍，让学生亲自动手，体验一本杂志从设计到诞生的全过程。

二、课程目标

能通过互联网获取杂志制作的图片和文字素材；了解杂志正文、目录、封面、封底的设计与制作的基本要求和常用技巧；熟练掌握 Microsoft Word 2003 文字处理软件的基本操作；体验从杂志设计到印刷装订的一般过程；体验多人合作共同完成一个项目的智慧与乐趣。

三、课程内容

初中

初一上学期		初一下学期	
章节	教学内容	章节	教学内容
1	学生杂志 vs 电子小报	1	杂志目录的设计与制作(三)
2	收集杂志正文素材	2	封面封底的设计与制作(一)
3	杂志正文的设计与制作(一)	3	封面封底的设计与制作(二)
4	杂志正文的设计与制作(二)	4	封面封底的设计与制作(三)
5	杂志正文的设计与制作(三)	5	杂志整体修正(一)
6	杂志正文的设计与制作(四)	6	杂志整体修正(二)
7	杂志目录的设计与制作(一)	7	印刷及装订
8	杂志目录的设计与制作(二)	8	作品评价

高中

高一上学期		高一下学期	
章节	教学内容	章节	教学内容
1	学生杂志 vs 电子小报	1	杂志目录的设计与制作(三)
2	收集杂志正文素材	2	封面封底的设计与制作(一)
3	杂志正文的设计与制作(一)	3	封面封底的设计与制作(二)
4	杂志正文的设计与制作(二)	4	封面封底的设计与制作(三)
5	杂志正文的设计与制作(三)	5	杂志整体修正(一)
6	杂志正文的设计与制作(四)	6	杂志整体修正(二)
7	杂志目录的设计与制作(一)	7	印刷及装订
8	杂志目录的设计与制作(二)	8	作品展示评价

四、课程实施

对象:初一年级、高一年级学生。

课时:每周一课时。

教材:自编校本教材。

活动:组织小组合作和班级竞赛活动,激发学生的制作兴趣。

五、课程评价

评价内容多维度。包括知识与技能、解决问题的能力、情感和态度。

评价主体多元化。既有教师对学生的评价,也有学生对学生的评价,更有学生的自我评价。

评价方法多样化。包括:课堂观察、作业评价等。我们把课堂分为模仿、创作、修正、赏析四大类,教师全程关注、协助和引导学生一步步达成目标,完成作品。

第五章

课 程 实 施

◆ 必修课程的实施

• 经典阅读

开设时间：小学至初一每周两课时，初二至高三每周一课时，高中安排在下午6:00—6:45学科活动课程时间；节假日自由阅读。

阅读策略：课内与课外相结合，自读与指导相结合，阅读与写作相结合。涉猎广泛，加强交流，互相促进，共同提高。

阅读量：义务教育阶段至少450万字，特殊班级阅读量至少500万字（国家课程标准规定义务教育阶段400万字），高中阶段200万～500万字（国家课程标准规定150万字）。

评价形式：口试与笔试相结合。在期中、期末考试中加大"经典阅读"的分值。

成果展示：读书笔记；定期举办读书报告会；学校每学期举办一届读书节；编辑学生文集。

• 英语多元目标阅读

开设时间：一周一次。安排在下午6:00—6:45学科活动课程时间；寒、暑假自由阅读。

评价形式：口头形式——三分钟演讲可以选择报纸上的某些篇章，在阅读课上就某一话题讨论、复述等；书面形式——写对阅读材料的概要、感想或评论。

检测形式：平时的单元测验中渗透；专项阅读竞赛常态化；阅读经典口笔交流。

• 科学拓展实验

开设时间：一周一次。小学在四点钟课程中开设；初中在下午第四节课开设；高中在下午 6：00—6：45 学科活动课程时间开设。

评价形式：书面形式——实验报告、实验记录、过程评价记录表等；检测形式——专项实验、学情调查等（见附录）。

• 衔接教程

幼小衔接课程，小学一年级在开学后利用第一周的时间实施；小升初衔接教程，在小学六年级毕业前 3 周或暑假双语夏令营中实施；初升高衔接教程，在暑假期间以暑假作业的形式自主实施。开学后利用一周时间加以答疑和辅导。

◈ 选修课程的实施

一体化校本选修课程，在原来的立体化选修课程时间开设，每周两课时。具体实施方法如下：

• 学生选科

学校向学生公布一体化校本课程开设科目、开设教师及课程说明等，让学生自由、自主选择其中的一门课程。

• 班级组成

先按正常行政班统计学生选课情况，再根据学生第一、第二志愿，学校调整各课程学习人数，原则上组班不超过 45 人，低于 10 人不开班。

• 组织教学

视学生选课人数及场地、设备情况，按校本课程课时计划表，有目的有计划地实施。

◇ 课程管理

• 组织管理

按"校长＋部门主任＋级部主任＋教研组长"模式,课程管理责任到人。

教研部在校长室的领导下,负责一体化课程的整体设计;教务部、教研组负责任课老师的安排与管理;学部、年级组负责课程实施中学生的管理;督导评估中心负责对课程实施的评价。

• 教师管理

学校对一体化校本课程统一制订课时计划,对任课教师、教学场地等进行统一规划和使用。任课教师认真备好每一节课,按步实施;评估中心随机听课,随时测评。

教师按学校整体计划的要求,达到规定的课时,完成教学目标。

任课教师根据课时计划,使用安排好场地、器材等,实施课程。

教师应保存学生的作品、资料及在活动、竞赛中取得的成绩资料。

任课教师对学生参与学习情况进行总结评价;并对自己的教学进行反馈总结,以利于今后的教学。

每学期召开一次校本课程研讨会,展示优秀教师的成功经验、学生的学习成果,解决存在的问题,及时总结校本课程的实施情况。

• 班级管理

1. 施行全员德育管理。走班制下教学班施行的是全员德育管理,每个教学班任课教师均为该班班主任。为每位学生建立档案,并对学生每星期的表现逐一登录,做好考勤登记,实施到课登记制,学生到课一次应该登记一次。

2. 组建班级干部队伍。班长:教学班管理的组织者,协助任课教师管理教学班,成为师生交流的纽带;科代表:协助任课教师完成教学任务,收发作业,及时向任课老师反馈授课效果及学生对教师授课、辅导的要求等;纪律班委:每个行政班的班主任与学科教师共同协商选定纪律班委1名,这样保证在每个教学班里都能够有来自不同行政班的纪律班委。这些纪律班委是班主任和各教学班之间的联络员,负责把当天课堂行为表现、上课纪律、作业情况等信息传递给任课教师;卫生班长:负责教学班卫生值日安排、检查等管理工作,确保教学班的卫生整洁。

3. 严格教师请假手续。任课教师课前要提前到教室,非特殊情况不得请假,如遇特殊情况需请假的,除办理有关正常请假手续外,必须到年级教学班负责人处登记,再到教务部备案,并如实填写本节课的代课教师、授课内容安排等情况,以备学校统一管理。

4. 来往教学班路上保持安静有序,尤其上下课时走廊内必须保持安静,上课秩序良好。教室内外墙壁、黑板、画像以及其他公物一律不得损坏。

5. 填写好《走班班级学生学习过程评价记录表》各项栏目要求的等级评定。教学班的各项管理情况纳入教师考核、班级考核、个人考核和综合评价管理。

◆ 课程评价

• 教师评价

教师从教应有计划、有进度、有教案、有考勤、有评价记录。

督导评估中心、教务部、教研部、学部通过听课、查阅教师记录、问卷调查等形式对教师进行考核,记入业务档案。

• 学生评价

教师根据每个学生参加学习的态度进行评价,可分为"优秀""良好""一般""差",作为"优秀学生"的评比条件。学生成果通过实践创作、作品鉴定、竞赛、评比、汇报演出等形式展示,成绩优异者可将其成果记入学生学籍档案。

• 学情调查

附1:南师附中江宁分校一体化课程评价记录表

时间:_____年_____月_____日

学科		教师签字		纪律班委签字	
情况记录					
		违纪行为		违纪学生名单	
		迟到			
		旷课			
		扰乱课堂秩序			
		损坏公物			
		吃零食			
		玩手机			
		其他			

说明:如无违纪行为,请在上方空格内填写"正常"。

附2:南师附中江宁分校一体化课程学情调查表

班级		本学期参加一体化课程次数	
姓名		你对一体化课程感兴趣吗?	
一体化课程目录	• **一体化校本必修课程** 经典阅读、英语多元目标阅读、科学拓展实验、衔接教程 • **一体化校本选修课程** 数学学科:数学思想方法 音乐学科:钢琴、手风琴、竹笛、二胡、流行歌曲表演唱、合唱艺术、舞蹈、管乐 美术学科:版画、书法、水彩画、创意绘画 体育学科:健美操、乒乓球、软式垒球、足球 信息学科:杂志设计与制作、计算机排版艺术 科技学科:乐高机器人、手工制作、仿生机器人、航模、无线电测向、手工制作、校园蝴蝶舞翩翩		
你参加一体化课程有哪些收获?			
你对一体化课程有哪些想法和建议?			

少教多学课堂的深度实践

南京师大附中江宁分校自建校之日起,就一直致力于校本课程建设和课堂教学的研究,意在形成特色鲜明的课程与课堂,从而促进学校内涵式发展,这是学校自身的教育理想与追求。彭钢先生在《在学校文化建设中形成学校特色》一文中指出:"长期以来,脱离课程与教学的学校特色建设,在课程与教学之外另搞特色,是学校特色建设的根本性误区。"

基于这样的认识,附中分校以江苏省第 10 期教学研究重点课题"少教多学的运行机制及质量保障体系的研究"为抓手,鼓励和激发教研组和教师进行"少教多学"的课堂实践。在五年有目的、有计划的研究过程中,学校注重理念,更注重行动;注重效果,更注重过程。学校"少教多学"课堂教学模式的研究,着重从两个方面展开:在学校层面,研制出一般性的"少教多学"评价标准与模式;在学科层面,研究和实验各学科具有个性化的"少教多学"评价标准和教学模式。

▪▪▪▪▪ 第一章

学校与各学科教学主张

　　教学主张是教师主体对于如何开展教学行动所持有的见解和观点，具有个人性、价值性、行动性、生成性等特性。教学主张直接引导着教师的教学行为，是教师专业发展的能动因素和内在需求，对于教师专业发展具有重要意义。

　　对学校而言，每一门课程、每一个学习主题都有具体的教学目标，而教学的任何一个环节，要达到的任何一个具体目标，都应自觉地朝向学校的教学主张，教师在教学过程中应该始终怀想着这个主张。我校经反复研讨、实践，提出"少教多学、诚朴自然"的教学主张。

　　教学主张的提炼，一定要把学校的教学现状与教学理想联系起来，把教学的共性规律与学科特点联系起来，把学校文化与学校特色联系起来，把学生兴趣的激发与知识的训练联系起来。教学主张的提炼，语言要求简洁明了、言简意赅。

　　教学主张的提出，对改进教师的教学行为和学生的学习行为，对提升教师的学科教学思想和学科教学质量，必将起到很好的促进作用。

◇ 学校教学主张

1. 少教多学

　　"少教"是教学理念和教学形式的变化，强调的是对高效教学境界的追求。"少教"是指针对性地教、启发性地教、发展性地教，即通过指导、帮助、合作促进学生自主发展。而"多学"则是指学生在教师的引导和时间的保证下，学会学习，走向独立学习、主动学习、合作学习和深度学习。

　　"少教多学"是学校对所有学段、所有学科课堂教学改革提出的总体要求。"少教"与"多学"是辩证统一的整体。教师要在"少"上多研究,做到能"让"会"引",确保让引并重;学生要在"多"上下功夫,做到善学真思,确保学思结合。在具体的教学过程中,要把"少教"与"多学"有机融合起来,根据教学内容的具体情况和不同的教学目标,从整体上考虑时间的分配,而不是就每一节课的时间进行简单的切割。要求每一节课在时间上都体现少教多学,是很难也是不科学的。"少教"与"多学"的关系不是非此即彼,而是你中有我,我中有你,彼此融合共生共长的关系。

2. 诚朴自然

"诚朴"是百年附中的文化追求与传承,让课堂教学根植于文化的土壤,文化的才是特色的。以"诚"植身,以"诚"修业,"诚"是对课堂教学的敬畏与虔诚,更是对课堂教学境界的追求。"朴"就是质朴。教学不是做门面、作装饰、尚纤巧、重浮华。质朴的是最本真的,是自然、简约的。

"诚"是教师与学生对待学习的态度,"朴"是对课堂教学的认识,也是对课堂教学方法的追求。诚朴不是守旧,诚朴不是倒退,诚朴也不是无为。诚朴,不排斥其他风格;诚朴,不反对创新;诚朴,更不放弃更高的追求。诚朴,是课堂教学的原点。你可以走得很远,但这里是出发地。

◇ 学科教学主张

为进一步深化课堂教学改革,引领学科教学方向,逐步形成学校学科教学特色,南师附中江宁分校各教研组广泛开展"学科教学主张"主题研讨活动。学校确立了"少教多学、诚朴自然"的教学主张后,指导各教研组经过精心研究、深入探讨,结合学科特点和教学现状,确定了各学科的教学主张。学校要求把学科教学主张渗透到备课、上课、评课等各个教学环节。围绕制定的教学主张,各教研组以研讨课的形式进行展示,从中发现问题、解决问题,提炼出本学科的教学主张,并不断地实践和完善。

◎ 小学

小学语文

低年级:快乐　和谐　成长

"快乐"是指学生每节课都能在快乐的氛围中学习,感受到获得知识的快乐,获得成功体验的快乐,受到老师关注、表扬的快乐,通过自己的努力战胜困难、解决问题的快乐。

"和谐",一是指课堂中师生的和谐,教师的主导和学生为主体的和谐,教师既重视语文课程对学生的价值引领,同时也尊重学生在学习过程中的独特体验。二是指生生的和谐,既学会倾听和尊重他人的发言,又敢于发表自己独特的观点。"和谐"还体现在教学手段与教学内容的和谐。

"成长",不仅指学生知识、能力、习惯得到提高和培养,为中高年级的可持续发展打好基础,更是学生生命质量的提升。课堂,是学生生命成长过程中重要的生存空间。教师只有在课堂上关注到每一个细节,关注每一个孩子的情绪反应,重视每一个学生的情感体验,课堂才会和谐温暖,学生心中才会愉悦,在这样的生存空间里,学生的生命质量才会得以提升。

高年级:读写结合 生态和谐

听说读写是语文能力的集中表述,字词句篇是语文知识的具体呈现,学以致用要求我们要用语文的方式学习语文,在语文学习中提升语文素养。在阅读中学习写作,用写作来促进阅读,提升阅读的效果,这是读写结合的理想境界,也是我们的教学追求。

语文课堂是师生生命成长的交汇场所,学生的学与教师的专业发展共存于课堂之中,这就需要彼此尊重。尊重生命、遵循规律、互融共生、和谐发展,这才是生态课堂。读、写要和谐,师、生要和谐,方法、过程要和谐,知识学习与情感渗透需要和谐……课堂因"生态"而生机勃勃,因"和谐"而快乐洋溢。师生由此走向幸福的教育,享受教育的幸福。

小学数学

活动体验,深度思考 交流构建,应用践行

课堂教学应当给学生足够的时间和空间经历观察、实验、猜测、计算、推理、验证等活动过程;教师应引导学生独立思考、主动探索、合作交流,使学生理解和掌握基本的数学知识与技能、数学思想和方法,获得基本的数学活动经验,使学生体验从实际背景中抽象出数学问题、构建数学模型、寻求结果、解决问题的过程。

小学英语

快乐 体验 交际

小学英语课堂是快乐的。让快乐走进英语课堂,培养兴趣,寓教于乐,学生能积极主动、轻松快乐地学习英语。小学英语课堂是体验式学习,倡导科学地使用教学策略,组织学生主动进行体验和探究,并引导学生积极进行反思,让学生在亲历和实践中实现自我领悟,在反思中重构自己的经验,逐渐将兴趣转化为稳定的学习动机,形成自己特有的行动策略和方式。

英语是一种交际工具,英语教学的最终目的是培养学生使用这种交际工具的能力。我们探求培养小学生英语交际能力的有效途径,以帮助学生达到学以致用的目的。

小学综合实践

在研究中发现 在想象中创造

一是基于儿童的视角,一是基于设计的研究性创造。基于儿童的视角,是尊重儿童,相信儿童也有想象力和创造力,也有解决问题的意识和能力,而且他们解决问题的途径和方法会有别于成人世界。基于设计的研究性创造,是一种新提法。综合实践,它首先是一种研究性学习,强调多元化取向,是一种重复的设计与评价循环,在研究过程中更注重创新。

小学体育

善教、乐学,在运动中成长,在快乐中收获

课堂,是师生共同经历的一段历程,带着一颗童心和童趣在快乐的课堂中师生共同成长。善教——深入研究教材教法和学生的实际,触动孩子心头的弦,调动孩子的学习兴趣;乐学——点燃孩子心中的火花,让孩子主动参与到课堂中,教学相长,师生享受这点滴成功带来的乐趣,在运动中收获健康、成功和团队合作带来的乐趣。

小学信息

快乐体验,学以致用,提升信息素养

让每个学生在每节信息技术课程的学习过程中都能够快乐地掌握相关知识,并且体验和感悟到信息文化,积极探究技术应用给社会生活带来的变化,将所学到的知识运用到日常的学习和生活中去,真正做到学以致用,将理论与实践相结合,养成利用信息技术促进学习、改善生活的意识和态度,积极、负责、安全、健康地使用信息技术。

小学音乐

让学生在音乐的世界里体验、探索、想象与创造

受奥尔夫音乐教育思想的影响,我们在课堂教学中力求通过游戏的方式,带着学生感受音乐,通过充分调动听觉、视觉、触觉等感官,体验音乐的情感与美,引导学生探索音乐元素(旋律、节奏、音色等)的表现作用。同时,发挥想象力,运用音乐元素进行创造,以此培养学生的审美情趣和创造能力。

小学品德与社会

用体验建构课堂,让课堂回归生活

用体验建构课堂,就是创设适宜的体验环境与条件,让学生通过调查、讨论、情景模拟、角色扮演等丰富多样的实践活动,去感悟、体验,让学习过程成为学生个体自我体验与自我修正的过程,形成真正属于学生个体的知识和能力,形成个体内化的道德品质。

课堂教学"回归生活",即教学"生活化",将教学活动置于现实的生活背景之中,激发学生参与活动的强烈愿望,将教学目的与学生的生活环境实况进行对接,让他们在生活中主动地学习,在学习中更好地生活,陶冶学生个体的生活情操。

小学科学

亲历探究、发现奥秘、发展能力

当今的时代是一个科学技术飞速发展的时代,学生们不可能在学校中完成所有知识和技能的学习,他们只能在浓缩的教学活动中学习最基础也是最重要的部分。如果亲历探究的过程,学会方法,自己发现奥秘,他们就会具有可持续的学习能力和动力。学校要尽可能地给学生提供机会,促进他们像真正的科技工作者那样去研究、运用和创造。我们希望学生在走进科技课堂时是好奇的孩子,走出课堂时是睿智的少年。

小学美术

在想象、创造中体验成功

黑格尔曾说过:"最杰出的艺术本领就是想象"。而想象本身就是一种创新。因为知识是有限的,而想象力是无限的。它推动人类的进步,并且是智力进化的源泉。因此,在美术教学中培养学生的想象力是培养创造力的关键,二者相辅相成、密切相关。在此基础上,让学生体味到通过自己的努力可以取得成功的快乐。而我们的课堂要尽可能多地给学生提供这样的机会,这会激发他们的学习兴趣,从而使学生的想象创造能力得到最大程度的发挥,达到良性循环的目的。

◎ 中学

初中语文

自然　灵动　创新　超越

语文课堂上既有书声琅琅,又有独立思考;既有教师的讲解,又有学生的训练;

既有教师的引导,又有学生的自主。自然即和谐,自然即语文味。

教师要引领学生在文字深处漫步,潜移默化提升学生的语文素养。享受文字、享受课堂、享受语文。

积累包括语言储存、能力培养、方法养成、思维训练等方面。积累到一定厚度才有可能创新,创新是自我加压,心中想到创新理念,课堂上有创新行动,学生思维才能碰撞出创新的火花。

创新需要超越,超越为了创新。超越自我,超越文本,超越课堂。超越是目标也是追求,志存高远,每天进步一点点,达成的是学生和教师的和谐。

高中语文

立本　丰富　开放

立本:以人为本,以学生健康成长为教学之本。

丰富:创造丰富的课堂,带给学生广博深厚的文化浸染,促进学生自我成长。

开放:课堂提供孩子思考、交流、合作、探究的平台,让学生"成为他自己"。学生有在课堂上展示自我、发现自我、发展自我的机会。因为,只有展示自我才能发现自己的优势和不足,只有发现自我,才能更加深入和全面地认识自我,进而才能发展自我。

初中数学

朴实自然　思想碰撞

数学学习是学生主动建构和思维冲突的过程,依据学生的知识结构、生活经验和教学内容,朴实、生动地设计教学内容和流程,设计启发性、挑战性的问题,让学生在思维的碰撞中主动、自然地学习。课堂教学中,充分体现学生的主体性,善于捕捉学生的闪光点,赞美及时、真诚和自然,激发学生的内动力,让动手实践、自主探索与合作交流成为学生学习数学的重要方式。充分尊重学生的差异性,教学内容贴近学生实际,生动有趣,整个课堂设计朴实而高效,学生学习愉悦而实效。

高中数学

落实学生主体,暴露思维过程,促使学生学会思考

数学是思维的体操,问题是数学的心脏。培养思维的发展途径和方法多种多样,我们认为通过课堂教学中的问题设计,激发学生学习的积极性是发展学生数学思维的有效途径。课堂教学强调问题设计,以问题来充分调动学生学习的积极性,切实实现师生互动,使学生处于不断思考的氛围中;实施课堂教学设计,切实落实学生主体地位,激发学生的数学思维,暴露学生的思维过程,促使学生学会思考。

初中物理

在教学思维中有适合每位学生思考的问题,在教学活动中有适合每位学生活动的空间,在教学评价中有适合每位学生提升的高度

在教学思维中有适合每位学生思考的问题。教师在进行课堂教学时,应做到两个"必须",即:情境的设置必须以学生的生活为背景,问题的设计必须落在学生的最近发展区。

在教学活动中有适合每位学生活动的空间。教师在展开课堂学习活动时,一是在行为上分工明确,相互协作;二是在思维上相互批判,相互发展。

在教学评价中有适合每位学生提升的高度。评价是教学行为的升华。课堂中的评价应是多维的、双向的、对等的,教师的作用应定位在等待、倾听和鉴赏。

高中物理

先疑后探　为学而教

任何知识都有其产生的背景,任何学习都应在一定情境下发生。物理学习起始于思维,而思维又起始于问题。思维的品质决定问题的质量。物理问题应是课堂的发动、维持和促进的动力之源。我们需要的是基于情境的物理问题,而不是去情境化的"题目"。"教"与"学"是两种不同的活动,遵从不同的规律。"教"与"学"虽可以分离,却又难以分离。"愤启悱发"与"啐啄同时"应是物理教学的最佳境界。

英　语

自然　生动　和谐

自然:生本的——面向全体、面向全面、个性化的。绿色的——本真、质朴、顺其自然、力戒浮躁的。

生动:建构的——动态生成的、情境的、灵动的、智慧的。多样化的——自主的、探究的、合作的。精彩的——活力的、发展的、生命力的。

和谐:民主的——平等的、互动的。愉悦的——有趣的、教学相长的。和谐的——师生间和谐;教与学和谐;教学目标、内容与方法、手段和谐;课内外和谐;学科间和谐。做到学思合一,动静相宜。

化　学

平等　规范　探究　创新

平等是对教师的教学观、学生观的主张,是科学面前师生平等、生生平等的态度,是构建生动、民主、和谐课堂的前提;规范是对教师的教学行为、学生的学习行

为的主张,尤其是针对中学化学学科特色的化学实验、化学语言的教学要求;探究是我们对教学方法的主张,实验探究是化学研究的基本方法,是激发学生学习兴趣的重要手段,是培养学生化学思维能力的主要途径;创新是我们对学生思维能力培养的主张,是我们对教学艺术不断追求的主张。

生　物

让学生学会动手、观察、分析,善于运用跨学科知识解决生物学问题

生物学是一门实验学科,需要在实验中观察发现实验现象,通过分析、演绎,解决实验中遇到的实际问题;生物学属于理科,需要基于生物学原理分析生命现象,解释生产生活中遇到的实际问题;生物学还是一门边缘学科而非基础学科,需要综合运用数学、物理、化学、地理等自然学科的知识,还需要一定的辩证思维能力以及较强的综合、总结和语言表达能力。因此,生物学绝不是死记硬背的一门学科,学生学习生物学水平的高低直接反映了其他学科的能力水平。

政　治

文化　理念　个性

文化:是指无论是初中的思想品德课,还是高中的思想政治课都要在我们的课堂充分展示或利用附中文化,特别是附中丰富的课程资源,使我们的课堂更加贴近学生的生活,深入学生的内心。

理念:我们主张每堂课都应该努力通过教学目标的制定、教学操作的过程、训练巩固和反馈,体现教师素质教育的理念,减轻学生负担,培养学生能力,树立学生正确的情感、态度、价值观。

个性:通过课堂教学关注学生,围绕学生开展课堂活动,充分调动学生的知识储备,激发情感,发展思维,维护学生个性的充分发展,展示附中学子责任与创造的特性。

历　史

求真求实教历史

求真是史学学术性的基本要求,"教人求真"是历史教育的本义。在中学历史教育教学中,我们注重引导学生追求"真实",学习中追本溯源,努力还原历史真实的面貌;教授学生从历史中汲取智慧与正能量,以务实的态度对待学习与生活;从历史中汲取教训与经验,不断完善提升,促进自我的成长。历史的本质在于探究,在历史教育教学中,我们要注重通过活动的开设让学生体验感悟历史的"真",实践历史教育的本质追求。

地　理

精骛八极　心游万仞

以认识地理环境为目的,以人地关系为线索,通过立体化课程,掌握多领域、多层次的地理学科知识体系,形成科学的世界观、人生观、价值观;在民主和谐的氛围中,激发兴趣、启迪智慧、提升能力,在有限的课堂上,让生命无限激扬。

艺　术

在欣赏体验中感悟美　在课堂活动中创造美

艺术是人类最具普遍性和感染力的情感表达形式之一,是人类精神生活的有机组成部分。对艺术的感悟、理解、表现和创造,是人类的一种基本素质和能力。

艺术课程旨在通过欣赏体验和实践活动,激发学生欣赏艺术的兴趣,发掘学生表现艺术的潜能,使学生的审美性情得到陶冶,美育功能得以彰显。

提升审美情趣,引导学生在充分聆听欣赏的基础上,感受美;强调艺术实践,促使积极地参与课堂活动,表现美;立足核心素养,调动学生的艺术想象力和思维潜能,创造美。

通用技术

动手做,做中学;在学习、实践、合作中创造自我价值

技术课程立足于学生的直接经验和亲身经历,立足于学生的"做中学"和"学中做"。它是一门立足实践、高度综合、注重创造、科学与人文融合的课程,通过学习,让学生进一步拓展技术学习的视野,学会运用技术原理解决实际问题以及终身进行技术学习的能力;形成和保持对技术学习的兴趣和学习愿望。通过学习,使学生具有正确的技术观和较强的技术创新意识,学会团队合作,为迎接未来社会挑战,提高生活质量,实现终身发展奠定基础。

体　育

个性体育　终身体育

初中选项课设置篮球、排球、足球、乒乓球、跆拳道、健美操、武术、软式垒球等;高中选项课设置篮球、排球、足球、乒乓球、跆拳道、健美操、武术等选项。高中选项每学年完成一定学时的田径和健康教育模块内容。在体育课堂教学中以平等的视角审视学生,以发展的眼光对待学生,通过选项课教学,充分发挥学生特长,张扬个性。培养学生主动健身意识,为终身体育夯实根基。

信　息

以问题解决为抓手,培养学生利用信息技术的意识和能力

在课堂教学中教师设计或设置一项任务,对学生来说就是面临的一个问题。在解决问题的过程中,学生与信息技术相互作用,选择什么样的技术、如何利用技术来解决问题、评价解决问题的过程和结果,能够促进自身对技术的掌握和熟练。通过信息技术课程的学习,让学生在信息的获取、加工、管理、表达和交流中,掌握信息技能、感受信息文化、增强信息意识、内化信息伦理,培养创新思维,提高实践能力。

心　理

在活动中体悟生命的真谛,让阳光照亮每一个心灵

以尊重为前提,创造真诚轻松愉快的氛围,帮助学生敞开心扉,让信任和激励成为课堂的主旋律。设计参与性强的活动,让学生在活动中体悟心灵的渴望,敬畏生命的韧力! 心理课上,倾听花开的声音,体验成长的味道,传递生命的正能量!

■■■■ 第二章

学校一般性评价标准与模式

几年来,南京师大附中江宁分校在课程建设的同时,鼓励和激发教师进行"少教多学"的课堂实践。在几年有目的、有计划的研究过程中,学校注重理念,更注重行动;注重效果,更注重过程。南京师大附中江宁分校"少教多学"课堂教学模式的研究,着重从两个方面展开:在学校层面,设计出学校一般性的"少教多学"评价标准与模式;在学科层面,研究和实验各学科具有个性化的"少教多学"评价标准和教学模式。规范教师的课堂教学行为,保证学生拥有足够的自主学习时间和学习权利。

"模式"一词是英文 model 的汉译名词。model 还译为"模型""范式""典型"等。一般指被研究对象在理论上的逻辑框架,是经验与理论之间的一种可操作性的知识系统,是再现现实的一种理论性的简化结构。将模式一词最先引入到教学领域并加以系统研究的人,当推美国的乔伊斯和韦尔。

乔伊斯和韦尔在《教学模式》一书中认为:"教学模式是构成课程和作业、选择教材、提示教师活动的一种范式或计划。"其实,教学模式并不是一种计划,因为计划往往显得太具体,太具操作性,从而失去了理论色彩。将"模式"一词引入教学理论中,真正的目的是想以此来说明在一定的教学思想或教学理论指导下建立起来的各种类型的教学活动的基本结构或框架,表现教学过程的程序性的策略体系。

因此,教学模式可以定义为:在一定教学思想或教学理论指导下建立起来的较为稳定的教学活动结构框架和活动程序。作为结构框架,突出了教学模式从宏观上把握教学活动整体及各要素之间内部的关系和功能;作为活动程序,则突出了教学模式的有序性和可操作性。

◇ 课堂教学模式研究的现实需求

如何保证每一位教师都能上出有效甚至高效课,杜绝低效甚至无效课,是一个挑战。因为教师之间存在着较大的差异性,这是不争的事实。面对这个差异,传统课堂教学几乎是无解的! 因为传统课堂教学依赖的就是教师的专业化水准,教师的专业化水平决定了课堂教学水平的高低。

可问题是,如何让尚不具备高水平的教师也能上出好课? 不仅如此,还必须保证即便有能力上出高效课的教师,保证每节课都是"好课"。江宁分校以为,削弱和消解教师的"个体"作用才是关键。这个时候,"模式"则变得尤其重要! "模式"让课堂因为具有科学的流程而产生最大的效益。

"教无定法"当然没错,可脱离实际谈教育,不仅是一种浮躁,更是不负责任的行为。"教无定法"似乎有一句"孪生"的话,叫做"贵在得法",没有"法"的课堂是什么样的课堂? 课堂一旦远离了"标准",那教学行为就变成一种纯属私人化的个人行为,自由散漫、天马行空、不着边际。"导"个没完没了,导着导着教师就又成了主角。这样的行为正充斥着今天的课堂,我们不以为忧,反而沾沾自喜美其名曰"课堂艺术"。

教学需要"规矩",这个规矩就是模式。这个模式只有一个作用,那就是尽可能规范教师的课堂行为,并保证学生能拥有足够的学习时间和学习权利,离开了这个"保障",课堂教学就很容易滑落到"个人表演"上来。更为重要的是,课堂教学模式的研究不仅要理论,更要实践,它是多种教学方式优化组合的结果。

1. 教学模式的研究是在探究教学的本质和规律

教学模式的研究是教学研究方法论上的一种革新。长期以来,人们在教学研究上习惯于采取单一刻板的思维方式,比较重视用分析的方法对教学的各个部分进行研究,而忽视各部分之间的联系或关系;或习惯于停留在对各部分关系的抽象的辩证理解上,而缺乏作为教学活动的特色和可操作性。教学模式的研究可以指导人们从整体上综合地探讨教学过程中各因素之间的相互作用和其多样化的表现形态,以动态的观点把握教学过程的本质和规律,同时对加强教学设计、研究教学过程的优化组合也有一定的促进作用。

2. 教学模式的研究是在理论指导下的教学实践

教学模式能为各科教学提供一定理论依据的模式化的教学法体系,使教师摆脱只凭经验和感觉,在实践中从头摸索进行教学的状况,搭起了一座理论与实践之间的桥梁。教学模式既来源于实践,又是某种理论的简化形式。一方面,教学模式来源于实践,是对一定具体教学活动方式进行优选、概括、加工的结果,能为某一类教学及其所涉及的各种因素和它们之间的关系提供一种相对稳定的操作框架。这种框架有着内在的逻辑关系的理论依据,已经具备了理论层面的意义。另一方面,教学模式又是某种理论的简化表现方式,它可以通过简明扼要的象征性的符号、图式和关系的解释,来反映它所依据的教学理论的基本特征,使人们在头脑中形成一个比抽象理论具体得多的教学实施程序。

总之,教师退回到"模式"里,调动一切手段去开发学生的潜能和创造力,并借此谋取教学效益,课堂教学就能回避效益低下的问题。

◇ 学校课堂教学模式的研制过程

1. 理论学习提升学养

建校至今,江宁分校一直重视老师的教育教学理论的学习,成立"启明星"读书社,定期开展读书报告会。学校除定期向老师推荐学科专业书籍、教育通识书籍和人文素养书籍外,还为老师购买了一大批课堂教学的理论书籍,如美国艾伦·C·奥斯丁的《有效教学策略》、美国D·鲍里奇的《有效教学方法》、崔允漷的《有效教学》、高慎英的《有效教学论》、陈海滨的《有效教学66个经典案例》、李炳亭的《高效课堂22条》《我给传统教学打0分》、肖川的《有效教学的策略》、孙亚玲的《国外课堂教学有效性研究》等,并自编了《探寻课堂津梁》一书,供老师们自学。同时,学校还邀请一大批一线教学名师或有基础教育教学经历的专家学者,如成尚荣、彭钢、何峰、杨九俊、李镇西、程红兵、董林伟、董洪亮、徐志伟等来校开设讲座或咨询、研讨,共享教学智慧。

2. 外出考察开阔眼界

江宁分校每年都要分批组织教研组长、备课组长和教师,到省内外不同区域、不同层次和不同学段的学校学习考察,如广东的深圳中学、南山学校,上海的华东师范大学第二附属中学,山东的青岛二中、杜郎口中学,江西的武宁私立宁达中学,浙江的浙江师范大学附属中学、学军中学、镇海中学、舟山中学,湖北的衡水中学、衡水二中,河南的沁阳永威学校、郑州102中学,江苏的苏州中学、扬州中学、镇江中学、镇江一中、无锡高中、锡山高中、东庐中学、后六中学等,学习兄弟学校提高课堂教学效率的成功经验。学校要求外出学习的教师记录详细过程,回校后向相关负责人汇报,并向本学科或本年级组人员传达会议内容,并写出外出考察的心得体会,交教研部存档。

3. 研究模式共同特性

(1) 研究教学流派

建校以来,特别是 2013 年以来,江宁分校对在全国较有影响的 9 个教学流派进行有意识的关注和研究,他们分别是:

卢仲衡:自学辅导实验——培养学生的自学能力。

邱学华:尝试教学——让学习成为学生自身的需要。

黎世法:异步教学——课堂成为学生个性化学习的场所。

张熊飞:诱思探究教学——教师要引导学生独立思考。

李吉林:情境教学——创设充满智慧和情趣的空间。

王敏勤:和谐教学——帮助学生从学习中寻找规律。

张思中:十六字教学法——利用规律提高外语教学效率。

马承:三位一体教学法——为学英语快速奠基。

顾泠沅:青浦实验——来源于实践的有效教学策略。

(2) 研究教学模式

盘锦课堂教学模式:定向、自学、释疑、探究、互测、自结。

洋思课堂教学模式:先学后教,当堂训练。

杜朗口课堂教学模式:"三三六"自主学习模式。所谓"三三六"自主学习模式就是,课堂自主学习三特点:立体式、大容量、快节奏;自主学习三模块:预习、展示、反馈;课堂展示六环节:预习交流、明确目标、分组组合、展现提升、穿插巩固、达标测评。这中间的重点是自主学习三模块:预习、展示、反馈。

实验名称	准备阶段	导学阶段	应用评价阶段
盘锦课堂教学模式	定向	自学、释疑、探究	互测、自结
洋思课堂教学模式	自学指导题	先学后教	堂堂清、周周清、月月清
杜朗口课堂教学模式	预习	展示	反馈

江宁分校主要研究了盘锦课堂教学模式、洋思课堂教学模式和杜朗口课堂教学模式,其中又以研究"杜朗口课堂教学模式"为最。当然,我们绝不会机械地照搬杜郎口中学所谓的成功模式,而是大胆"扬弃",不重形式重内容。

(3) 提炼共同特征

① 关注教学环节的变革

虽然每种教学模式包含的步骤、方法有差异,但都可以被归纳到三个阶段里,即准备阶段、导学阶段、应用评价阶段。

准备阶段。这些教学模式都极其重视学生学习新知识前的准备工作,重视新旧知识的衔接,都把预习环节纳入教学流程。让学生带着问题、带着思想、带着对新学知识的或深或浅的理解来听课。

导学阶段。这些教学模式无一例外地强调学生的学。在整个教学过程中,教与学各司其能：教师充分发挥引导作用，核心特征是启发性，"循循善诱"；学生真正处于主体地位，核心特征是独立性，独立学习、独立思考。教师的教探讨的其实不是教法，而是学生的学法。

应用评价阶段。这些课堂教学模式无一例外地强调当堂反馈，教师将学生在课堂上的真实学情作为自己授课的起点，将强化反馈环节作为提高自己教学质量的保证。

② 关注课堂教学的层次与结构

这些教学流派和模式都想意识到，让学生将知识更好地内化，需要考虑帮助学生建立知识的网络化结构。比如和谐教学探讨的知识树，每学完一段知识就引导学生及时回到知识的上位系统。洋思中学在最后的备考阶段引领学生背知识结构图，这体现了对课堂教学的结构与层次的关注。教师备课中根据不同对象的发展水平，关注教材结构、教学结构，有步骤地提高所呈现的知识和经验的结构化程度，组织好从简单到复杂的有序累积过程。

③ 关注课堂教学的真实有效性

洋思中学明确提出"课改的目的是课堂教学效益的最大化，要改变过去少、慢、差、废，实现多、快、好、省，将课堂变成师生高效发展的课堂，共赢的课堂。""课堂要打假，要挤水分，挤假学假教的水分，不让一分虚过，不让每一个虚坐。"经过多年的实践与探索，这些教学模式的实践者都意识到，只有面对真实的学生，进行真实的教学，才是教学成功的起点。

④ 关注学生学习积极性的调动

教师通过一些教学情境的设计，激发学生的学习动机、兴趣和追求的意向，让学生主动地学习。通过建立教师和学生之间的良好沟通，促进学生认知的发展。为了更好地调动学生的积极性，很多教师将教学活动更多地纳入教学体系，不再让学生通过"听来"获取知识，而是通过读书、尝试完成任务等以"看"和"活动"为主的途径来获取知识。学生边读书、边听讲、边动脑、边动手，不同的感官交替进行，防止疲惫感产生。事实证明，对于获取知识，"看"比"听"对学困生更有利。

⑤ 关注评价对有效课堂教学的推进作用

洋思把"没有教不好的学生"作为办学理念。"好"，不是指全都升上重点中学，而是无论学业还是行为习惯，特别是行为习惯在原先基础上都有很大的改善。杜郎口把课堂上学生的表现作为推动课堂教学改革的切入点。评价系统已经成为有效课堂教学模式的助推器。

经过研究，我们以为，教育是有规律可循的，融合这些教学模式，借鉴教育学、心理学原理，在综合分析具体教学环境的基础上，寻求一种相对理想的教学模式不是一个神话。著名收藏家张伯驹说："不知旧物，则绝不可言新。"探讨别人的长处，正是我们创新前的准备和起点。

◇ 学校课堂教学评价标准与模式

1. 学校"少教多学"课堂评价标准

为统一思想,提高认识,使老师的课堂教学有方向,2013 年始,我校开始研究制定较为科学的"少教多学"的评价标准。学校组织教师学习研讨叶澜教授在《新基础教育》中对"什么样的课是一堂好课"的阐述:一是有意义的课,即扎实的课;二是有效率的课,即充实的课;三是有生成性的课,即丰实的课;四是常态下的课,即平实的课;五是有待完善的课,即真实的课。经多次研讨,并参照其他已获成功学校的经验,再参照原有的听课评价表,定出初稿,以教研组为单位,经几上几下的讨论,修改再讨论,再修改,最终组织专家咨询,确定了具有校本特点的"少教多学"一般性评价标准,从关注学生、方法科学、生动高效三个层面规范、活化课堂教学行为,并分期分批对"少教多学"教学情况进行验收,涌现出了一大批"少教多学"课堂教学骨干。

一级指标	二级指标	具体内容
关注学生	态度积极	关注学生是否主动参与,积极发言;是否精神振奋,精力集中;是否认真记笔记,耐心细致
	全员参与	关注不同层次的学生是否全员参与,人人活动;是否全程参与,情绪稳定;是否参与讨论,习惯良好
	思维深入	关注学生是否有效参与,深入思考;是否真正讨论,真实对话;是否自由叙述,大胆质疑
方法科学	目标明确	学习目标是否具体明确,难易适度;是否紧扣课标,符合实际;是否情智结合,便于测量
	准备充分	课前预习是否充分;提出问题是否主动;自主合作是否高效
	学法灵活	学法是否灵活多样;学练是否有机结合;讨论是否平等互动
生动高效	精神饱满	教师精神是否振奋饱满;教师语言是否精练生动;课堂气氛是否民主活跃
	过程起伏	教学环节是否安排合理,层次清楚;教学过程是否跌宕起伏,组织有序;板书设计是否合理规范,简明实用;教学中是否艺术地让学生暴露认知错误,并及时加以解决,是否善于发现学生的闪光点,并及时给予鼓励
	成效显著	学习目标是否有效达成;各层次学生是否均有收获和提高;师生是否有愉悦感、满足感和成就感;师生课后反思,是否有所心得

不难看出,我校"少教多学"课堂教学评价标准,强调的是教师要把学生"可以多学的应有权利"还给学生,给学生创造更多的时间、空间、方式、机会进行独立有效的学习,不断提升学生自主学习的能力。

2. 学校"少教多学"课堂教学模式

教学模式是教学理论的简化表现方式,即通过简明扼要的符号、图式和关系的解释来反映它所依据的教学理论的基本特征,使人们在头脑中形成一个比抽象理论具体得多的教学实施程序。我们建构"少教多学"教学模式的目的是,尽可能规范教师的课堂行为,并保证学生能拥有足够的学习时间和学习权利,不让课堂教学滑落到"多教"的老路上来。

在几年探索实践的基础上,我校提出了"创设情境、提出问题、独立思考、合作交流、展示提升、拓展总结"六环节 24 字"少教多学"教学模式,以凸显学生的主体地位,让学生动起来。

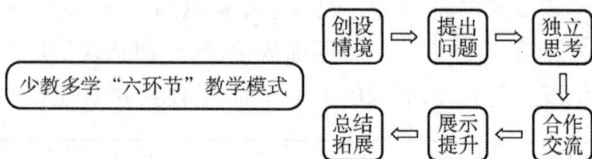

少教多学 "六环节" 教学模式

创设情境 ⇒ 提出问题 ⇒ 独立思考 ⇓ 总结拓展 ⇐ 展示提升 ⇐ 合作交流

我校六环节 24 字"少教多学"教学模式,全部围绕学生"学"的活动展开,以期确保学生有"多学"的时间和空间。如创设情境,是指学生在学习过程中,如遇有过不去的"坎",教师可以适时简洁地提供一些与所学内容相关的情节、景色和现象,衔接和过渡到新的知识,帮助学生尽快"登堂入室",避免不必要的时间浪费。再如提出问题,是指学生在学习过程提出的各自的困惑或质疑,经快速整合、梳理,生成新的更有意义的问题,循环往复,螺旋上升,不断把学生的"学"推向高处。又如独立思考,是指问题提出或生成后,学生必须根据已有的知识经验尝试着自己解决,教师要确保学生有独立学习、自主探索的机会和时间,这是合作学习的基础。其他,即合作交流、展示提升、拓展总结三个环节,主体也都是学生自己。总之,在"六环节"中,教师只能适时做一些必要的引导、激励和点拨。唯有此,"少教多学"才能真正落到实处。

为使"少教多学"教学模式更贴近学科、学生实际,我校还要求各教研组在学校"六环节"教学模式的大框架下,紧扣学科特点,细化本学科"少教多学"教学模式,权作一种"教学有法"。下面以数学"六环节"课堂教学模式加以具体说明。

创设情境	创设情境的原则	(1) 围绕的知识点;(2) 符合年龄特征;(3) 具有科学性、探究性、趣味性和发展性;(4) 贴近学生生活;(5) 激发冲突,注重实效
	创设情境的方法	(1) 观察生活或事实;(2) 现场实验演示;(3) 借助直观手段;(4) 运用难题;(5) 再现史实;(6) 对学生的典型错误进行分析
	创设情境的类型	(1) 生活与操作情境;(2) 故事与史实情境;(3) 悬念情境;(4) 游戏竞赛情境;(5) 类比猜想情境;(6) 音像情境
	创设情境的取材	(1) 生活生产中的具体问题;(2) 人们所关注的科学、技术问题;(3) 数学史实、中外名题、例题习题、升学题、竞赛题;(4) 自然科学、人文科学中的问题
提出问题	问题的要素	问题情境、题设条件、解题依据、解题策略、问题结论等
	问题的类型	呈现型问题;发现型问题;创造性问题
	问题的设计	由何、是何、为何、如何、若何
独立思考	必要性	交流合作与独立思考共同构成学习矛盾的双方,从学习矛盾运动的整个过程来看,居于主要地位,起主导作用的仍是独立思考而非交流合作
	内容	(1) 选择有较强横向联系的材料;(2) 选择纵向联系特征较强的材料;(3) 选择能用以推广或拓展的问题材料;(4) 选择开放性的数学问题
合作交流	分组方法	(1) 传递式分组;(2) 阶梯式分组;(3) 接力赛分组;(4) 气质式分组;(5) 矫正式分组;(6) 特长式分组;(7) 互补式分组;(8) 轴心式分组;(9) 批评式分组
展示提升	要求	倾听、交流、协作、分享
总结拓展	方法	概括总结法、悬念隐伏法、探索发现法、提问检验法

2012年4月,在张士民校长的指导下,学校对前期课堂教学研究进行了再一次系统的梳理与反思,对提高课堂教学行为提出了五点改造措施。

(1) 课堂教学的追求——朴实高效

教学内容要简明、过程要简洁、方法要简易。讲究实效,不搞形式主义。

(2) 课堂教学的核心——学生第一

教学内容的选择、教学方法的确定、教学活动的开展要根据不同班级、不同学生的实际情况而定。课堂教学要着力培养学生的学科思想和学科思维,从而使学生形成优良的学习策略和学习习惯。

(3) 课堂教学的抓手——小组学习

首先要科学分组,分组应随不同学科、不同课型以及学生学习力的变化而变化。其次要充分发挥小组长在小组学习中的领袖作用,要让全体学生真正地"动"起来。杜绝学生合作不主动、参与不均衡、分工不明确、评价不到位等现象的发生。

（4）课堂教学的操作——三主

一是目标主使。首先要明确课堂教学要达到什么目标,能达到什么目标,通过什么途径来达到这个目标。其次,目标要适宜,要针对不同班级、不同层次的学生,设计个性化的教学目标。二是问题主线。要围绕教学目标设计主问题,难点问题要分解,次要问题要整合。由低到高,由易到难,循序渐进,设计有坡度的问题串,让不同能力特长的学生都有所得。三是活动主轴。以活动为载体,要求学生做到"身动、心动、神动"。

（5）课堂教学的讲授——精讲少讲

讲要服务于学生的学,讲要具有启发性、诱导性、共生性。提倡精讲、少讲。

徐光华教授说过:二十多年来,我国对于教学模式的各种探索,基本上是以提高课堂教学效率为宗旨的。在深入学习《国家中长期教育改革和发展规划纲要》,规范教育行为,减轻学生过重学业负担的大背景下,江宁分校不断转变课堂教学理念,向课堂要质量、向教科研要质量、向管理要质量,一句话——向"少教多学"要质量。

■■■ 第三章

学科课堂教学评价标准与模式

　　大家都知道"教学有法,教无定法"这句经典语。此为一枚硬币的两个面,相互依存谁也离不开谁。前者的"有法"是指要有基本的方法,后者的"无定法"是在前者基础上的求变化。没有基本的方法,就谈不上变化;固守一种方法,不求变化,必然趋于僵化。基于这样的考虑,我校要求各教研组在学校"六环节"教学模式的大框架下,紧扣学科特点,把本学科"少教多学"课堂的评价标准与几种常规课型的基本要求编制出来,权作一种"教学有法"。

◆ 初中语文"少教多学"课堂评价标准与模式

• 初中语文"少教多学"课堂评价标准

类别		标准	要点
教师方面	创设情境	能做到知识性与趣味性、启发性与审美性相结合,并自然过渡到下一教学环节	① 问题情境　② 活动情境 ③ 想象情境　④ 兴趣情境 ⑤ 迁移情境　⑥ 活动情境
	提出问题	问题设计可根据具体文本采用多种方式。所提问题应简明清晰、层次分明、环环相扣,并能激发学生思考的热情	① 第一层次:基础性问题 ② 第二层次:迁移性问题 ③ 第三层次:探索性问题 ④ 第四层次:想象性问题 ⑤ 第五层次:创新性问题

续表

类别		标准	要点
教师方面	独立思考	要给学生与文本对话的充足时间,带着问题独立思考的自由空间,并善于引导学生思考	① 开放思维　② 形象思维 ③ 批判思维
	合作研讨	能有效维持课堂秩序;建立有序的合作常规,明确合作责任;善于鼓励不同层次的学生回答问题	① 导向式　② 自由式 ③ 竞赛式　④ 咨询式
	展示交流	善于发现不同层次学生的思维闪光点并及时表扬;善于通过"追问"提升学生的思维品质;善于发现并帮助学生纠正不良学习习惯和不科学的思维习惯	① 陈述式　② 呈现式 ③ 表演式　④ 展览式 ⑤ 辩论式
	拓展延伸	善于挖掘文本资源拓展延伸,培养学生多元思维和表达技能,丰富学生的情感生活	① 文本拓展　② 生活拓展 ③ 学科拓展
	其他方面	脉络清晰、结构合理,完成预设目标,让每个学生都有所得	① 识记　② 理解 ③ 运用　④ 评析
学生方面	合作研讨	有与组员合作的强烈愿望;有静心倾听、认真思考的优秀品质。并能在积极的讨论、争辩中请教同学和老师	① 建立平等关系 ② 激发合作兴趣 ③ 保证学习时间 ④ 主动参与质疑
	展示交流	在小组交流中敢于质疑、虚心接受,最好能碰撞出思维和创新的火花	组内:互助、展示、交流 组外:纠正、补充、质疑
	拓展延伸	学以致用,无论是学习技能还是体会情感,都能联系自己的生活实际,开拓心灵的天地	① 积累型　② 比较型 ③ 评论型　④ 创新型
	其他方面	预备铃响后要做好准备工作,静心候课	① 习惯准备　② 知识准备 ③ 情感准备　④ 用具准备

• 初中语文"少教多学"课堂教学模式(精读课)

环节	操作要求
创设情境	1. 根据题材、主题、背景,结合学生的心智特点,注重科学性和趣味性,紧贴文本,注重实。
	2. 通过音乐欣赏、故事欣赏等画音结合的视频导入,让学生有更加深刻的情感体验和投入
提出问题	1. 问题情境要水到渠成,提问要适时,问题要有梯度,要有一定的思维强度和张力
	2. 问题设计要围绕文本,结合具体学情,注重对学生的启发和鼓励
	3. 注重从知识与能力、过程与方法、情感态度与价值观等多维度来提出问题

续表

环节	操作要求
独立思考	1. 帮助学生打下宽阔扎实的知识基础
	2. 激发学生的创造性思维,指导学生养成思维的综合性、变通性和求异性
	3. 培养学生良好的个性品质:自信、勤奋、进取心、浓厚的认知兴趣等
合作交流	1. 确定分组形式,可按具体教学内容灵活选择合作形式
	2. 小组采用组长负责制,由组长合理分配组员任务,展开组内合作交流
	3. 小组共商交流方式,以期在全班交流时展示小组特色
	4. 教师要参与小组合作交流,并进行适时指导。关注每个小组成员合作交流的投入度和专注度
展示总结	1. 就合作交流的教学任务进行各小组的展示,可使用积分制,激励小组积极展示
	2. 小组展示时,别组成员要注意倾听,并做好评价、补充工作
	3. 在各小组展示完成的基础上,教师进行知识、特色、方法等方面的总结
拓展提升	1. 就知识点可进行有效拓展,课前预习时学生可做好准备,亦可采用教师补充的方式进行拓展
	2. 能力延伸广泛,使学生获得听说读写综合能力的提升

• 初中语文"少教多学"课堂教学模式(文言文)

环节	操作要求	实施途径
创设情境	1. 知识性与趣味性相结合 2. 启发性和审美性相结合	1. 通过音乐渲染气氛,创设情境 2. 通过学生的生活体验创设情境 3. 通过课外资源创设情境 4. 利用学生提出的疑问创设情境 5. 通过背景或相关故事创设情境
提出问题	1. 坚持"古为今用",关注现实 2. 坚持循序渐进,难易适中	1. 夯实知识性问题 2. 关注理解性问题
独立思考	1. 记诵积累与理解相结合 2. 坚持"学而思,思而疑" 3. 学习与创新相结合 4. 书本知识与实践能力相结合	1. 固定程序阅读法 2. 自读自疑式 3. 自问自答式 4. 重新生发式
合作交流	1. 立足吟诵,培养良好的语感 2. 张扬个性,尊重学生的独特体验	1. 游戏竞赛式 2. 互问互答式 3. 协商互助式 4. 辩论质疑式

环节	操作要求	实施途径
展示提升	1. 吟咏与生发相结合 2. 读与写相结合 3. 活动与评价相结合	1. 音乐、书法与朗诵等相结合 2. 读写结合,可以是词语的连缀、段落的仿写、文章的改写,也可以是分角色朗读或课本剧表演等
总结拓展	1. 尊重学生的体验 2. 体现大语文教育观	1. 听说读写画,形成立体情感体验 2. 拓展教学内容的空间,拓展语文学习的时间,促进语文教育的内化

• 初中语文"少教多学"课堂教学模式(作文)

环节	操作要求	实施途径
创设情境	1. 知识性与趣味性相结合 2. 启发性和审美性相结合	1. 由一幅画开始,看到什么,想到什么,有什么启示来创设情境 2. 由一篇文章入手 3. 由一段视频入手 4. 由写作中存在的问题入手 5. 由一个事例入手
提出问题	1. 服务于教学原则 2. 贴近学生的生活实际、写作实际	1. 直接提出问题 2. 通过展示问题文章,学生自我归纳
独立思考	传统与创新相结合	1. 可以结合课内名篇,积累写作技巧 2. 大胆地求异、创新,写出一般人及自己先前所未曾考虑到的角度和层次;在别人司空见惯的东西中发掘出独到的见解来;用自己的锐眼,看出人家所未曾看到的、未曾想到的、未曾写到的东西
合作交流	1. 充分发挥小组学习的优势 2. 充分调动学生的积极性、参与性	1. 游戏竞赛式 2. 互问互答式 3. 辩论质疑式 4. 协商互助式
展示提升	每人都参与、展示、提升	1. 就本堂作文课的主题,当堂练笔 2. 组内相互汇报
总结拓展	1. 激发兴趣 2. 课内课外相结合	运用讨论、竞赛、随笔、主题演讲等形式,激发学生作文的兴趣,在特殊的互动中激发想象灵感

◇ 高中语文"少教多学"课堂评价标准与模式

· 高中语文"少教多学"课堂评价标准

评价项目		评价标准	分值
教师教学评价	一、教学目的 （10分）	1. 教学目标具体、明确，符合学生实际、大纲和教材要求	5
		2. 重点难点准确，抓住关键，能以简驭繁	5
	二、教学程序 （20分）	1. 教学思路清晰、课堂结构严谨，教学密度合理	4
		2. 面向全体、体现差异、因材施教，全面提高学生素质	4
		3. 传授知识的量和训练能力的度适中。突出重点，抓住主问题，形成知识链	4
		4. 给学生创造机会，让他们自主参与、主动发展、合作学习	4
		5. 体现知识形成过程，结论注重自悟与发现	4
	三、教学方法 （15分）	1. 精讲精练，以体现思维训练为重点，落实"双基"，激发、拓展学生思维	5
		2. 教学方法灵活多样，符合教材和学生实际，彰显教师个人的教学个性和智慧	5
		3. 体现"先学后教、创设情境、暴露问题、交流碰撞、梳理归类、探讨方法、举一反三"的基本原则	5
	四、情感教育 （5分）	1. 教学民主、师生平等，课堂气氛融洽和谐，培养创新能力	3
		2. 注重学习动机、兴趣、习惯、信心等非智力因素培养	2
	五、教学基本功 （10分）	1. 语言规范简洁、生动形象	2
		2. 选用恰当的教学方法突破难点，解决主问题	2
		3. 板书工整、清晰，言简意赅，层次清楚地展示思路	2
		4. 能熟练运用现代化教学手段	2
		5. 教学突发事件的机智应变和调控课堂能力强	2
	六、教学效果 （10分）	1. 教学目标达成，内容与课程目标达成一致，信息量适度，教学效果好	5
		2. 学生会学、学习生动，课堂气氛活跃	5
学生学习评价 （30分）		1. 明确学习目标与要求	4
		2. 完成预习作业，课前准备到位	4
		3. 注意力集中，认真听讲、积极思考、踊跃发言、热烈讨论、大胆质疑、做好笔记	8

续表

评价项目	评价标准	分值
学生学习评价 （30分）	4. 积极合作、探究，敢于求异创新	5
	5. 反馈诊断训练又好又快	4
	6. 善于总结提炼，及时巩固消化	5

• 高中语文"少教多学"课堂教学模式（讲读课）

教学环节	项目	具体要求
情境导入	原则	1. 紧扣课文内容，切合学生心理 2. 自然、合理、科学、艺术 3. 具有启发性、拓展性、发展性和实效性
	方法	1. 背景、史料介绍 2. 社会热点事件切入 3. 目标认知，质疑思考 4. 情节、情景直观再现 5. 典型问题与困惑分析 6. 温习旧有知识 7. 活动竞赛情境设置
阅读感知	原则	1. 灵活多样，注重实效 2. 重视语感，突出体验
	指导	1. 加强方法指导，重视习惯养成 2. 注重情感思维，促进能力提升 3. 完成启读——生疑的过程
互相讨论	内容	围绕教学目标，有利于促进合作交流，形成思维碰撞，推动教学生成，达成"研读—演练"的统一
	组织形式	课前质疑与课上质疑，书面提交与口头提问，师生、生生间单向、多方或小组讨论
集中探究	问题要素	问题情境、题设条件、问题指向、问题核心、解题策略等
	问题设计	课前预设和动态生成结合
	问题类型	呈现型、发现型、迁移型、类比型、提升型、体验型、实践型
	组织形式	小组合作；师生互动；自我反思、感悟
交流展示	要求	观察、倾听、思考、辨别、质疑、判断、争鸣、合作、促进、生成、提升、分享……起到总结和迁移的作用
	形式	1. 成果展示型 2. 角色体验型 3. 经验介绍型
总结拓展	方法	概括总结法、提问检验法、悬念隐伏法、类比迁移法等

• 高中语文"少教多学"课堂教学模式（写作课）

教学环节	项目	具体要求
导入感知	原则	1. 明确目标,加强方法指导,重视习惯养成 2. 注重情感思维,促进能力提升 3. 诱发学生的体验,完成阅读——感知的过程
	方法	1. 组织体验活动:材料研读;社会热点话题切入;质疑思考;典型问题与困惑分析 2. 营造情节、情境直观再现
互相讨论	要求	围绕写作目标,强调合作交流,形成多元思维碰撞,推动教学生成,唤醒学生体验,形成"感知—质疑"过程
	方法	写作前质疑与写作中质疑,书面提交与口头提问,师生、生生间多向交流或小组讨论
集中探究	问题要素	注重题设条件、问题指向、审题策略、立意核心、构思设想等问题结果的生成
	方法	1. 小组合作、师生互动等 2. 唤醒知识积累、自我反思、独立感悟
交流展示	要求	1. 思辨质疑、判断争鸣、合作分享、促进提升、总结迁移 2. 注重内容的独特性、准确性、真实性 3. 限时完成
	形式	1. 成果展示型、经验介绍型 2. 运用情感化、个性化的语言表达
总结拓展	形式	点评讲解、梳理架构、概括总结;提问检验;类比迁移等

◇ 初中数学"少教多学"课堂评价标准与模式

• 初中数学"少教多学"课堂评价标准

评价项目	评价内容及要点	等级、分值			
		A	B	C	D
创设情境 提出问题 （15分）	1. 情境创设与教学内容、目标一致	15	12	9	6
	2. 情境创设应科学、有趣、轻松、高效				
	3. 提问要面向全体学生,深浅适度、层次分明				
	4. 提问要有目的,语言要明确、准确				
	5. 提问要灵活、新颖,把握时机,要有启发性				

续表

评价项目	评价内容及要点	等级、分值			
		A	B	C	D
独立思考 (15分)	1. 独立思考要有充足的时间和空间	15	12	9	6
	2. 独立思考要有明确的目标导向				
	3. 独立思考要有安静、不受任何干扰的必要氛围				
合作交流 (15分)	1. 交流真实、分组合理	15	12	9	6
	2. 关注全体学生,让各个层次的学生都参与交流				
	3. 适时调整课堂节奏、气氛,内容深浅适度				
	4. 倾听学生的不同意见,尊重学生的观点				
展示提升 (15分)	1. 展示要突出学习主题	15	12	9	6
	2. 展示要体现协作精神				
	3. 要展现学生的思维过程				
	4. 展示中教师要发挥引导作用				
总结拓展 (10分)	1. 学生参与,发表观点	10	8	6	4
	2. 思维深入,激发兴趣				
	3. 留有余地,自我提高				
	4. 准备充分,目的明确				
教学效果 (20分)	1. 重点突出、内容恰当,符合数学课程标准要求	20	16	12	8
	2. 学生思维活跃,学习积极主动				
	3. 知识与技能落实到位,课堂反馈效果良好				
教学素养 (10分)	1. 重视自主学习的习惯养成,能有效引导学生正确认识数学的价值,寓思想教育于教学之中	10	8	6	4
	2. 能正确把握数学本质,数学语言、图示、符号使用准确,有较强的组织、应变能力				
	3. 有效整合教学资源、教学方法新颖、多样				

• 初中数学"少教多学"课堂教学模式

一、基本要求

1. 教学目标明确

明确每一节课的教学目标,准确把握重点与难点,将教学目标具体到教学问题之中,让学生在解决问题的过程中完成学习任务。

2. 教学方法灵活

要从教学内容和学生主体性要求出发,把思想启发贯穿于教学方法选用的全过程。对不同的课型,使用不同的方法。

新授课要突出"新"的课堂特征,保证有足够的时间让学生进行当堂消化,以实现堂堂清。练习课要有的放矢,确保练习难易适度,并尽可能多选一些典型练习题。

评讲课要写好讲评教案。要逐题认真统计得分率、最高得分、最低得分、平均分、主要错误及原因。对统计数据要做科学分析,分析答题思路——基础和能力、题型、难易度、深广度;分析学生答题思路——寻找学生解题错误的原因;回顾教师本身的教学思路——学生普遍性的错误,寻找教学中存在的问题。讲评不能平均用力,不是逐题讲解,不是逐题订正报答案,要突出"讲"和"评"。"讲"要讲到点子上、讲到规律上、讲到薄弱环节上;"评"要评好的,使知识巩固升华,掌握解题技巧,"评"也要评教师"教"和学生的"学"两个方面的经验和疏忽。讲评结束后,教师要出一些针对性题目检查学生的掌握情况。

复习课要强调其针对性,要设疑激趣,创设情境,引导学生自主学习、主动学习。

3. 重视提问讨论

提问和讨论的问题要紧密联系教学重难点,问题必须直接、具体,指向明确,有思维价值;提问必须做到难易结合,以适应不同层次学生的需求,使学生都有成就感;提问要给足学生思考的时间,避免集体群答式或简单化提问。对学生的回答应及时给予肯定和激励,鼓励学生大胆质疑、独立思考,激发学生的深层思考和情感投入,引导学生用自己的语言阐明观点和想法。

4. 重视互动交流

要充分发挥学生的主动性,让学生积极参与课堂教学过程,做到思考、讨论、展示、操作、板书相统一,实现人人参与,多向交流,教学相长。坚持形式为教学服务,真正使各种形式起到帮助学生理解与掌握知识和培养能力的目的。

5. 重视情感交融

在课堂教学中要善于发现不同学生的亮点,宜多用肯定、赏识、鼓励性语言及时进行点评、鼓励和表扬,以激发、促进学生学习兴趣的提高和对数学学科的热爱。

二、模式图示

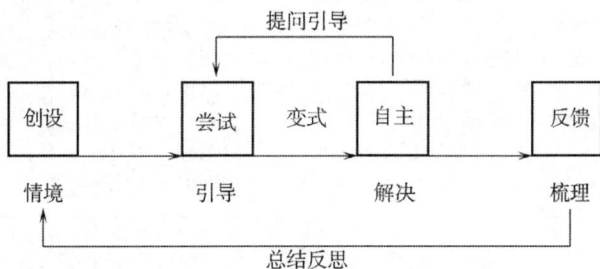

◇ 高中数学"少教多学"课堂评价标准与模式

• 高中数学"少教多学"课堂评价标准

评价项目		评价内容	评价等级			
			优	良	中	差
关注学生	态度积极	自觉做好课前准备,主动预习,认真听讲,积极发言	10	8	6	4
	合作交流	愿意表达自己的想法,主动与同学交流探讨,人人参与	10	8	6	4
	思维深入	善于观察,勤于操作,主动探究,能提出较高水平的问题	10	8	6	4
方法科学	目标恰当	教学目标明确,关注核心素养,符合学情,便于操作	10	8	6	4
	准备充分	问题设计自然,引发思考,选题典型,示范规范	10	8	6	4
	方法灵活	教法灵活、民主,讲练结合,指导学法;评价多元	10	8	6	4
生动高效	气氛友好	师生上课情绪饱满,气氛活跃有序,课堂具有正能量	10	8	6	4
	张弛有度	课堂容量恰当,层次清楚;过程起伏,有一定的思维容量	10	8	6	4
	成效显著	各层次学生均有收获,目标达成度高,学生自信心得以增强	20	16	12	8

• 高中数学"少教多学"课堂教学模式

概念课		习题课		专题复习课		试卷讲评课
知识链接提出课题	概念的引入,通常应以复习或预习相关知识做好铺垫,并结合学习实际提出问题,引入课题	自主回顾梳理知识	通过基础练习或提出问题,引导学生对本专题知识进行复习回顾,梳理本专题的知识、方法,完善知识体系,形成网络	自学学案	教师要根据本节课复习的重点、难点及课堂教学目标落实措施,设计自学学案提供给学生练习使用,学生完成基础知识回顾题	数据统计与成绩分析
						课前要制定科学合理的评分标准,认真评阅试卷,统计成绩并重点分析

续表

	概念课		习题课	专题复习课		试卷讲评课
创设情境感受概念	概念的形成，要从实际出发创设情境，使学生初步感受概念。教师应设计好一系列的问题使学生在对具体问题的体验中感知概念	例题剖析尝试练习	学生自主对本专题典型例题进行尝试练习，在小组内展示、交流、讨论，修正错误，优化解题方法，完善解题步骤	教师要明确提出本专题的复习要求，点拨指导复习重点和应注意的问题，必要时以具体题目来说明	点拨指导	提前将试卷发给学生，首先要求学生自我纠正错误，剖析出错误原因，然后与同学交流考试得失，讨论解决问题的方法
自主学习理解概念	学生结合导学案进行自主学习。对存在的疑惑先在小组内与其他同学进行讨论，教师根据情况进行必要的点拨指导、补充升华	变式训练拓展提高	对典型例题进行变式训练，延伸拓展，进一步巩固本专题知识应用的主要题型，强化解题方法，规范解题步骤。本环节仍然是学生先做，再展示修正，教师最后点拨强调	精选一定数量的典型题目供学生尝试探索，教师点拨讲解	典型例题剖析	根据学生的答卷情况，按知识模块或方法规律分类讲解
例题示范应用概念	学生运用概念自主完成本节课典型例题，小组内展示、交流、讨论，修正错误，优化解题方法，完善解题步骤	自主整理归纳总结	教师要放手让学生自己进行知识小结，整理归纳本专题知识应用的主要题型，总结解题方法与规律。教师适当强调重点内容及注意事项	针对典型例题解决过程中出现的有共性的问题，紧扣典型例题，通过条件变形、结论变形、设问角度变形、考查方式变形等手段进行再训练。	变式训练	教师要善于引导学生反思、回顾和总结，概括知识要点，归纳解题方法，强调应注意的问题。反思总结之后，要引导学生完成满分卷并进行二次批阅

注：专题复习课中"分类讲解"、"完成满分卷"为试卷讲评课列内容。

	概念课		习题课		专题复习课		试卷讲评课
变式训练强化概念	对典型例题进行变式训练,延伸拓展,使学生进一步巩固理解概念	自我诊断当堂落实	最后用一组题目对本专题知识进行自我诊断,限时完成,当堂进行小组内批阅、修改,以此来强化落实对本专题知识、方法的理解、应用,提高学生解决问题的能力	反思总结	重点反思和总结应用本专题知识解决问题的通性通法,应当关注最容易犯的典型错误、最容易出问题的解题环节(如审题、计算、推理等)	巩固练习	教师应利用学生的思维惯性扩大"战果",有针对性地布置一定量的作业,进行巩固练习。练习题的来源,可以是对某些试题进行多角度的改造,使旧题变新题,以有利于学生对知识和方法的巩固、提高,有利于反馈教学信息
自主归纳升华概念	由学生自主进行课堂小结,整理本节课所学知识及应注意的问题等,总结解题方法与规律			反馈检测	精选一组题目,当堂检测反馈,落实学生对本专题知识和方法的理解与掌握		
自我诊断落实概念	最后用一组习题对本节课所学的概念进行自我诊断,限时完成,在小组内批阅、修改,以达到强化落实对概念的理解、应用的目的						

◇ 初中英语"少教多学"课堂评价标准与模式

• 初中英语"少教多学"课堂评价标准

评价项目	评价标准	分值
教学目标 （15分）	1. 教学目标清晰准确；围绕教学目标整合教材内容；教学目标达成度高	3
	2. 教学内容有利于激发学生的学习潜能，有效地促进学生多元智能的发展	3
	3. 教学内容结合学生的生活实际与生活经验，将课本知识融入生活	3
	4. 教学内容及活动符合青少年的心理特征和文化传统，根据学生的认知水平确定教学内容，能使学生对每个学习主题都有一个整体认识	3
	5. 有效拓展和开发教学资源；信息量大，教学内容能够满足不同学生的需求，能对学生的人格塑造、价值观等产生积极影响	3
教学行为 （30分）	1. 有明确的教学活动的指向性，教学活动易操作，教学活动由浅入深，符合语言学习规律	3
	2. 教学内容无科学性错误，学生能够运用语言进行有意义的交际	3
	3. 教学活动符合学生心理年龄特征，并能考虑学生原有知识水平，输入内容是可理解的	3
	4. 课堂活动学生参与度高，课堂中师生互动和生生互动有效，教学活动能引起学生深层次的思考	3
	5. 课堂提问具有层次性	3
	6. 有融学习活动、愿望、兴趣和需求为一体的体验学习过程	3
	7. 教学活动具有多样性和指导性，教学活动之间的过渡与衔接合理自然	3
	8. 创设合作学习与探究学习的语用机会	3
	9. 使用有意义的表扬、鼓励，令学生保持学习的良好情绪和积极性	3
	10. 合作小组分组科学、人数合理、分工明确，时间分配合理，利于综合的技能培养	3

评价项目	评价标准	分值
教师素质 (15分)	语言素质:语音发音清晰;掌握语音语调的变化、重音、停顿、连续,失爆规范 1. 无科学性错误 2. 能促进学生在学习过程中的正向互动 3. 语言表达流畅、简明、准确、形象、条理、幽默,有韵律 4. 语言与表情、手势、动作等和谐配合 5. 能开发智力,感染情绪,影响个性发展	5
	教态 1. 服装整洁,仪态大方,态度和蔼,温文尔雅,精神饱满 2. 动作从容,洒脱自如 3. 不时地向学生传达信息,感染学生的情绪,影响学生的修养 4. 有一定的表演力 5. 教学机制良好,课堂上应变能力和现场调节能力强	5
	板书 1. 字体工整 2. 板书设计与安排合理 3. 板书设计有艺术性 4. 板书对学生学习起促进作用	5
课堂氛围 (10分)	课堂氛围的宽松程度 1. 学生的人格受到尊重 2. 学生的讨论,对问题的回答、质疑等得到鼓励 3. 学习进程张弛有度	5
	课堂的气氛的融洽程度 1. 课堂气氛活跃、有序 2. 师生、生生交流平等、积极 3. 学生体验到学习和成功的愉悦 4. 学生有进一步学习的愿望	5
学生参与 (10分)	学生参与活动的态度 1. 对问题情境给予关注,参与活动积极主动 2. 能按要求正确操作 3. 能够倾听、协作、分享	5
	学生参与活动的广度和深度 1. 参与学习活动的人数较多 2. 参与学习活动的方式多样 3. 参与学习活动的时间充足 4. 学生能提出有意义的问题或能发表个人见解	5

评价项目	评价标准	分值
课件的使用 （15分）	1. 课件的内容选择和表现策略与教学目标一致,课件素材及演示手段优化	3
	2. 课件有利于实现学生对新语言知识的顺应,更新或重建学生对语言的认知结构	3
	3. 课件演示信息量适度,课件运行快捷、操作简单、灵活、可靠,兼容性强	3
	4. 课件画面布局重点突出;课件画面色彩柔和,搭配合理;声音和动作搭配流畅和谐	3
	5. 能把握好课件使用的时机;趣味性强,减少学生学习的心理压力	3
问题反馈 （5分）	1. 鼓励、引导 2. 换其他学生回答 3. 教师自己指正（合理） 4. 进行解释和说明 5. 由学生评价,或由同伴补充完善 6. 最终明确正确解答	5

• 初中英语"少教多学"课堂教学模式

教学模式	教学环节		解读要求
	读前热身		1. Daily report（每日话题演讲,与课文相关）、英文歌曲 2. 课文背景介绍、课前调查、问卷调查 3. 实物图片直观导入、热门或趣味话题讨论、故事、影视音乐、游戏、简笔画、投影、图表、网络视频等 4. 联系插图和标题,设疑、悬念导入,温旧引新 5. 校园新鲜事件、新闻、时事讨论等 6. 典型问题与困惑分析 7. 头脑风暴 8. 现场表演、英文小剧、师生对话、角色扮演
思考阶段 精心设问 充分阅读 理解文本 提高技能	设问引导 自主阅读 独立思考	着眼细节 从表层到深层	1. 抓住关键细节设问,引导略读、找读、细读文本,完成表格、判断正误、回答问题、列出提纲等 2. 实问:指向教学目标、重难点 3. 巧问:层次分明、梯度明显、步步深入、环环相扣,课堂结构严谨,问题由课内向课外延伸 4. 细读方法:理解段落内容、分析句子结构与词汇、听录音等,增加语言储备,增强使用语言的能力 5. 阅读技能训练:猜测生词词义,语篇结构分析,预测、推理判断、概括语篇的主旨大意,了解作者的意图、态度、观点等

教学模式	教学环节		解读要求
思考阶段 精心设问 充分阅读 理解文本 提高技能	设问引导 自主阅读 独立思考	纲举目张 从局部到整体	1. 根据文体特点，找读重点细节性信息后，通过提问，提纲挈领地引导关注整体框架 2. 整体把握文章内容，理清行文脉络，提高辨别和理解文章结构和逻辑关系的能力 3. 引导思维，从关注文章局部转向关注文中观点的组织结构，系统而全面地理解文本
		关注语用 从文字到文化	1. 在指导学生对阅读文本进行整体理解的同时，帮助学生解决语言知识方面的问题，正确理解词句意义，精讲阅读文本中的语言基础知识 2. 进一步增强学生的跨文化交际意识，增进他们跨文化理解的能力，指导学生精读 3. 透过文字，谋求在文化上立意。引导领悟、感受文字信息传递的文化信息
		开放思维 从理解到评价	1. 培养语篇理解能力，充分挖掘文本中的可评价性因素，引导学生对文中出现的人和事、作者表达的观点和态度等做出评价，发展批判性思维能力 2. 评价性问题：鼓励学生从个人独特的视角看待问题，各抒己见，使课堂呈现开放多维的状态
讨论阶段 充分讨论 集思广益 取长补短 合作交流	结对分组 交换看法 组内讨论	科学的混合分组	1. 分组方式以"组间同质、组内异质"为原则，按英语语言综合水平、个性特征、兴趣爱好、性别等分成异质学习小组，每个小组包括学习水平高、中、低各个层次的学生 2. 分组人数：四人
		灵活的座位	学生面对教室的侧面就座，各个组员两两相对编排
		明确的角色分工	任务分割、结果整合、分配角色、分享领导 分组长、记录员、报告员、计时员
		合理的时间分配	留给学生充足的时间开展小组讨论，在设计教学时根据学生的能力水平和问题的难易程度预留充足的时间以确保完成教学任务、达成教学目标
		综合的技能培养	小组讨论培养学生多方面的合作技能：仔细聆听、适时打断、征求意见、表示赞同、礼貌地提出异议、鼓励他人、称赞他人、感谢他人、劝说他人、提出建议、陈述理由、提供例证、检查别人是否理解、征求反馈意见、总结观点等
		适时的教师干预	教师深入各小组，指导监督，适时干预、点拨、督促、鼓励积极参与讨论。介入讨论适时适度，指令性语言要简明扼要，避免打断学生的讨论，关注每个小组所有学生的行为表现

续表

教学模式	教学环节		解读要求
共享阶段 汇报讨论 发散思维 激励评价	代表发言 汇报成果 共享评估	正面激励	教师在评价讨论时注意发挥评价的正面激励作用
		综合评价	教师对讨论情况的评价是对语用、思维和合作等方面的综合评价
		评价方式多维度	师评、自评、互评,体现对课堂语言活动的形成性评价,使评价促进学生积极主动参与学习。同时,提高教学活动的实效性,以巩固阅读教学的成果
		参与学习活动自评	1. 参与 5分=很好 2. 倾听 4分=好 3. 交流 3分=较好 4. 合作 2分=不太好 5. 任务完成情况 0分=很不好
提升阶段		展示形式	1. 讲故事接力赛 2. 英语猜谜活动 3. 填字游戏 4. 竞猜游戏 5. 趣味句子传递 6. 看图说话,编故事 7. 趣味话题讨论、争议话题讨论、辩论赛等 8. 课文缺词填空、口头展示、板演 9. 英文短剧表演,角色体验 10. 相关话题的拓展延伸阅读,引导学生涉猎课外阅读材料 11. 英文海报制作,小报、英文小册子评比

◈ 高中英语"少教多学"课堂评价标准与模式

• 高中英语"少教多学"课堂评价标准

评价项目	评价指标	分值
教学目标 (10分)	1. 教学目标符合英语课程标准的要求和授课班级学生的实际情况	2
	2. 抓住教材的核心内容,突出教学重点,解决难点;体现教师的教育思想和教学理念,注重对学生情感态度、学习方法和价值观等的培养	5
	3. 每步骤、每环节的教学目标具体明确,可操作性强	3

续表

评价项目	评价指标	分值
教师教学行为（40分）	1. 围绕目标设计教学内容,能创造性地整合教材,为学生提供充足适用的学习资源	3
	2. 导入生动新颖,简捷有效,能激发学生学习英语的兴趣,激活学生的英语背景知识	2
	3. 教学环节紧凑、逻辑性强,指令性语言清晰,过渡自然	5
	4. 教学方法得当,注重语言运用能力的培养。关注学生的表现,及时反馈,适时调整	10
	5. 课堂活动的设计形式多样、层次丰富,学生的参与面广;提问和讨论能给予学生足够的思考空间。评价方式多样化、个性化,激发学生的学习兴趣和自信心	10
	6. 课堂教学的容量、深度和难度的把握适合本班学生水平	5
	7. 课后作业布置适量,注意学生的层次性	5
学生学习状态（30分）	1. 师生互动充分和谐,学生参与积极主动,学生的主体地位突出	5
	2. 学生在小组活动中乐于合作,学会倾听,用英语交流或完成任务	5
	3. 学生思维活跃,主动表达意见和表现自我	5
	4. 学生善于发现问题,敢于提出问题	5
	5. 学生语言输出质量高	5
	6. 课堂气氛宽松、融洽、活跃、有序	5
教学效果（10分）	1. 大多数学生能达到预定的教学目标,不同层次的学生都能有所收获,体验到成功感和喜悦感,自信指数提高	5
	2. 学生能运用所学知识解决问题或运用媒体资源拓展学习内容	5
教师素养（10分）	1. 教师语音准确、语调自然流畅,语言规范精练,能熟练、恰当地使用英语组织教学	3
	2. 教态自然大方,富有感染力,教学有特色	5
	3. 教学基本功扎实,教学技巧娴熟,板书规范得当	2

• 高中英语"少教多学"课堂教学模式

一个理念:让学生主体参与,培养其创造性思维

让主体参与,培养学生的创造性思维,是以学生自主活动的方式把学生所要掌握的知识经验自主组织起来的一种教学理念。它最终使学生通过自主活动获得经验,对自身知识结构进行更新,从而实现自主创新。这是符合语言习得的规律的。

在"主体参与,培养创造性思维"的理念引领下,教学过程不再是"授—受"过程,而是"教师的激励—学生的主体性发挥—英语素质的自主发展"过程,因而我们十分重视教师与学生间的和谐交往,学生生动活泼的学习以及师生主体性的共同发挥。课堂教学中强调学生的主体参与是为了让学生有自我教育、自主学习的心向,然后再培养学生在活动中的自主创新意识。在课堂教学中,坚持学生学习活动的历史社会性,主张在学生的学习活动中培养和激发学生富有社会意义的动机,反对单纯从学生的个人兴趣出发设计课堂教学,教学的内容与形式也不能仅限于学生的个人兴趣,而要进一步与社会生活保持联系,与语言本身的人文性保持一致。

三个目标:学生学习语言时的生动性、主动性、活动性

生动性即创设情境,让学生生动地学习;主动性在于激发兴趣,让学生主动地学习;活动性的目标是学生的互动交流频度高,让学生在活动中学习,引导学生乐学,促进学生英语素养的全面发展。

三动式的课堂教学目标希望让学生从原有的静听模式中走出来,让学生在课堂上"活"起来,让学生的内在能量释放出来,为学生主动参与教学过程提供广泛的可能性,使课堂成为师生的和谐家园。

七个环节:自我热身、复习导入、问题呈现、独立思考、小组合作、展示提升、巩固拓展

自我热身——课前三分钟演讲。让同学们迅速从汉语环境转换到英语环境并渐入佳境。

复习导入、问题呈现——热身环节的话题延续讨论,老师通过提出问题、图片、情境、表演、音乐等手段导入新课,激发学生的学习动机,并使其初步感知教学内容,为后一步做好准备。

独立思考——老师或者同学们提出问题之后,给予学生充足的时间进行独立思考,鼓励并激励学生发挥自我的主动性,培养自己的创新意识。

小组合作——教师将任务分配到小组,一般每组完成一项即可。每小组每轮次选择一位同学做记录整理,准备代表小组展示。

展示提升——各小组根据组内讨论情况,对本组的学习任务进行讲解、分析。之后,教师进行点评,注意学生的思辨能力、思维能力、口语能力等各方面的均衡发展。

巩固拓展——各小组根据本组的展示,设计巩固练习。

◆ 初中物理"少教多学"课堂评价标准与模式

• 初中物理"少教多学"课堂评价标准

评价内容		评价标准
教学目标	知识与技能	1. 能全面揭示本课的知识点,无知识性、科学性错误
		2. 具体明确,学生对知识把握程度符合课程标准的要求
		3. 对重点、难点、关键点认识到位
		4. 对学生的操作技能有明确要求,如要求学生会使用工具和仪器测物理量等
		5. 要求学生会用实验获取数据并得出实验结果
	过程与方法	1. 培养学生自学、读书和思考的习惯,有提出问题的能力
		2. 学生能提出探究课题,制订计划和方案,认识科学研究方法,进行信息收集和处理
		3. 从现象和实验中归纳规律,并能用之去解释问题
		4. 注重学生实践能力和创新能力、积极的自我体验与自我调控能力的培养
		5. 能进行智力训练,提高观察力、思维想象力等
	情感、态度、价值观	1. 注意激发学生的学习动机和学习兴趣
		2. 培养学生高尚的道德情操和健康的审美情趣,促其形成正确的价值观和积极的人生观
		3. 挖掘教材的思想性,对学生进行潜移默化的思想教育和科学思想方法的启蒙教育,使其养成实事求是的科学态度
		4. 发展学生健康的个性,乐于进行同学间的交流与合作
		5. 养成良好的意志品格,有奉献精神和使命感、责任感
教学内容		1. 能正确理解教材,善于利用、活用和开发教材,体现创造性,能正确处理教材,突出重点、突破难点、抓住关键
		2. 教学内容的选择要有利于实现教学目标,要适宜于不同层次学生的发展,要联系学生生活实际和已有的认知经验
		3. 要向学生准确无误地传授基础知识和基本技能,挖掘教材中素质教育的因素,在教学中不断推进素质教育;能针对学生的特点和思想实际,以潜移默化、熏陶感染的方式进行思想教育;要注重引导学生在反复实践中形成能力

续表

评价内容	评价标准
教学方式	1. 在教学过程中,学生的学习环境不局限于传统的教科书和教师,还包括实践活动、交流和自我评价等;学生的学习方式不局限于接受学习,还包括体验学习和探究学习等
	2. 提供充分的条件,创设适当的情境,让学生经历科学探究过程,让科学探究与物理知识的学习有机地结合起来,促进学生学习方式的转变
	3. 创设师生共同探讨的教学环境,支持学生的自主学习、合作学习,促进学生学会合作、学会学习
	4. 充分发挥实验的教育功能,把实验和探究结合起来,促进学生间的协作学习,培养学生尝试利用实验探求新知识和解决实际问题的意识和能力
	5. 引导学生应用物理知识解决实际问题,理解科学、技术和社会之间的关系,培养学生对个人和社会问题做出科学决策的能力
	6. 有效、合理地利用各种教育、教学手段,丰富学生的学习方式,优化教学过程
	7. 能根据学习进程创设必要的问题情境,并且始终组织、指导学生的学习活动
	8. 给予学生同等的活动、交流机会,鼓励学生和教师、学生与学生间的合作,在讨论中启发学生发表自己的意见
	9. 学生能采用多种方式学习,积极调动思维、情感
教学效果	1. 学生在学习物理知识,提高思维能力、探究能力和解决实际问题的能力方面的效果
	2. 教学环节的安排科学合理。教师能根据学习进程创设必要的问题情境,并且始终组织、指导学生的学习活动
	3. 采取灵活的教学方式。教师在指导学生学习的过程中促进师生互动,鼓励学生和教师、学生与学生间的合作,在讨论中启发学生发表意见
	4. 学生积极参与并主动学习,学习态度积极、兴趣浓郁;积极思考,大胆质疑,能提出独到见解,积极参与各种学习活动
	5. 学生体验到课堂中良好的人际关系及平等的合作氛围
	6. 学生对科学探究过程的体验。学生亲身经历科学探究过程,体验其中的思想方法、科学精神和科学态度

• 初中物理"少教多学"课堂教学模式

教学环节	内容提要	基本要求
创设情境	创设符合教学内容要求的情境,激发学生的学习兴趣,帮助学生形成学习动机。具体可利用故事、音频、视频、活动、设问等手段	1. 情境的设置必须以学生已有的认知基础为背景,必须有利于学生对所学内容进行意义建构 2. 问题的设计必须落在学生的最近发展区

教学环节	内容提要	基本要求
师生协作	引导学生用探索法、发现法去主动搜集并分析有关信息和资料,对所学内容提出各种假设并努力加以验证。引导的方法包括:提出适当的问题引起学生思考和讨论;在讨论中设法把问题一步步引向深入,加深学生对所学内容的理解;启发学生自己去发现规律、自己去纠正和补充错误的或片面的认识	1. 对学生:行为上分工明确,相互协作;思维上相互借鉴,相互发展 2. 对教师:提示新旧知识之间联系的线索,发现学生中的思维火花,帮助学生排除在学习过程中的障碍,引导学生的思维走向深入
相互会话	学生通过会话商讨,完成规定的学习任务。在此过程中,每个学习者的思维成果(智慧)应为整个学习群体所共享	1. 对学生:多维、双向、对等 2. 对教师:等待、倾听、鉴赏
意义建构	帮助学生对当前学习内容所反映事物的性质、规律以及该事物与其他事物之间的内在联系达到较深刻的理解	评价学生获得知识的多少取决于学生根据自身经验去建构有关知识的能力,而不取决于学生记忆和背诵教师所授内容的能力

◆ 高中物理"少教多学"课堂评价标准与模式

• 高中物理"少教多学"课堂评价标准

一级指标	二级指标	权重		具体内容
关注学生	全员参与	8	1	关注每一位学生,不同层次的学生均有参与的机会
			2	能让每位学生形动、心动、神动
	全程参与	8	3	教学过程中能留足让学生发现问题、解决问题的时间
			4	能将复杂问题分解成简单问题让学生讨论
			5	让学生的思维一直处于活跃状态
	主动参与	8	6	学生主动参与,积极发言
			7	学生精神振奋,精力集中,认真笔记,耐心细致
	深度参与	8	8	学生有效参与,深入思考
			9	真正讨论,真实对话,自由叙述,大胆质疑

续表

一级指标	二级指标	权重		具体内容
方法科学	情境设计	6	1	真实、有意义,基于学生的经验或能被学生理解
			2	丰富且有层次,有利于引导学生经历物理学习的过程
			3	有针对性地帮助学生学会物理思维的方法
			4	新颖地、有挑战性地激励学生创造性地解决问题
	问题设计	8	5	问题设计有开放性,创设适宜的教学情境激发学生的求知欲望
			6	问题设计有探索性,问题串设计科学合理
			7	课堂活动有趣高效,紧扣课标
	活动设计	6	8	实验探究科学、简洁,有创新,现象明显
			9	学生有参与动手的机会
			10	实验能很好地促进概念和规律的形成或让学生加深对概念和规律的理解
			11	实验操作规范,数据处理科学合理
			12	理论探究设计科学合理
	教法学法	8	13	教法新颖独到、灵活有效
			14	讲练有机结合,指导学法
			15	课堂评价多元精当,师生平等对话
			16	教学语言科学严谨,比喻、类比恰当,板书科学规范
生动高效	精神饱满	10	1	教师精神振奋饱满,充满激情
			2	教师语言幽默风趣,精练生动
			3	课堂气氛民主活跃,调控有度
			4	学生在课堂上心情舒畅,有安全的学习环境
	过程起伏	10	5	教学环节安排合理、层次清楚
			6	教学过程跌宕起伏,组织有序
			7	板书设计合理规范,简明实用
			8	能艺术地暴露学生的认知错误,并及时加以解决
			9	发现学生思维的闪光点,并及时给予鼓励
	成效显著	20	10	教学目标有效达成
			11	各层次学生均有收获和提高
			12	师生有愉悦感、满足感和成就感
			13	课堂的信息量和思维量充分

(一级指标"方法科学"权重28,"生动高效"权重40)

• 高中物理"少教多学"课堂教学模式

模式分类	适用课型	理论基础	操作程序	说明
学习环模式	概念课、规律课	教育哲学：人本主义 心理学：建构主义 教育学：探究式教学	情境→问题→活动→反思	学习环模式是一种以教导学模式，又称 Learning Cycle 模式，简称 LC 模式。问题设计策略有： 1. 问题簇 2. 问题链 学习环模式是一种以学习为中心的教学模式，是一种教师指导下的探究式教学
研究会模式	复习课、习题课、试卷讲评	教育哲学：人本主义 心理学：建构主义 教育学：探究式教学	开场→演讲→研讨→反思	研究会模式是一种以学定教模式，又称 Seminar 模式，费孝通老先生称之为席明纳，在英文词典里的意思是"A small group of advanced students in a college or graduate school engaged in original research or intensive study under the guidance of a professor who meets regularly with them to discuss their reports and findings."。汉语意思为："研究班学院或研究生院中在教授的指导下，从事开创性研究或深入学习的一小群先进的学生，教授定期与他们讨论他们的报告和发现。"即人们常说的大学研究班、研究讨论会。 学习环模式是一种以学习为中心的教学模式，是一种教师指导下的研究型教学

◇ 化学"少教多学"课堂评价标准与模式

• 化学"少教多学"课堂评价标准

一级指标	二级指标	具体内容
学生学的 行为(学得 自主、轻松, 会学、会学)	学习的情感 主要通过观察学生的情感 状态来评价学生是否想 学、愿学,是否学得轻松	1. 学习的兴趣是否浓厚,动机是否强烈 2. 学习氛围是否和谐 3. 主动、积极参与学习的广度如何
	学习的活动 主要通过对学习活动的 观察来评价学生是否学 得自主、能否交往互动	1. 自主地进行阅读、实验、练习,自我探究等学习 2. 组内、组间的讨论交流是否积极主动 3. 参与师生互动学习是否积极主动
	学习的方法 主要通过观察是否根据 化学学科的特点及规律 进行学习来评价学生是 否会学	1. 化学学科学习方法与规律的应用 2. 科学的学习方法的应用 3. 自我监控、自我反思、自我调整
	学习的效果 主要通过观察学生学习 活动的有效性来评价学 生是否学会	1. 能否有效开展学习活动,学习活动过程中能否 有效建构化学知识、掌握技能 2. 学生获得积极情感体验的深度与广度 3. 学习活动中学生的质疑、求异、批判性等
教师教的 行为(应促 进学生学 的行为)	学习情感的激励 是否有激励学生积极主 动、轻松愉快地学习的 行为	1. 能否激励学生的学习动机、兴趣 2. 能否创设愉悦的学习情境 3. 能否营造平等和谐的教学氛围
	教学活动的组织 教学方法的应用和教学 活动的组织是否有利于 学生自主、主动学习,有 利于学生知识、技能的建 构和积极的情感体验	1. 有效的自主学习、接受学习等教学方法及其优 化组合 2. 教学方法适应于相应教学内容与学生 3. 教学活动有序,课堂活跃、生动,教学资源有 保证 4. 问题设计有梯度、有思考价值;问题情境的创设 能与化学现象、化学事件或者学生的生活经验 相结合

一级指标	二级指标	具体内容
教师教的行为(应促进学生学的行为)	学习方法的指导 教师对学生学习方法的指导	1. 对学生进行化学学习方法、规律的应用指导,帮助学生建立研究化学的思路 2. 对学生进行自主学习、合作学习的指导,引导学生在实验探究中调用多种感官观察获取信息并进行深入分析与加工处理的能力 3. 对学生进行学习过程中自我调控的方法指导
	课堂教学资源的开发与利用 课堂教学资源的组合,生成性教学资源的利用情况	1. 有效运用各种教学媒体,发挥多媒体的再现功能、集成功能和虚拟功能 2. 对学生质疑求异、情感表现等生成性教学资源的组织与利用恰当,有重组课堂教学资源的随堂机智等 3. 根据学校硬件和教学情况,对教材中的实验进行改造,发掘实验探究功能
	教学素养 化学教学技能与教学艺术	1. 化学用语、演示、实验操作、板书等化学教学基本功扎实 2. 具有化学教学艺术
教学内容(有利于学生自我建构、促进学生发展的内容)	教学内容的建构性 教学内容是否有利于学生知识意义的建构,是否有利于学生"前概念"的转变	1. 教学从学生已有知识水平和学习生活经验出发 2. 教学内容突出化学学科特点,能突出化学实验、STS等内容 3. 教学内容保证教学重点、难点的突破
	教学内容的适合性 教学内容是否适合不同层次学生及有利于学生的全面发展	1. 教学内容的容量、深广度适合不同层次学生的需要,教学内容依据课程标准,不随意提高教学难度 2. 教学内容有利于学生全面发展,体现智力与非智力因素的培养 3. 教学内容价值定位准确无科学性错误
教学目标(主要通过过程性评价和表现性评价来评价教学目标实现的全面性和全体性)	教学目标实现的全面性 主要通过观察学生在知识与技能、过程与方法、情感态度与价值观等方面的行为表现来评价	1. 知识、能力、理智技能目标的实现 2. 动作技能(如化学实验操作技能)目标的实现 3. 通过过程而获得经验、情感、态度与价值观等目标的实现
	教学目标实现的全体性 主要通过观察不同层次学生的学习行为、教师教的全体性行为来评价	1. 不同层次的学生都有不同程度的发展,主要表现在不同层次的答问、练习等 2. 促进学生的个性、特长发展 3. 课堂活跃,学生参与度高

• 化学"少教多学"课堂教学模式

一、化学基本概念和原理课教学模式

化学基本概念和原理课教学模式的结构可用方框图表示如下：

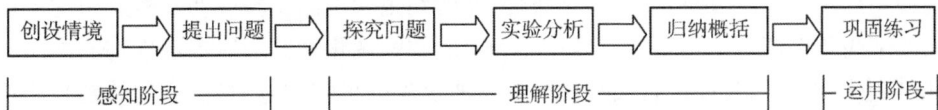

化学基本概念和原理课教学模式包含"感知—理解—运用"三个教学程序及"创设情境"等六个教学环节。

（一）感知阶段

提供尽可能充足的化学事实（实验、标本、模型或数据图表等），帮助学生建立概念。该教学程序主要包括创设情境、提出问题两个教学环节。

1. 创设情境

① 用展示图表、模型、实物或投影、演示实验或根据教材内容和教学需要设计一些新的实验等手段，向学生提供鲜明的感性材料，激发学生的学习兴趣，唤起学生注意。

② 用生产生活中的实际问题说明所学新知识的重要性，激发学生学习的欲望和自觉性。

③ 以化学史和科学家的感人事例为素材，使学生产生学习新知识的动机或意向。

④ 通过对已学知识的小结或复习，激发学生的思维，引导学生积极思考。

化学基本概念和原理的抽象性是导致学生学习化学心理障碍的重要原因。教学中，教师要充满激情，通过语言、表情、体态动作和示范，并结合演示实验和其他教学手段，创设探究问题、激发思维的教学情境，促使学生主动地探究知识，成为教学过程中的主人。

2. 提出问题

在创设情境的基础上，教师要根据教学目的和学生的实际，提出要解决的主要问题。目的是进一步激发学生探讨和解决问题的动机，明确思维的方向，进入教学的主要阶段。

（二）理解阶段

理解，一般指懂得教材中所述的概念和原理，并能把握其实质。理解这一教学程序包括探究问题、实验分析、归纳概括三个主要的教学环节。

1. 探究问题

探究问题是引导学生学习概念与原理的关键环节。教师可以根据问题的性

质,组织学生阅读教材,观察、分析实验现象,或进行充分的讨论,对比分析问题的性质,弄清概念与原理的内容、属性、条件等,从本质上理解把握概念。

准确地理解化学概念是探究问题的基本方法。概念是通过词组和语句来定义的,教师要运用准确、严密的语言讲授化学概念,突出定义中那些重要而又易被忽视的关键字、词和构成概念的特定条件,及时纠正学生因省略或变换概念中的关键词或某些条件产生的错误;在讲解定义时,既要强调化学概念所揭示事物的本质属性(概念的内涵),又要结合实例说明概念所反映的事物的范围(概念的外延),通过尝试分析忽略定义中某一关键字或词,将导致对概念的错误理解,要求学生注意定义表述的严密性和科学性的同时,还应考虑到概念的发展,讲解时要有一定的灵活性。

2. 实验分析

实验分析就是针对所学概念、原理的重点、难点、疑点设计实验,组织学生对实验现象进行观察、分析,使学生在解决实际问题中学会学习,进一步激发学生学习的兴趣。

3. 归纳概括

归纳概括是将探究得到的个别的、具体的感性材料和结论,经过分析、综合,纳入知识结构的框架之中,使获得的知识系统化,形成理性认识和知识规律。同时,使所获得的技能进一步熟练,形成技巧。

教学中,还可通过实验、讨论、练习等师生活动,引导学生进行"对比"归纳、"分类"归纳、"技能技巧"归纳。及时地进行总结归纳,有助于准确理解、掌握概念和原理,使学生逐步学会科学的学习方法。

(三) 运用阶段

在初步建立概念的基础上,及时通过概念的运用,巩固概念,并在后续学习中发展概念。

二、元素化合物知识的教学模式

元素化合物知识的教学模式的结构可用方框图表示如下:

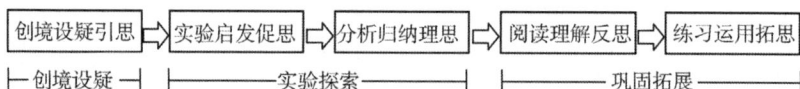

创境设疑引思	→	实验启发促思	→	分析归纳理思	→	阅读理解反思	→	练习运用拓思
├─ 创境设疑 ─┤		├──── 实验探索 ────┤				├──── 巩固拓展 ────┤		

(一) 创境设疑

创境设疑是教学的启动阶段,这一教学程序的主要教学环节是创境设疑引思。该环节的教学目的是为学生的思维活动创造条件。教师应围绕教学目标,用发人深省的问题,新、奇、趣的实验或有趣的化学史、生产生活趣闻、科学家轶事或典型习题乃至实物、投影、录像、录音等手段或方法,给学生以强烈的刺激,一方面驱走学生头脑中的种种干扰信息,迅速吸引和集中学生注意力到课题上来;另一方面激发学生的学习兴趣和求知欲望,营造愉快的求知氛围,启动学生的内在学习动力。

(二)实验探索

实验探索包括实验启发促思、分析归纳理思两个主要教学环节,是教学的主体部分。

1. 实验启发促思

学生按照教师的设计和安排,主动参与实验,观察实验现象(包括学生自己做和老师演示的实验),边观察、边记录、边思考,捕获反映物质性质、制法和用途的各种信息,尽可能获得认识物质的第一手感性材料。教师一方面演示某些实验,另一方面指导学生进行实验操作,并引导学生学会观察,同时鼓励和启发学生根据实验现象提出自己的问题和见解,哪怕是不完善的问题甚至错误的见解,也比被动地回答教师的提问更有意义。当学生提不出问题或与教学内容相关的重要问题尚未提及时,教师应主动挑起学生认识上的矛盾,引导学生于不疑处生疑。随着实验的进行,让全体学生参加议论和讨论,对于那些不习惯在全班当众发言的学生,应注意给他发言的机会或进行个别交谈,使老师与学生、学生与学生在讨论实验现象中相互启发、相互质疑解难,及时进行信息交流与反馈,分享成功的喜悦。使学生的思维被充分激活从而产生联想,发现新知。

本环节的师生活动是:教师演示指导,启发激疑;学生实验观察,提问质疑。

2. 分析归纳理思

该环节通常在"实验启发促思"之后,但在课堂的实际运作中,也没有严格的划分,两个环节经常交织在一起。在"实验启发促思"环节中,有对实验现象的分析,但必须指出:学生在完成实验的基础上对局部的具体知识虽有初步认识,这种认识是片面的、零碎的、非本质的,思维活动仍处于经验型,获得的认识缺乏深刻性、条理性和系统性。"分析归纳理思"则是教师根据教学目标,紧扣教材的中心内容,对学生提出的疑问进行整理,选择有助于理解和掌握教材的重点问题,引导学生进行分析讨论,深入探讨产生现象的本质原因和规律;同时站在教材整体的角度,与学生一道归纳总结,揭示元素化合物知识的内在联系和规律,并与概念原理挂钩,促进学生的思维由经验型向理论型过渡,促使学生的认识升华。

本环节的师生活动是:教师组织讨论,辅导解疑,牵引思路;学生分析讨论,释疑归纳,理清思路。

(三)巩固拓展

巩固拓展包括阅读理解反思、练习运用拓思两个主要教学环节。

1. 阅读理解反思

元素化合物知识本身较为繁杂,虽然也有其内在联系和固有的规律,但与概念原理相比,说理成分少,记忆成分多。实验探索后,教师一般还须指导学生阅读课文,引导他们回忆、复述、理解、查补知识漏缺,整理知识结构,通过反思加深知识的印象和记忆,加速知识的内化进程,培养学生的自学能力。指导学生阅读必须注意以下几点:

① 带着问题阅读,使理解更准确、更深刻,逐步揭示物质的物理性质、组成、结构、化学性质、用途、存在、制法等之间的内在联系。

② 注意阅读实验描述,化学符号以及各种图、表、注解、附录等,务求读懂弄通。

③ 阅读跟动手、动笔相结合,要配合书写化学式、化学方程式,用笔勾画、圈点、写眉批、做摘记,有时还要动手查找有关资料、数据来核对。

④ 抓住重点,浏览、通读、精读相结合,通常是浏览、通读、精读依次进行。但在通读中可对某些重点内容进行精读,精读时或精读后常常还要进行浏览或通读。

⑤ 阅读完后及时反思,在理解基础上努力记住物质的组成、结构、性质的特点及重要的化学反应,实验现象、用途等。归纳整理力求用简明、形象、生动的方式表达,图表是一种常用的形式,如某元素或化合物的知识结构图,物质性质比较表、物质衍变(或转化)关系图、化学变化关系图等。引导学生自己绘制这种图表的过程也是学生积极思维,进行概括和总结的过程,其效果比照抄教师或参考资料上现成的好得多。

本环节的师生活动是:教师提出要求,指导阅读;学生读书回忆,加深理解。

2. 练习运用拓思

练习运用旨在巩固提高,是教师设计一些问题或思考题,指导学生运用所学知识分析解决一些具体问题的过程,也是学情反馈和检验教学效果的主要手段和途径。学生通过练习,一方面加深了对知识的消化和理解,另一方面也使掌握的知识在新情景中发生迁移,从而使思维得到拓展,促使知识向能力转化,提高分析问题、解决问题的能力。元素化合物知识的习题应注意多样性、广泛性,如:对实验现象的分析,化学用语的读、写、应用,物质性质与用途、组成,结构与性质等因果关系的判断,化学知识解决生产生活实际问题的实例,物质推断题等。设计的习题既要强调基础性,又要注意灵活性,既要注意紧扣教材中心内容,又要有一定的辐射和拓展。练习的方式可口头、笔头相结合,也可进行实验;全班做、分组做、个别做,形式多样,还可采用分组竞赛的办法,以调动学生的积极性,活跃课堂气氛。"基本题"——全班学生都要能做,使全体学生练有所得;"提高题"——学有余力的学生都能做,让这部分学生的爱好和特点得到发展。

本节的师生活动是:教师布置练习并进行点拨和评价;学生思考练习,探究问题拓展知识,必要时还要开展讨论。

三、化学用语、实验操作、化学计算课教学模式

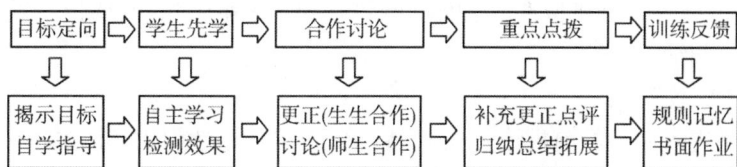

目标定向	⇒	学生先学	⇒	合作讨论	⇒	重点点拨	⇒	训练反馈
⇓		⇓		⇓		⇓		⇓
揭示目标 自学指导		自主学习 检测效果	⇒	更正(生生合作) 讨论(师生合作)	⇒	补充更正点评 归纳总结拓展	⇒	规则记忆 书面作业

（一）目标定向环节

该环节包括三项内容：板书课题，揭示目标，自学指导。

1. 板书课题

包括导入和板书课题两部分内容。

2. 揭示目标

包括知识目标、能力目标和情感态度价值观目标。

知识目标指的是学生在本节课上必须掌握的学科知识点。

3. 出示自学指导

学生的自学要以教师有效的指导为前提。教师指导不当，自学就会无序、无效，甚至误入歧途。

教师的有效指导要体现"五个明确"，即明确自学时间、自学内容、自学方法、自学要达到的标准、教师检测的方法及要求。

（二）"先学"环节

先学分为两步：第一步，学生读书或看书；第二步，教师检测自学效果。

1. 学生读书或看书（自主学习）

"先学"，是学生按照自学指导，从读书开始的自主学习。边读书边思考，看懂例题，还要能做与例题类似的题。教师此时的任务主要有两项：一是组织教学，确保人人专心自学；二是了解学情，发现问题，为检测做准备。

2. 检测自学效果

教师要精心设计检测题。检测题重在检查自学效果，基础性较强。教师要让学生在读书、做题的实践中加深对教材的理解。检测题的目的、作用主要有两个：一是了解学生对规则的理解和掌握情况；二是了解学生是不是真正看懂了例题，会不会模仿例题做题。

操作要领：

① 检测题实际上就是例题的变形，其题型、难度应与例题相当，题量不宜过大，一般以两三道为宜。

② 检测题要紧扣教材，尤其要用好课后题。课后题一般可以分为两类：一类是与例题类似的难度较小的题，这类题可以当检测题用；另一类是综合性较强的、需要

联系和运用过去学过的旧知识才能做的题,这类题可以作为当堂训练的作业用。

③ 检测题要具有典型性、代表性,既要有利于了解学情,又要便于教师由个别到一般总结归纳。

(三)"后教"环节

检测是进入后教的前提或桥梁。"后教"并不全是教师讲,而是在教师指导之下的"兵教兵"的教学过程。是学生与学生、教师与学生之间互动式的合作学习。它可以分为两步:一是更正;二是讨论。

1. 更正(生生合作)

学生做完检测题以后,教师要及时指导学生观察台上学生的板演,教会学生观察的方法:一看思路,二看方法,三看步骤,四看结果,五看规范。从这五个方面看有无问题,准备参与更正或讨论。教师应启发尽量多的学生上台更正。

2. 讨论(生生合作、师生合作)

学生合作学习的方式除了更正以外,还有同桌讨论、小组讨论和全班讨论三种。凡是学生能正确解答的问题,就不用再浪费时间。学生不能更正的问题,难度小的组织学生同桌讨论,会的教不会的;难度大的问题组织小组讨论,提高讨论质量;小组讨论不能解决的问题,再组织全班讨论,各小组发表意见。全班讨论仍然不能解决的问题,就需要教师参与讨论,师生合作学习。教师参与讨论,引导学生各抒己见,让学生自己得出结论,教师帮助归纳总结,并及时把结论板书出来,让学生当堂记忆,进一步加深对所学知识的理解,最终形成运用所学知识去分析问题,解决问题的能力。从理论上来讲,全班有一个学生能解答,教师就不要急于讲。教师要退到最后一步,充分发挥学生的自学能力和互助合作精神,要把解决问题的主动权真正交给学生。

① 学生更正后,教师要做到三个明确:

明确教的内容。教的内容应该是学生自学后还不能掌握的地方,即自学中暴露出来的主要的疑难问题或练习中的错误,对学生通过自学已经掌握的,坚决不教。对个别或极少数学生知识回生的问题,可以个别指导。

明确教的方式。广泛推行一种"兵教兵"的教学方式,就是让通过自学已经学会的学生去教那些还没有学会的学生。教的顺序:一般先引导学生更正,尽可能让较多的学生一次又一次的更正,再引导大家讨论弄懂为什么。同学间可以相互质疑、讨论,最后教师作出评价。一般给予更正、补充、评点。

明确教的要求。教师不能就题讲题、只找答案,而是要引导学生寻找出规律,真正让学生既知其然又知其所以然,帮助学生归纳上升为理论,引导学生预防运用时可能出现的错误,这就从理论到实践架起了一座桥梁,避免学生走弯路。

② "后教"这个环节,教师一定要耐心地让学生"兵教兵",错了的,尽可能地让

较多的学生一次又一次更正,教师不轻易表态;讨论时尽可能让大家畅所欲言,说个够。这样,教师就真正讲得少了,学生也真正动脑了,效果肯定会好。教师切切不可因一人回答了,不管对否,就迫不及待滔滔不绝地讲。这样,学生的更正、讨论就会流于形式。学生并没有真正动脑,效果会不理想。

（四）"训练反馈"环节

"当堂训练反馈"是指运用所学知识,当堂完成作业。其目的有二:一是检测每位学生是否都当堂达到了教学目标,做到"堂堂清"。二是引导学生通过练习把知识转化为解决实际问题的能力。

训练的内容包括两方面:一是记忆规则,二是完成书面作业题。

◇ 生物"少教多学"课堂评价标准与模式

• 生物"少教多学"课堂评价标准

一级指标	二级指标	具体要素
教学目标 （20分）	知识与技能 （10分）	目标明确、重点突出、内容恰当,符合课程标准要求
	过程与方法 （5分）	设计合理,体现学生主体地位,引导学生发现规律;符合学生认知规律
	情感态度、价值观 （5分）	重视自主学习习惯的养成,能有效地引导学生正确认识生物学科的价值,寓思想教育于教学之中
教学过程 （50分）	问题、情境 （10分）	围绕目标创设适当情境或提出能激发学生思维的问题
	师生互动 （10分）	师生平等对话、沟通,思维有碰撞,情感有交流,能充分利用教材、科技新成果等信息材料,引导学生发现规律、结论。教师引导学生利用物理化学知识或方法解决生物学科问题
	自主探究展示 （20分）	体现学生主体,学生思维要有空间、时间,要善于暴露学生的思维过程,学生有表达、质疑和展示的过程
	归纳提炼 （10分）	所学知识的总结,学科思想、方法的归纳、总结
教学效果 （20分）	目标达成 （10分）	基础知识与基础技能落实到位,课堂反馈效果良好
	课堂氛围 （5分）	课堂气氛活跃、有序,学生学习积极主动,思维活跃

一级指标	二级指标	具体要素
教学效果 （20分）	评价学生 （5分）	充分尊重学生人格，有激励和赞许的评价，激发学生学习的欲望；指出学生学习中存在的思维、思想问题，及时纠正
教学素养 （10分）	教学能力 （5分）	能正确运用专业语言、图表构建相关模型，有较强的组织、应变能力
	教学手段 （5分）	重视教学资源的开发利用，能有效整合信息技术，教学方法多样

• 生物"少教多学"课堂教学模式

新授课		
课堂结构	预设时间	基本要求
引入新课	约3分钟	从学生的生活实际、生活经验出发，或从事实、科技热点或新成果出发，或知识的建构基础出发，或以师生活动为背景，设置问题情境，提出问题，引发思考；也可从复习上节内容或学生作业中的问题入手，激发学生的学习热情和兴趣，引发学生思考，激发其求知欲，并能迅速引入主题
教学过程	约30分钟	对知识点采用模块化教学。不同模块的教学过程之间，教师采用恰当的过渡语连接，展现不同模块之间的知识联系，使课堂教学流畅。在课堂教学中，教师采用问题化设计，引导学生自主学习或合作交流。教师要认真组织学生完成教材中的探究活动，如实验、研究性学习等，还应设计一些学习活动，激发并维持学生的学习兴趣，培养学生主动探究的习惯和能力。在学生主动构建知识的过程中，教师通过设问或课件、演示实验、实物展示等方式对疑难问题进行适时点拨指导。教师对学生的自主学习要进行及时、恰当的评价、激励
巩固反馈	约7分钟	所选例题要与当堂课教学目标密切相关，具有典型性、针对性。课堂练习要有层次性，根据学生学习水平差异提出不同的训练要求。反馈的形式多样化、趣味化，覆盖面要宽。课堂反馈，可以逐个模块反馈，也可以完成新课学习后集中反馈。教师要根据课堂反馈情况，对教学进行适时调整
总结提升	约5分钟	课堂小结可以让学生自我小结，也可以由教师归纳完成。课堂小结的形式，可以是知识网络结构图示，也可以是思维导图，也可以是学生对学习过程、方法、结果与体验进行反思和小结。课堂小结能引起学生的思考，为今后的继续学习做铺垫。教师可提供与本节知识相关的教辅、专著或知识链接，便于学生的知识拓展

复习课		
课堂结构	预设时间	基本要求
复习导入	约2分钟	展示课堂复习的相关知识、目标及能力要求。介绍复习的重点和难点,以及学生学习过程中的易错点
知识梳理	约20分钟	把知识点的相关内容变成填充题,由学生当堂完成;对新课教学过程中的一些难点以及学生学习过程中的易错点,教师可采用一定的教学手段,如PPT、动画、实验、类比等教学方法加以突破;教师应该对知识点的记忆方法、理解关键等加以方法指导;对以往学生学习过程中的易错点加以分析,并适当点拨
达标训练	约15分钟	所选3~5道例题应与当堂课教学目标密切相关,具有典型性、针对性、层次性;题型多样化,如选择题、图文题、表格、坐标等相结合,培养学生获取信息的能力
能力提升	约8分钟	对相似的、易混淆的概念、知识进行类比,培养学生归纳总结的能力;注重知识点的前后联系,培养学生集中性思维和发散性思维;强调变式训练,锻炼学生逆向思维和知识的迁移能力

讲评课		
课堂结构	预设时间	基本要求
成绩分析	5分钟	介绍试卷得分率、均分等情况,重点介绍差错率高的考点、失分原因等
试卷讲评	35分钟	针对错误率高的题型进行分析,可以学生讲解,也可以教师点拨;注重题型变式训练,针对同一考点不同考法,或不同考点的同一思维过程进行训练
合作提升	5分钟	小范围纠错,学生相互讨论或咨询老师,对于个别同学的问题答疑解惑;错题相关知识点整理

◈ 政治"少教多学"课堂评价标准与模式

• 政治"少教多学"课堂评价标准(教师维度)

评价指标	权重	评价标准	参考观测点
教学目标	20	全面、准确、具体;关注学生差异	目标预设的依据是什么?是否设置了层次性的目标?是否适合该班学生的水平吗?
			预设的学习目标是怎样呈现的?呈现的方式和时机是否恰当?
			课堂有无生成新的学习目标?怎样处理新生成的目标?

评价指标	权重	评价标准	参考观测点
教学设计	25	学情了解全面，教材处理得当，环节设计合理	通过哪些方式(问卷/预习/提问/作业)了解学生的基础情况？
			怎样处理教材？采取了哪些策略(增/删/换/合)？
			容量和难度适合该班学生吗？怎样满足特殊学生的需要？
			教学环节是怎样构成(依据/逻辑关系/时间分配)的？
			教学环节是怎样围绕目标展开的？怎样促进学生学习的？
			有哪些证据(活动/衔接/步骤/创意)证明环节设计有特色？
教学组织	30	展示效果明显，指导及时巧妙，教学调整有效	讲解效果(清晰/结构/契合主题/简洁/语速/音量/节奏)怎样？
			板书、媒体、动作(实验/制作/示范动作)怎样呈现、设计的？
			怎样指导学生自主学习(阅读/作业/思考/活动)、合作学习(分工/讨论/活动/作业)、探究学习(实验/课题研究/作业)的？
			怎样以问题驱动教学？怎样指导学生独立思考？怎样对待学生思考中的错误？如何实施学习方法的指导？
			提问的时机、对象、次数和问题的类型、结构、认知难度怎样？候答时间、理答方式、内容怎样？有哪些辅助方式？
			课堂中生成了哪些内容？怎样处理的？如何处理来自学生或情境的突发事件？教学设计有哪些调整,结果怎样？
			哪些环节体现了教师对学生学习的引领、提升作用？教师的引领、提升作用发挥得是否充分？
教学评价	15	评价方式多样,有激励性	检测学习目标所采用的主要评价方式有哪些？
			如何获取教/学过程中的评价信息(回答/作业/表情/举手)？
			如何利用所获得的评价信息(解释/反馈/改进建议)？
			评价是否主体多元、方式多样？是否注重激励性和发展性？
教学资源	10	合理选择、利用资源	预设哪些资源(师生/文本/实物/实验/多媒体)？效果如何？
			生成哪些资源(错误/回答/作业/作品)？怎样利用？
			向学生推荐哪些课外资源？可得到程度怎样？

• 政治"少教多学"课堂评价标准（学生维度）

评价指标	权重	评价标准	评价观测点
学习目标	10	目标全面、准确、具体	学生是否清楚学习目标？有多少学生清楚？
			学生是否认可学习目标？有多少学生认可？
学习准备	10	课前准备充分	课前做了哪些准备？有多少学生做了准备？
			怎样准备的（独立/合作/指导）？
			学困生在准备中有哪些困难？怎样解决的？
			准备的结果是怎样的（数量/深度/正确率）？
学习氛围	20	课堂气氛民主、平等、融洽、和谐,学生有充分的话语权	学生有没有表达个人意见的机会？
			学生愿意表达不同的意见吗？
			能充分表达自己的观点吗？
			错误的观点是否得到了应有的尊重？
学习方式	20	接受式学习与自主、合作、探究的学习方式相结合;学习方式合理、高效	接受式学习的时间有多少？是否过多？
			自主学习的时间有多少？是否充分？
			自主学习的方式有哪些（阅读/思考/练习/笔记/探究）？
			有哪些互动行为（提问/回答/讨论/合作/交流/展示）？
			互动的情况（人数/时间/对象/过程/结果）是怎样的？
			表现出了哪些学习习惯？
学习过程	20	学习态度积极、兴趣浓厚、精力集中,学习活动有序、高效、直接针对目标的达成	对学习内容有兴趣吗？有多少学生有兴趣？
			有多少学生在认真倾听老师的发言？倾听多长时间？
			有多少学生在认真倾听同学的发言？能复述、补充或纠正同学的发言吗？
			学生在倾听时有哪些辅助行为（笔记/查阅/回应）？有多少学生发生这些行为？
			有多少学生独立思考？思考的习惯怎样？
			完成每项学习任务的时间是否充分？是否体现出高效率？
			学习活动是围绕目标展开的吗？有没有背离目标的活动？
			哪些证据证明学习活动是有序有效的？
学习效果	20	目标达成度高	不同学生的学习需求得到满足了吗？
			课中哪些证据（发言/练习/展示）证明学习目标的达成？
			课后哪些证据（作业/抽测/谈话）证明学习目标的达成？

• 政治"少教多学"课堂教学模式（新授课）

课堂结构	内容提要	预设时间	基本要求
创设情境	结合课堂 5 分钟时事播报有机导入	5 分钟	在时事播报或对学生点评的内容中有机地导入新的课程学习内容，避免时事播报与教学内容脱节。情境的创设应该注意思辨性和趣味性
提出问题	1. 设置有效问题 2. 教师质疑点拨 3. 学生自主学习发现问题	与第三环节交叉进行	1. 问题提出后要保证学生有一定的时间与空间思考 2. 问题应关注层次性 3. 问题与问题之间注意衔接
师生研学	教师提出问题或启发学生质疑并共同探究	30 分钟	坚持学生作为问题探究的主体，必要时组织学生分组探究，教师应深入学生活动，适时点拨引导；科学使用评价语言批评或激励学生深入探究
训练巩固	1. 基础训练 2. 思维训练 3. 典型训练	8 分钟	根据教学内容的差异，选择不同的训练方式以突出本课重点，突破难点
总结提升	1. 归纳一课主体内容 2. 总结一课思维特点	2 分钟	主体内容归纳要形成知识结构，给学生以整体感；思维特点总结应伴随相应的训练

• 政治"少教多学"课堂教学模式（复习课）

课堂结构	内容提要	预设时间	基本要求
目标初解	呈现复习目标，并简要解读	3 分钟	明确展示复习目标，以及达标程度
构建联系	以目标展示中对知识技能的要求，构建目标间的内在联系，根据复习内容的需要以学生为主体进行建构	15 分钟	在教师启发、引导下，以学生为主体建构复习目标知识之间的联系，以实现让学生在联系中把握知识的目的
提炼精简	在联系的知识结构中提取核心观点作为知识联想的索引或记忆的重点	5 分钟	准确提取知识联系中的核心观点或主干知识，作为记忆的重点和知识联想的索引，教师应有意识地让学生归纳总结核心观点
思维拓展	以精巧简要的素材引导学生	10 分钟	思维训练的素材要有时效性、针对性、思辨性
针对训练	精心选择训练习题，注重针对性	12 分钟	训练习题的选择要精心、习题要经典，既要有知识含量，更要注重思维能力的培养，课后训练的习题要与课堂训练的习题保持连续性

• 政治"少教多学"课堂教学模式（讲评课）

课堂结构	内容提要	预设时间	基本要求
分析得失	概括性地评价测试情况，理性分析试卷得失	5分钟	对试卷中学生答题的状况进行理论性概括，并在讲评前进行分析，引导学生理性反思自己的解答情况
重点讲评	给学生充足的质疑提问的时间，并针对问题重点讲评学生存在的问题	20分钟	结合批改记录，利用典型错误，有针对性地讲评学生存在的问题，教师注意换位思考暴露解题思维过程，给学生共性的、规律性的思维方法和解答技能训练
归纳提炼	结合讲评内容归纳答案构成或思维角度，尽量让学生自己总结形成经验性的技能体验	10分钟	结合讲评内容归纳共性方法和思维规律，提炼答案基本构架，指导学生具体操作
矫正训练	针对主要问题，选择或编辑试题进行矫正训练	15分钟	注意知识的矫正，更关注能力和方法的矫正，并指导学生结合前述讲评与提炼，反思自身存在的答题问题
总结评价	总结答题易错方面，对学生发展状况进行总结	5分钟	总结矫正训练中的问题，对今后学习的方法进行指导

◈ 历史"少教多学"课堂评价标准与模式

• 历史"少教多学"课堂评价标准

一级指标	二级指标	具体内容	评分	权重
关注学生	态度积极	师生课前准备	2	32
		学生入课态度	2	
		教材勾画情况	2	
		学生笔记记录	2	
		学习检测反馈	3	
		全程态度总评	2	
	全员参与	课堂教学动静有序	2	
		学生学习情绪稳定	2	
		师生教学探究热烈	2	
		学生发言见解独到	2	
		学习有效习惯良好	2	

一级指标	二级指标	具体内容	评分	权重
关注学生	思维深入	深入思考，大胆质疑	3	32
		合作交流，认真求证	3	
		突破自我，追求卓越	3	
方法科学	目标明确	设计紧扣课标，三维明确	2	28
		教学符合班情，实际易用	3	
		讲授关注史感，注重人文	3	
	准备充分	教学重点强化，难点重剖析	4	
		教学容量适当，设问有梯度	2	
		教师关注全面，教学显分层	2	
	教法灵活	课堂学生主体地位明确	3	
		听说读写议练综合运用	3	
		多媒体辅助作用有凸现	3	
		精讲精练评价全面有效	3	
生动高效	精神饱满	学生精神振奋，心情愉悦	4	40
		教师激情授课，教态亲和	4	
		教师语速适中，语言流畅	4	
		评析关注主流，史论验证	4	
	过程起伏	导入能激趣，关注有新意	4	
		内容有整合，授课有高潮	4	
		讲读议练评，掌控由师定	4	
	成效显著	环节齐全，小结有体现	4	
		目标达成，师生显愉悦	4	
		反馈到位，作业重提升	4	

• 历史"少教多学"课堂教学模式

环节 课型	导入	师生互动	教学小结	当堂反馈
新授课	1. 通过提问或默写等形式复习回顾导入 2. 设置问题或以音乐、视频、图片、故事等形式创设情境导入新课	1. 精心设置问题，由浅入深，激活学生思维 2. 引导学生合作交流，质疑解惑 3. 学生积极探究，教师精讲点拨	1. 学生尝试总结所学内容 2. 教师帮助梳理知识结构与体系，突出重点	1. 精心选择适量练习，当堂完成 2. 教师及时讲评，注重思维训练与解题指导 3. 注重变式训练，学会举一反三

续表

环节 课型	导入	师生互动	教学小结	当堂反馈
复习课	1. 通过提问或默写等形式复习所学内容 2. 展示复习目标 3. 设置问题或情境导入	1. 精心设置问题，注意思维广度与深度 2. 注重知识内在与前后联系，引导学生自己归纳与总结 3. 注重同类问题的概括与提升，精讲精练，讲练结合	1. 学生尝试总结所学内容 2. 教师帮助梳理知识结构与体系，突出重点	1. 精心选择适量练习，当堂完成 2. 教师及时讲评，注重思维训练与解题指导 3. 注重变式训练，学会举一反三，归纳概括
试卷讲评课	1. 分析测试总体情况 2. 设置问题或情境导入新课	1. 注重知识内在与前后联系，忌就题讲题 2. 学生多讲，教师及时点评 3. 注重学法，重技巧与思路引领	1. 学生尝试总结所考内容，吸取经验教训，提升解题技巧 2. 教师帮助梳理相关知识结构与体系 3. 注重复习与解题规律性内容的总结与提升	1. 就试卷测试中存在问题进行配合练习，检测学习效果 2. 教师及时讲评，注重思维训练与解题指导 3. 注重变式训练，学会举一反三，注重归纳概括
习题练习课	1. 展示目标要求 2. 回顾建构知识体系	1. 筛选试题在规定时间内完成，训练解题速度和审题能力 2. 教师及时点评，针对性讲解 3. 讲练结合，适时查漏补缺	1. 学生尝试总结所考内容 2. 教师帮助梳理相关知识结构与体系 3. 注重复习与解题规律性内容的总结与提升	1. 精心选择适量练习，当堂完成 2. 教师及时讲评，注重思维训练与解题指导 3. 注重变式训练，学会举一反三，构建知识体系，形成知识网络

续表

环节 课型	导入	师生互动	教学小结	当堂反馈
历史 活动课	1. 展示目标、内容等要求 2. 检查任务完成情况,对准备阶段情况进行点评 3. 创设情境导入内容	1. 分组展示,百舸争流 2. 学生点评,互相交流学习 3. 教师点评,画龙点睛,更上一层楼	1. 学生总结收获、感受 2. 教师总结感受,就重点进行突破,构建知识体系	1. 通过抢答等形式检测对基础知识的掌握程度 2. 通过材料等形式了解知识的分析运用情况 3. 课后实践性作业的布置解说将课程内容延伸至课外,进一步拓展

◆ 地理"少教多学"课堂评价标准与模式

• 地理"少教多学"课堂评价标准

一级 指标	二级指标	具体内容
准备 充分	目标明确	三维目标是否具体明确,难易适度;是否紧扣课标,符合实际;是否关注情感,自然生成
	设计科学	是否创设适宜的教学情境激发学生的求知欲望;是否设计围绕主问题的问题串,问题是否有层次性和探索性;课堂活动是否有趣高效,紧扣课标
关注 学生	激发兴趣	是否激发学生的求知欲;学生是否精神振奋、精力集中、积极思维、主动参与;教师是否善于发现学生的闪光点,并及时给予恰当的鼓励
	着眼全员	是否关注不同层次学生的参与;学生间是否相互合作,共同提高
	深度引领	关注学生是否有效参与、深入思考;是否有效讨论,大胆质疑;是否认真笔记,感悟归纳
方法 科学	手段务实	板书设计是否规范、实用;教具、多媒体使用是否高效
	教法灵活	教法是否新颖独到,灵活有效;有否有效地启发思维,指导学法;讲练是否有机结合,注重提高
	过程起伏	教学过程是否跌宕起伏,张弛有度;重点是否突出,难点是否突破;对教学节点的把握是否恰到好处;教学中是否艺术地让学生暴露认知错误,并进行精致的剖析
	技能提高	是否根据教学内容,注重对学生相关技能的培养和提高,指导是否得法高效

一级指标	二级指标	具体内容
生动高效	课堂生动	教师精神是否饱满,充满激情;教师语言是否幽默风趣,精练生动;课堂气氛是否民主活跃,调控有度;教学是否相长
	成效显著	教学目标是否有效达成;各层次学生是否均有收获和提高;师生是否有愉悦感、满足感和成就感

• 地理"少教多学"课堂教学模式(新授课)

课堂结构	目的	方法与要求	预设时间
情	创设情境导入新课	创设情境的方法主要有:① 复习、提问、故事等语言描述性引入;② 直观画面或教具导入;③ 联系实际或实地观测引入;④ 课堂演示、室内实验引入等	5分钟
导	提出问题引发思考	在创设情境的背景下,提出本节课探究的主问题,设计的探究问题应与情境创设的内容相关联,并具有一定的探究性。设计的问题是否涵盖整节课内容,是否能引发思考,是否具有探究的价值,是必须深思熟虑的。围绕核心问题进入新课的探究,能在课堂上牢牢地吸引学生,促进教学中双边活动的进一步开展	3分钟
探	合作探究梳理知识	引导探究和合作探究是一节课的重头戏,常用的引导方式有:① 给出解决该类型问题的思维方式和主要方法;② 引导学生将已学知识迁移到新的知识;③ 引导学生寻找、挑选主干材料和信息,将复杂的问题简单化;④ 收集有用信息,进行归纳、类比、推理,在条分缕析的过程中达到问题解决的目的;⑤ 组织开展小组讨论、双边辩论或全班交流等	22分钟
评	测评反馈总结反思	课堂练习的目的是为了检测本节课学习的效果和教师教学的效果。练习题的设计应易、中、难相结合。题目的形式可以多样,如选择题、填空题和简答题,甚至是开放性的题目。题目不能过于简单,要有一定的难度,并留有足够的空间让学生独立思考	10分钟
拓	拓展延伸知识迁移	通过"知识迁移,拓展延伸",实现地理知识的迁移,培养学生理论联系实际的能力	5分钟

• 地理"少教多学"课堂教学模式（复习课）

课堂结构	目的、方法与要求	预设时间
评析导学案	1. 向学生展示出本课时所复习的范围中，包括哪些知识点，其中哪些是复习的重点和难点 2. 根据复习内容，设计好复习课的导学案，并在课前分发给学生，在学案中可以为学生设计一个梳理本课时知识点的方法或平台，如：列表比较、填图、知识纲要、问题提示等，引导学生自主地完成知识梳理。在完成知识梳理的基础上，构建出本课时复习内容的知识网络 3. 课堂上通过导学案构建起来的知识网络评析，以点带线，以线串面，充分把握知识点之间、专题之间、书本知识与社会实际之间的内在联系	10分钟
拓展知识提升能力	1. 精选典型例题，引导学生去思考、去分析，教师重在讲思路，让学生不仅知其然，而且知其所以然；讲方法，授予学生获取知识，形成技能 2. 把同一类问题精讲一个，让学生学着分析其他几个，从而达到讲一个归一类得一法 3. 精讲、精练，讲练结合中提升学生分析问题、解决问题的能力	25分钟
检测反馈反思总结	对学生的复习情况进行检测，反馈复习的效果，主要通过课堂定时练习进行，课堂练习的设计要从知识和能力两个层面出发，注重对所复习知识的应用和拓展，但要做到少而精，最好设计为有一定分值的练习题，通过教师评阅、学生互改，及时对复习效果作出评价，使学生感到复习成功的愉悦	10分钟

◇ 音乐"少教多学"课堂评价标准与模式

• 音乐"少教多学"课堂评价标准

评价项目	权重	评价标准	分值
教学目标	15	教学理念清晰，教学目标明确，符合音乐课程标准，能结合学生实际情况设定教学目标；合理整合教学资源并能注意音乐教学各领域之间的有机联系，注重情感性、审美性、知识性、参与性	15
教学设计	15	教学结构设计合理，符合学科教学规律；教学思路清晰，能紧扣教学主题；教学环节新颖，运用恰当	15

续表

评价项目	权重	评价标准	分值
教学过程	40	教学过程清晰流畅、有条理,重难点解决到位;教学方法灵活多样,应变能力强	10
		善于启发、引导学生,调动学生的学习兴趣与情感,培养学生准确地理解音乐作品,增强音乐的感受、表现和创新能力	10
		教师的音乐专业基本功扎实,范唱、范奏规范,教态大方自然,语言准确生动;多媒体运用熟练,有独特的教学风格	10
		教学层次分明,时间安排合理;教学秩序良好,有较强的组织和协调能力;师生互动合理有效	10
教学特色	15	课堂有新意,问题设计具有启发性,多维实施,梯度引导。从知识到能力、从情感到智慧,都体现人文精神及审美教育	15
教学效果	15	学生积极参与课堂,享受音乐活动的过程,并由此获得一定的音乐审美力、探究力、表现力	15

● 音乐"少教多学"课堂教学模式(欣赏课)

课堂结构	内容提要	预设时间	基本要求
情境导入	根据教学内容的安排,围绕主题进行设计。比如:生活导入、学科导入、游戏导入、视频欣赏导入、谈话导入法	约6分钟	利用各类作品、媒体资源等,创设易让学生进入课堂状态的情境,激发学生的学习热情,为本课的学习做好铺垫
提出问题	教师根据教学实际设置问题,引导学生思考或进行小组合作。比如:音乐家的时代背景、流派等介绍,作品表现特点归纳等	约7分钟	所设置问题应具有典型性、代表性,对学生具有启发价值,培养学生提出问题、思考问题、解决问题的能力
教师讲解	教师根据所设置的问题逐步讲解,层层深入。由浅入深、细致条理地进行课堂教学	约10分钟	教师要针对不同的学生层次,结合身边的音乐故事及新奇有趣的音乐案例进行讲解,时刻保持学生的兴趣
作品欣赏	结合相关音乐作品进行欣赏,并在欣赏作品中引导学生掌握音乐欣赏的方法和要点。比如:音乐要素、作者意图、流派特点等	约7分钟	所选作品一定要经典或有新意,具有典型性或震撼效果,让学生能够较好地进行体验
分组讨论	设置问题,分小组进行讨论,所选问题要具有辩论性或启发性	约12分钟	分组讨论的设计要给学生自主探究、合作交流的时间和空间,教师在此过程中适时地引导、评价

续表

课堂结构	内容提要	预设时间	基本要求
总结提升	教师引导学生对本堂课的内容进行总结	约3分钟	先让学生进行小结,然后由教师归纳梳理,也可为下节新课埋下伏笔或提出要求

• 音乐"少教多学"课堂教学模式(综合课)

课堂结构	内容提要	预设时间	基本要求
情境导入	根据教学内容的安排,围绕主题进行设计。比如:生活导入、学科导入、游戏导入、视频欣赏导入、谈话导入法等	约6分钟	利用各类作品、媒体资源等,创设易让学生进入课堂状态的情境,激发学生的学习热情,为本课的学习做好铺垫
作品欣赏	教师根据教学实际设置问题,结合相关音乐作品进行欣赏,并在欣赏作品中引导学生掌握音乐欣赏的方法和要点。比如:音乐要素、作者意图、流派特点等	约10分钟	所选作品一定要经典或有新意,具有典型性或震撼效果,让学生能够较好地进行体验。所设置问题应具有典型性、代表性,对学生具有启发价值,培养学生提出问题、思考问题、解决问题的能力
分组讨论	设置问题,分小组进行讨论,所选问题要具有辩论性或启发性	约5分钟	分组讨论的设计要给学生自主探究、合作交流的时间和空间,教师在此过程中进行适当地引导、评价
教师引导	根据教学目标,设置引导环节	约7分钟	引导环节应准确、规范
学生探究	教师巡回指导,分层教学	约11分钟	针对不同层次的学生,分层辅导
多元评价	教师评价、学生自我评价、相互评价结合进行	约6分钟	评价与歌唱或吹奏等展示相结合

◇ 美术"少教多学"课堂评价标准与模式

• 美术"少教多学"课堂评价标准

评议项目		评价要点	分值
课程内容 (35分)	课时目标	体现目标的可操作性,和学生实际有效结合,简捷、直接,有效激发学生学习动机和学习兴趣,易于提高美育水平	10
	教学内容	符合美术课程标准,以学情为依据,凸显科学性、趣味性,层次分明	10
	教学方法	体现学生主体地位,方法灵活有效,注重教师的示范、指导作用,符合美术学科特点。充分运用现有学习资源,注重对校内外课程资源的开发与利用	15
教师活动 (30分)	教学环节	环节设计科学,符合教学规律与目标要求,利于学生主动参与,学习效果整体和谐有效	10
	教学手段	创造性地利用现有资源,突出学科特点,打造良好的美育氛围。能够灵活机智处理教学突发事件,巧妙地驾驭课堂	10
	教学特色	教师专业基本功扎实,具有鲜明的学科特色和地域特色	10
学生活动 (35分)	情绪状态	大部分学生做好充分的课前准备,较长时间保持学习兴趣。学习过程保持愉悦,时有成功的感受,学习愿望增强	5
	注意状态	大部分学生积极参与倾听与思考。能保持较长的注意力,关注讨论的主要问题,目光追随发言者的举动,全神贯注倾听,回答问题有针对性	5
	参与状态	注重师生互动、合作交流,全员、全方位参与学习活动(认知、行为、情感),积极思考、踊跃发言、自觉练习	15
	思维状态	用自己的语言阐述自己的观点,有创意	5
	目标达成	对造型、表现、欣赏、评述、设计、应用、综合、探索等不同课型目标达成度高,并有利于学习能力的培养	5
总评	等级评价	85分以上为优秀;75～84分为良好;61～74分为合格;60分以下为不合格	总分

• 美术"少教多学"课堂教学模式（综合课）

课堂结构	内容提要	预设时间	基本要求
情境导入	根据课题的具体情况，因地制宜地设计导入环节。比如：音乐导入、游戏导入、视频欣赏导入、谈话导入法等	约3分钟	利用各种教学资源，积极地创设情境，激发学生的学习热情，为本课的学习做好铺垫
作品欣赏	带着问题进行作品欣赏，包括提出问题、解决问题的过程，欣赏时根据具体情况设计过程。比如：艺术家、流派介绍，作品表现特点归纳等	约8分钟	所选作品应具有典型性、代表性，配合有效问题的设置，培养学生鉴赏作品的能力
分组讨论	在教师引导下小组合作交流自己的欣赏感受	约4分钟	分组讨论的设计要给学生自主探究、合作交流的时间和空间，教师在此过程中适时地引导、评价
教师示范	根据教学目标，设置示范内容	约10分钟	示范应准确、规范
学生实践	教师巡回指导，分层教学	约18分钟	针对不同层次的学生，分层辅导
多元评价	教师评价、学生自我评价、相互评价结合进行	约2分钟	评价与作品展示相结合

• 美术"少教多学"课堂教学模式（欣赏课）

课堂结构	内容提要	预设时间	基本要求
情境导入	根据教学过程的设置情况，因地制宜地设计导入环节。比如：音乐导入、游戏导入、视频欣赏导入、谈话导入法等	约8分钟	利用各种作品、媒体资源等，创设有趣的情境，激发学生的学习热情，为本课的学习做好铺垫
提出问题	教师根据实际情况设置问题，引导学生独立思考。比如：艺术家、流派介绍，作品表现特点归纳等	约6分钟	所设置问题应具有典型性、代表性，对学生具有启发价值，培养学生提出问题、分析问题、解决问题的能力
教师讲解	教师根据所设置的问题逐步讲解，层层深入	约10分钟	教师要针对不同的学生层次，结合新奇有趣的事例进行讲解，时刻保持学生的兴趣

续表

课堂结构	内容提要	预设时间	基本要求
作品欣赏	结合音乐进行作品欣赏,并在作品上注明流派、作者、作品特点等	约5分钟	所选作品一定要新奇震撼,让学生能够较好地体验
分组讨论	设置问题,分小组讨论,所选问题要具有辩论性或启发性	约13分钟	小组交流自己的想法
总结提升	对本堂课的内容进行总结	约3分钟	先让学生进行小结,然后教师归纳梳理

◆ 心理活动课"少教多学"课堂评价标准与模式

• 心理活动课"少教多学"课堂评价标准

评价项目	权重	评价标准	具体要求	分值
教学目标	15	发展学生健康的心理素质,培养健康人格	1. 使心理不健康的学生健康(矫正性) 2. 使健康的学生更健康(发展性)	15
教学设计	15	贴近学生生活,根据学生不同的心理发展阶段设计相应的活动主题	选择与学生的实际生活联系最密切的话题,找到学生最渴望得到解决的问题	15
教学过程	40	以活动为主,强调学生的参与,每节课至少设计一个契合主题的活动	1. 课堂氛围:遵从三个重要原则,即尊重、真诚、保密。创设了一种"人人都说,我也敢说,我也要说"的心理氛围	10
			2. 个性彰显:彰显学生的个性魅力,这是培养健康人格的重要一条。所以,心理课上,教师处处要做到真正尊重学生,彰显学生的个性。心理课应该是学生保持健康快乐的心态的一块"自留地"	10
			3. 教师魅力:教师的个性魅力、感染力对一堂成功的心理课来说非常重要。心理教师在课堂上应仪态大方,乐观幽默,富有亲和力,成为学生愿意与之交流的"朋友式"教师	10
			4. 师生互动:优质的心理活动课是无法完全课前预设好的,鲜活课堂的及时生成要求教师对课堂具有高度灵活的驾驭能力,能够应对各种课堂随机事件,与学生心有灵犀,完美互动	10

续表

评价项目	权重	评价标准	具体要求	分值
教学特色	15	强调学生的体验,及时分享活动感受	一次高效的心理课其实就是对学生心理的一次疏导,学生应该经历体验、感悟,探究、反思、迁移、运用等过程。所以不管在内容选择上还是问题处理上,都应符合生活逻辑和问题逻辑。要用讨论体验等方式来引导学生,让学生自己感悟、自己成长	15
教学效果	15	学生广泛参与课堂活动,心理素质得到提高	心理教育是"素质的教育",我们期望达到这样的效果:当你将心理课上老师讲的所有内容都忘光之后,你心灵上依稀留有的痕迹将指引你在心灵困惑时作出正确的选择	15

• 心理活动课"少教多学"课堂教学模式

课堂结构	内容提要	基本方法
热身活动	采用多种多样的活动形式,如游戏、歌舞等,改善学生情绪,营造心理课良好的氛围	1. 预热方法:可通过活泼多样的游戏活动开始一堂课,以调动学生参与活动的积极性。在座位的安排上,可考虑圆形方式,使每个学生都能面对面平等交流 2. 澄清方法:教师以生动有趣、简洁有力的话作一个开场白,说明活动的目的和活动程序的大致安排,解除学生的困惑,增强活动的意识性和目的性 3. 自我介绍:充分利用团体的力量,促进学生之间良好的相互作用,有必要采用多样化的方法自我介绍
心理激荡	激发求知心理,给学生一个信息,激发其内驱力,把教育者的要求转化为学生的自觉行动,去完成某一行为,进而达到预期的目的	1. 故事联想式:教师在活动开始或活动中,利用学生喜欢听故事的心理,提供学生阅读或倾听的故事 2. 情境式:通过提供、创设一些具体的情境,引导学生体验、感悟
自我宣泄	让学生表白自己以达到心灵交流的效果。通过实际的操作活动来宣泄自己的情绪与表达自己的观点	1. 讨论澄清式:针对当前学生关心的敏感性问题、热点问题、困惑问题展开讨论 2. 实话实说式:引导学生将内心的真实想法表达出来。可以是面对面的交流、倾诉,也可以是书面倾诉

续表

课堂结构	内容提要	基本方法
共同分享	通过师生互动,相互交流、沟通,相互启发,共同受益,达到疏导心理的效果	1. 角色体验式:根据活动需要,让学生扮演活动中某一人物角色,按角色需要思考、行动、体验该角色人物的思想、心理,学习模仿好的一面或更清楚地认识到其不恰当的思维方式及行为,进而增进自我认识,减轻或消除心理问题,发展良好的心理品质 2. 活动体验式:在活动中,参与者可以自由地创造游戏内容、形式、规则,最大限度地发掘、展示自我
教师引导	在充分讨论与交流的基础上,老师恰当地引导学生感悟活动主题,进行正确的心理导向,最大程度地实现学生的自我成长	1. 示范:老师自己或选择某方面行为优秀的学生起示范作用 2. 奖赏:利用实物,如糖果、文具、分数、奖章等强化物或语言肯定学生某种行为 3. 惩罚:巧妙地运用惩罚,有时会起到意想不到的作用。比如游戏犯规时可罚掉一次参与机会 4. 契约:在活动中,师生双方共同商定一份明确、公正而可信的契约

◆ 体育与健康"少教多学"课堂评价标准与模式

• 体育与健康"少教多学"课堂评价标准

评价内容 (权重)		评价指标	评价标准			
			A	B	C	D
教学目标与内容 (5)		1. 教学目标准确体现课程标准的要求,目标明确、具体,操作性强,可以进行观察和评价	5	4	3	2
		2. 内容选择符合学生身心特点与发展需要,体现体育课程的性质、特点和价值,教材具有适宜的技术难度	5	4	3	2
学生学习 (40)	主体参与 (10)	3. 学生参与面广,绝大部分学生能达到体育课程学习的基本要求	5	4	3	2
		4. 学习活动活跃、有序,学生主动参与的积极性高,具有浓厚学习兴趣和强烈求知欲望	5	4	3	2
	学习过程 (20)	5. 乐意接受教师指导,勤于实践	5	4	3	2
		6. 善于动脑、勇于创新。能应用所学的知识迁移拓展,并能进行描述和评价	5	4	3	2
		7. 善于与同伴交流、合作,责任感强	5	4	3	2
		8. 精神饱满,情绪欢快,有进取精神,注意安全	5	4	3	2

续表

评价内容（权重）		评价指标	评价标准			
			A	B	C	D
学生学习（40）	学习效果（10）	9. 自主学习，每个人都有不同的进步	5	4	3	2
		10. 在情感、态度、价值观方面得到相应发展	5	4	3	2
教师教学（40）	教学过程（10）	11. 教学设计科学、教学分段合理，教与学的步骤清晰，运动负荷适宜	5	4	3	2
		12. 教学组织严密，队形调动便捷合理、各部分衔接自然，课堂常规贯彻认真得当，注意安全	5	4	3	2
	教学行为（20）	13. 正确处理主导与主体的关系，尊重与关爱学生，有机渗透德育、美育等相关学科知识；师生互动，共同体验体育运动的快乐	5	4	3	2
		14. 通过有效的教学方法尽可能地使学生学到必要的体育知识和技能，身体得到有效锻炼，身心得到同步发展	5	4	3	2
		15. 教具、手段、方法经济、实用、有效，符合教学实际需要	5	4	3	2
		16. 评价真实，有利于每位学生发展	5	4	3	2
	教师素养（10）	17. 教学基本功扎实，驾驭课堂能力强，善于利用现有及生成的教学资源，有较强的应变能力	5	4	3	2
		18. 有创新意识，教学充满激情和挑战性，富有感染力	5	4	3	2
教学效果与特色（15）		19. 课堂气氛和谐欢快，每个学生都学有所得	5	4	3	2
		20. 目标、内容、方法手段特色鲜明，具有推广价值	5	4	3	2

• 体育与健康"少教多学"课堂教学模式（新授课）

课堂结构	内容提要	预设时间	基本要求
课堂常规	1. 集合整队 2. 师生问好 3. 宣布课的内容与目标 4. 安排见习生	约2分钟	1. 集合整队快、静、齐 2. 集中注意力，态度端正 3. 学生具有良好的组织纪律性 4. 让学生明确本堂课的内容与目标，对自己的学习能够有合理的预期
导入热身	1. 情境导入 2. 激发兴趣 3. 热身活动	约8分钟	1. 愉悦身心，调节课堂气氛 2. 准备活动动作准确到位 3. 情境导入简洁、高效 4. 热身活动，为教学展开做好学习方面的铺垫

续表

课堂结构	内容提要	预设时间	基本要求
学习与体验	1. 自主体验运动技术或战术 2. 运动技术或战术的学习 3. 身体素质练习	约30分钟	1. 安排学生自主体验的时间 2. 将分组教学、分层教学、自主合作学习等方式与集中讲解、练习等方式有效结合 3. 针对学习重难点设置练习 4. 安排身体素质练习时间
交流与展示	1. 学生个人展示 2. 小组学习成果展示	约2分钟	1. 鼓励学生大胆自我展示 2. 进步明显者、学习出色者展示 3. 小组学习效果好的组展示 4. 培养学生学习兴趣
放松与简评	1. 集合整队 2. 调整放松 3. 课堂简评 4. 归还器材	约3分钟	1. 学会自我放松与调整 2. 客观公正地进行自评和小组互评 3. 认真听老师讲评总结

• 体育与健康"少教多学"课堂教学模式(综合运用课)

课堂结构	内容提要	预设时间	基本要求
课堂常规	1. 集合整队 2. 师生问好 3. 宣布课的内容与目标 4. 安排见习生	约2分钟	1. 集合整队快、静、齐 2. 集中注意力,态度端正 3. 学生具有良好的组织纪律性 4. 让学生明确本课的内容与目标,对自己的学习能够有合理的预期
导入热身	1. 情境导入 2. 激发兴趣 3. 热身活动	约8分钟	1. 愉悦身心,调节课堂气氛 2. 准备活动动作准确到位 3. 情境导入简洁、高效 4. 热身活动,为教学展开做好学习方面的铺垫
实践与运用	1. 自主体验运动技术或战术 2. 教学比赛及裁判指导 3. 身体素质练习	约30分钟	1. 安排学生自主体验的时间 2. 讲解比赛要求、组织比赛分组、安排学生裁判并强调比赛安全 3. 可视比赛强度与学生情况确定是否安排身体素质练习 4. 教师要随时巡视

续表

课堂结构	内容提要	预设时间	基本要求
交流与展示	1. 比赛中精彩的个人技术 2. 比赛中流畅的战术配合	约2分钟	1. 鼓励学生大胆自我展示 2. 进步明显者、学习出色者展示 3. 小组学习效果好的组展示 4. 培养学生学习兴趣
放松与简评	1. 集合整队 2. 调整放松 3. 课堂简评 4. 归还器材	约3分钟	1. 学会自我放松与调整 2. 客观公正地进行自评和小组互评 3. 认真听老师讲评总结

• 体育与健康"少教多学"课堂教学模式（理论课）

课堂结构	内容提要	预设时间	基本要求
课堂常规	1. 师生问好 2. 宣布课的内容与目标	约2分钟	1. 集中注意力,态度端正 2. 学生具有良好的组织纪律性 3. 让学生明确本课的内容与目标,对自己的学习能够有合理的预期
导入热身	1. 情境导入 2. 激发理论学习兴趣	约3分钟	1. 根据上课的内容进行有针对性的情境导入 2. 情境导入简洁,活跃课堂气氛,调动学生积极性
学习与体验	1. 体育与健康知识 2. 体育运动规则 3. 益智休闲体育项目(棋类)	约35分钟	1. 安排学生自主体验的时间 2. 要将分组教学、分层教学、自主合作学习等方式与集中讲解、练习等方式做到有效结合 3. 互帮互助,共同提高 4. 安排身体素质练习时间
交流与展示	1. 知识竞答 2. 小组学习成果展示	约3分钟	1. 鼓励学生大胆自我展示 2. 进步明显者、学习出色者展示 3. 小组学习效果好的组展示 4. 培养学生学习兴趣
课堂小结	1. 回顾课的重点、难点 2. 要求学生识记知识要点 3. 简评本课学习情况	约2分钟	1. 客观公正地自评和小组互评 2. 认真听老师总结 3. 明晰课的重难点 4. 识记知识要点

◆ 劳动技术、通用技术"少教多学"课堂评价标准与模式

• 劳动技术、通用技术"少教多学"课堂评价标准

项目	名称	评价标准	分值
教学设计（15分）	教学目标	1. 知识、能力、情感态度与价值观等方面目标明确、具体，符合实际，可操作性强 2. 符合学生的心理特征和认知水平，关注学生的个体差异 3. 以提高学生技术素养为核心目标，注重创新精神和实践能力的培养	5
	课程内容	1. 正确理解和把握课程内容 2. 根据教学目标和学生实际，科学合理地、创造性地利用和开发课程资源	5
	教学过程	1. 教学过程设计合理、灵活，具有开放性 2. 教学活动强调学生运用自主、探究、合作的学习方式	5
教学行为（20分）	学习指导	1. 有效运用参与式学习、探究性学习、合作学习等学习方式组织学生学习 2. 学生主动、积极参与学习活动，学习方式灵活、多样，参与度高	10
	教学评价	1. 及时采用积极、多样化的评价方式，鼓励学生个性发展 2. 关注学生的学习态度和过程，保护学生的自信心，尊重学生自主学习的结果和人格	10
教师素质（10分）	教师素质	1. 教学语言标准、规范，教态亲切自然，熟练操作教学过程中使用的各种电教设备，板书规范有序 2. 及时正确地评价和反馈学生的答问 3. 能根据学生实际创造性地使用教材	10
学生活动（25分）	学习态度	1. 学生能明确自己的学习任务 2. 学生对学习活动兴趣浓，课堂气氛活跃 3. 学生参与活动积极主动，乐于与他人交流合作	5
	参与广度	1. 每个学生都参与学习活动 2. 学生参与学习活动的方式多样 3. 学生参与学习的活动时间充分	10
	参与深度	1. 学生能提出有意义的问题或发表个人见解 2. 学生能够倾听他人意见，并进行认真的、有条理的思考	10

续表

项目	名称	评价标准	分值
教学效果 (20分)	目标达成	1. 实现教学目标 2. 多数学生能完成学习任务 3. 每个学生都能得到不同程度的收获和提高	12
	课堂氛围	1. 课堂气氛活跃、和谐、宽松、有序 2. 师生、生生情绪饱满、热情,合作融洽 3. 学生主动合作学习	8
学科特色 (10分)	技术运用	能恰当地选择现代教育技术手段进行教学,技术运用取得明显效果	5
	实践操作	教学注重实践,教师示范操作熟练规范,指导范围大、效果好,学生实践操作充分	5

• 劳动技术、通用技术"少教多学"课堂教学模式

一、新课导入,明确实践项目

1. 给学生实践任务,以开门见山的方式直接导入。

2. 介绍实践项目相关的历史、文化及社会背景,激发学生兴趣。

3. 根据实践项目的特点,创设情境,让学生进行思考。

二、实践项目方案设计与技术示范

1. 演示与讲解。提出技术作品的设计要求,制定设计方案。

2. 根据实践项目,学生进行方案的设计构思并进行讨论,以便确立项目设计方案。

3. 教师进行基本技术操作步骤、技术要领的示范。

4. 介绍实践操作中的注意事项、质量要求。

5. 引导学生综合运用相关知识、技能。

三、实践操作探究,创新指导

1. 主要指导学生的基本技术操作步骤,关注技术要领、注意事项、质量要求等掌握情况。

2. 师生共同探究技术设计与改进。

3. 在实践过程中注重引导学生树立产品创新、质量、科技、环保、安全等意识。

四、设计的评价与交流

1. 针对学生的设计作品进行过程评价与交流。主要进行自我评价与他人评价。

2. 对设计的作品根据设计要求及设计的相关原则进行测试、评估及优化。

五、总结升华与拓展运用

1. 创新技术点播。

2. 优秀作品展示。
3. 实践项目所涉及的技术原理的应用与扩展。

◆ 信息技术"少教多学"课堂评价标准与模式

• 信息技术"少教多学"课堂评价标准

评价内容	评价要求	分值
教学目标 （10分）	正确地把握教材的深度和广度以及学生的实际情况，明确、具体、科学地提出教学目标	5
	掌握一种或一种以上的计算机操作技能。掌握自学计算机技能的方法以及培养学生利用计算机获取信息和开展独立学习的习惯等	5
学习环境 设计及教 材处理 （15分）	教学情境创设合理，学习资源合理，激发学生学习兴趣	5
	任务驱动：a. 趣味性或实用性；b. 层次性，让不同层次的学生都有可学性、可行性和挑战性；c. 综合性或可拓展性，与以前的知识有效地结合，并让学生形成技术操作的可持续性发展	5
	重点突出，难点突破，显示信息技术课程特点	5
教师专 业素养 （10分）	教学思路清晰，专业语言表达准确严谨、清晰利落，板书工整规范	5
	对学生活动把握自如，对学生形成良好信息道德素养和审美情趣予以正确引领。能够随堂有效调控学生的临时状况	5
教学组织 （15分）	尊重学生、激励学生，师生互动、广泛民主，课堂气氛宽松融洽	5
	引导得法，注意学法指导，注重激发学生自主探索和协作学习，促成信息技术课程独特的知识迁移	5
	面向全体，具有层次性，关注个体差异，适时开展分层、分组教学和提供不同难度层次的训练选择。梯度设置合理，由简单到复杂，由基本操作技能的掌握到作品的探索与创作	5
学生学 习方法 （10分）	具有信息技术课程学习特点，自觉学习、主动探索、独立完成学习任务	5
	学习过程中互相关照、交流经验、协作学习，充分发挥小组合作优势	5
学生的 学习状态 （20分）	学生主体地位充分体现，主动参与时间不少于25分钟	5
	参与面广，学生主动参与，"边缘"人物得到关注	5
	学生参与活动的深度，除了适当地使用所学操作外，还能做到作品精致美观或有自己独特的创意	10
教学效果 （10分）	目标达成度高	5
	学生达成目标的灵活度——完全照搬还是有所创新	5
学科特色 （10分）	教学是否有特色；构建的环境、方法以及最终效果是否有创新；教学风格是否鲜明独特	10

• 信息技术"少教多学"课堂教学模式

环节 课型	新课引入 情境创设	知识构建 教师讲授	学生练习 讨论交流	重点讲评 提升训练	归纳反思 课堂小结
理论课模式	围绕教学目标、教学任务,利用多媒体、动画等手段创设情境,激发学生学习兴趣	结合学生的现实生活,适当运用比喻帮助理解,寻找学生最容易接受的表达方式来讲授知识	提供丰富的学习资源,结合一些软件,模拟看不见摸不着的工作原理或一些眼见为实的硬件设施,让学生加深体会那些难懂的原理	基于理论知识比较枯燥,有些概念比较抽象,在实际教学中,适当引入 flash 动画、小游戏、热点新闻等来帮助学生理解和掌握相关知识	通过合适的教学策略,调动学生的积极性和主动性,使抽象的概念具体化,枯燥的知识趣味化,促使教学目标顺利完成
实验课模式	充分做好实验课的准备工作,包括硬件、软件环境和组织管理工作	提出要求,如填写实验报告,包括实验题目、时间、地点、课时分配、实验次数,硬件和软件环境等内容	学生分组实验,根据实验报告的要求进行实验,并认真填写相关内容	切实关注每个实验小组,对出现的个别问题及时纠正	教师督促学生总结实验中的收获,巩固所学的知识。收齐写好的实验报告
操作技能课模式	巧设导入,提出任务,激发兴趣,承上启下,回顾学过的知识和操作,提出本节课的学习任务,展现本节课的新操作技能	教师示范操作,明确要领和步骤。教师边讲解边操作示范,将操作过程一步一步展示在学生面前	教师将各种可能出现的问题设计到练习中去,使学生在练习中形成基本操作技能,同时培养学生自己动手发现问题、解决问题的能力	以任务驱动方式进行综合示范操作,并完成主题练习,让学生对操作技能进一步熟练,运用自如	反馈矫正,归纳讲评,及时表扬做得好的同学,以激发学生的竞争意识;要针对操作中出现的问题,给予矫正示范
综合电子作品创作模式	通过声音、文字、动画、影像等多种形式,形成情境和信息库,为激发学生各项潜能奠定物质基础	教师对电子作品给出一些原则性要求,对作品的内容不予限制,以便充分发挥学生的主动性	学生感受情境,根据自己的体会创作作品	教师尽量抓住学生思维的闪光点,适时鼓励学生,激发学生的创作欲望	电子作品的评价应注重学生解决问题过程中的表现,评价不应以选择为主,而应以促进学生的发展为主

课程与课堂实践的理性表达

　　南京师范大学附属中学江宁分校办学 15 年来，构建了多维度、多层次、开放型的校本课程体系和"少教多学"的课堂生态，在省内外产生了较广泛的影响。近几年来，有来自广东、深圳、山东、新疆、重庆、四川、福建、上海、北京、贵州、安徽、陕西、河南等地区 50 多所学校的领导与同行到江宁分校学习交流课程和课堂的改革经验。

　　经过近几年的研究和课堂实践，江宁分校教师围绕一体化课程和"少教多学"课堂发表论文 314 篇，其中核心刊物 28 篇，人大复印资料 5 篇；教师以一体化课程和"少教多学"思考与实践为主题，在市级以上开设讲座和公开课达 52 次。课程与课堂改革，极大地张扬了教师的个性，丰富了教学的内涵！

第一章

通 识 研 究

◆ 一体化课程

基于"个性发展"的课程一体化体系的校本建构与实施

——以南京师范大学附属中学江宁分校为例

张士民　李　滔

美国著名课程专家拉尔夫·泰勒说过:"课程是学校教育的核心任务。"有什么样的课程就有什么样的教育,有什么样的教育就有什么样的发展,课程结构影响着学生素质结构,课程水平影响着学生的素质水平。

南京师范大学附属中学江宁分校(以下简称附中分校)实施 15 年一贯制办学,学生在附中分校受教育的跨度大、时间长,使得学校可以围绕人才培养目标,按计划对学生的品格和个性进行科学的、持续的影响,从而保证基础教育阶段人才培养目标的一贯性和连续性。为此,附中分校自 2011 年起,着手一体化校本课程体系的建构与实施,意在形成特色鲜明的课程群组,从而促进学生个性化和学校特色化发展,这是附中分校的教育理想与追求。

一、课程源起:我们为何要开展一体化校本课程研究

毫无疑问,现今我国的基础教育,重点仍是知识教育,对学生个性的暴露、激发和持续不断的跟踪培养还远远不够,对基于"个性发展"的一体化校本课程的研究还非常滞后,对一体化校本课程缺乏整体的建构与实施,鲜有成功的范例或现成的模本。为此,我们有理由、有责任,也有必要做力所能及的尝试。

(一)回应时代发展对教育的诉求

1944 年，英国皇家科学院院士李约瑟博士提出："中国的古代文明为什么没有发展出现代科学技术？"古代中国人在科学和技术方面曾经有过辉煌，其发达的程度远远超过同时期的欧洲。为什么近代科学或者说科学革命没有产生在中国，而是在 17 世纪的西方。"为什么我们的学校总是培养不出杰出人才？"这是钱学森生前的疑问，也是钱老的临终遗言，非常沉重，却不容回避。

从"李约瑟之惑"到"钱学森之问"，我国拔尖创新杰出人才的培养情况不容乐观。问题的关键之一，就在于我国的个性化教育严重滞后。我们应该发现每个学生的潜能所在，指出他们发展的最佳路径，并建立起丰富的、适合学生个性发展的持续不断的课程体系，让每个学生通过选择寻找到最适合自己的课程。这样，就能使他们得到充分的、个性化的发展。

（二）继承百年附中课程文化传统

一百多年来，南京师范大学附属中学（以下简称南师附中）以"校风诚朴、善育英才"著称。校友中有 54 位两院院士、30 位共和国将军。学校以"慎聘良师、锐意改革"的优良传统，一直走在中国基础教育改革的最前沿。南师附中的辉煌，与其深厚的课程文化密不可分。

早在 1922 年，南师附中第 6 任校长、我国近现代著名心理学家和教育家廖世承先生采用"三三制"并编订新学制课程大纲，实验道尔顿制，推动了全国中学的学制和课程改革。20 世纪 50 年代进行了文、理、农分科教学实验和"四二制"试点班教学改革。60 年代进行了旨在推动学生生动活泼主动发展的教育改革。80 年代进行了高中课程结构改革。90 年代试行高中阶段必修课分层教学实验。新一轮课改以来，南师附中的"素质养成、个性发展、特色创造"三类课程的建设也取得了一系列的成果。

附中分校传承南师附中的文化传统，其核心就是传承南师附中的课程文化传统，就是要帮助学生发现个性，通过丰富的课程来适应个性、发展个性。

（三）拓展已建构的校本课程体系

附中分校在江苏省"十一五"规划课题"课程行动研究：个性化教育的校本探索"研究中，已经构建了校本必修和校本选修（校本选修包括选修Ⅱ、选修Ⅲ和社团）的课程体系，形成了"尊重差异是形成个性的前提，发现个性是形成个性的必经之路，适应个性要有教育创新"的重要观点，形成了专著《为学生个性发展奠基——南京师范大学附属中学江宁分校课程建设纲要》，围绕课题核心词在《人民教育》《江苏教育研究》等杂志上发表论文多篇。一体化校本课程的整体建构与实施，就是在"十一五"规划课题研究基础上的研究，是对原课题的加深和拓展。

（四）打造特长生跟踪培养的平台

附中分校实施 15 年一贯制的办学体制，为个性特长明显的学生提供从小学、初中直至高中持续不断的跟踪培养的课程平台,以促进其充分的、个性化的发展,避免幼儿园、小学、初中直至高中教育"几张皮"现象,保证基础教育全阶段培养目标的同一性和学生个性化发展的延续性,实现"小学打基础、中学稳发展、高中出成果"的培养目标。如:小学管乐团、合唱团、舞蹈队等社团的成员,不会因小学毕业而失去"组织",因为中学同样也设有这样的社团。在附中分校,学生改变的是年级,不变的是个性特长的延续性发展,这也为学校特色的形成奠定了坚实的基础。

二、概念阐释:我们对一体化校本课程建设的理解

一体化校本课程是指构建从小学、初中到高中各个学段之间过渡自然、知识连贯、习惯养成和能力培养相互衔接的校本课程体系。一体化校本课程强调的是课程体系的结构化、课程内容的系列化、课程形式的多样化和课程管理的集约化。

(一)一体化课程的理论支撑

在课程理论中,课程内容的呈现方式一般有"直线式"与"螺旋式"之分。赞科夫提倡的"直线式课程",是将课程内容组织成一条在逻辑上紧密联系的直线,一次性开设完成,前后内容基本上互不重复;布鲁纳提倡的"螺旋式课程",是在学生不同的发展阶段,课程内容不断重复出现,但是这些重复出现的内容在深度和广度上都有所加强。

布鲁纳结构课程理论认为,无论我们选择何种学科,都务必使学生理解该学科的基本结构,采用螺旋上升的方式编辑课程,主张课程分科设置,重视发现式教学。"螺旋式课程"强调教育必须了解儿童正在形成的认知阶段,学科的基本结构应适应儿童成长的规律,教材的编写应分成不同的阶段,课程的知识应注意阶段性,能够适应学校不同年级不同能力的学生。"螺旋式课程"打破了中小学甚至大学统一课程的界限,强调了学科之间的连贯性,这种连续性和发展性的特征,既适应了学生的认知过程,又能促进学生的认知发展。

(二)一体化课程的校本界定

国家必修课程的呈现方式基本都是属于一体化课程。从理论上讲,附中分校已经开设的100多门校本必修和校本选修(选修Ⅱ、选修Ⅲ和社团)都可以按照螺旋上升的方式来编辑,但这个目标显然无法实现,因为课程开发受师资、场地、时间等众多因素的限制。

在一体化校本课程建设专家咨询会上,专家们认为:附中分校一体化课程的设计要有所为有所不为,最好能按照共有的元素,寻找几个点深入下去,来凸显个性化教育的力度。随后,我校确定围绕四元素、六要点来建构一体化课程。四元素即身心健康、人文素养、科学素养、艺术素养;六要点即"经典阅读""英语多元目标阅读""科学拓展实验""数学思维方法""体育与艺术""信息与科技"。一体化课程建设的四元素、六要点的提出,大大简化了一体化课程设计的头绪,得到专家们的充分肯定。

（三）一体化课程的校本阐释

一体化校本课程是指将小学、初中、高中作为一个整体来思考、建构和实施校本课程，系统地设计某一学科由具体到抽象，由简单到复杂，由动作表征、印象表征到符号表征的难度渐次升高的螺旋式课程体系，使小学至高中各学段对这一学科的学习既自成系统，又前后衔接、过渡自然、知识连贯，力求为个性特长明显的学生提供不间断跟踪培养的课程平台。其特点为：

课程体系的结构化。从学生个性发展的角度整体规划、设计小学至高中十二年相衔接的校本课程体系，使课程的整体力量大于部分之和。

课程内容的系列化。校本课程的内容呈螺旋式上升，波浪式前进的态势，以克服重复、交叉、脱节的现象。

课程形式的多样化。开设形式多样的校本课程，让每个学生通过选择寻找到最适合自己的课程，使其得到充分的、个性化的发展。

课程管理的集约化。校本课程的一体化建设，有利于整合教育资源特别是教师资源，节约学校的人力、物力、财力，克服校本课程开发中出现的资源不足或浪费等问题。

三、课程内容：我们已开发的一体化校本课程

附中分校一体化校本课程分为校本必修和校本选修。校本必修有"经典阅读""英语多元目标阅读""科学拓展实验""衔接课程"；校本选修有五类，即数学思维方法类、艺术类、体育类、信息类、科技类，共25门。

（一）一体化校本必修课程

附中分校的特色是什么，这个特色如何表现出来，取决于校长的教育哲学思想，而校长的教育哲学思想最终又体现在课程上。附中分校开发一体化校本必修课程，除了依据课程开发的政策空间外，还指向学生的个性化需要和本校的资源条件，更重要的是描述学校的培养目标和办学思路，引导学生个性化的发展方向。

1. "经典阅读"课程

附中分校的学生要有较高的人文素养，反映在课程上，我们开发了"经典阅读"课程。通过阅读，意在让学生变得聪明一点，善良一点，精神世界丰富一点，直至达到阅读的最高境界——让学生爱读书。这应是学校的一个特色。人致力于三种秩序的建立：社会秩序、自然秩序、心灵秩序。其中，心灵秩序是这三种秩序的灵魂。开设"经典阅读"课程的目的，就是要构建起学生和谐的心灵秩序。

为真正落实"经典阅读"课程，附中分校编印了小学一年级到高三年级共12册《一体化语文阅读教材》，制定了《南师附中江宁分校名著阅读课程标准》。课程标准对阅读目标、阅读要求、阅读内容、阅读方法、课程评价和实施办法做了具体的规划和要求。其中,小学侧重于趣味性阅读,初中侧重于理解性阅读,高中侧重于思辨性阅读。

2.“英语多元目标阅读”课程

附中分校认为,英语学习不仅是为了增长学生的见识和能力,也是为了文化融通和思想交流。英语学习有助于理解多元文化,使人心胸更开阔、更包容,更能面对较为敏感的话题,在多文化的场合下也会更相处自如。英语学习对人的思维能力、记忆力和对于母语语法的理解都有益处。附中分校设计“英语多元目标阅读”课程,就是试图改变以培养交际能力为唯一目标的外语教育观念。

附中分校的英语一体化多元目标阅读,在小学阶段,重点培养孩子的学习兴趣,听、说、玩为一体,做到英语发音准确、书写规范;在初中阶段,重点培养学生的语言表达能力,听、说领先,读、写跟上,做到英语表达流畅,能正确地描述人和事;在高中阶段,重点是让学生用英语表达思想,陈述观点。附中分校依托《21世纪英文报》《津津有味读经典》等读物,开展由低到高的阶梯式阅读,把三个学段串联起来,最终达到在英语学习中,培养学生的行为习惯、思维方式、国际意识、健康品质等综合目标。

3.“科学拓展实验”课程

附中分校的学生除了要有较高的人文素养,还要有较高的科学素养。为此,学校开设了“科学拓展实验”课程。给学生时间、空间,让他们探究、观察、思考,动手去做,用眼去看,用心去学,强化他们的兴趣,使他们的实验技能得到提高,思维能力得到发展,改变学生以看书、记忆、做习题为主的学习模式。

“科学拓展实验”课程分物理、化学、生物三个实验模块,一共设计了近200项有趣味、有生长性和发展性的实验。实验所需仪器设备大多简单易置或易找代用品,所选实验内容贴近各学段学生的学习内容,又不与教材重复,是国家必修课程的印证或进一步延伸,符合学生进一步了解和思考的要求。学生可在理、化、生三个学科方向专选一个实验模块完成,也可在两个实验模块或三个实验模块中各选一部分完成。

4.“衔接教程”课程

实践告诉我们:由于知识内容、学习方法、难度要求、思维习惯的差异,会造成学生在新学段学习上的“裂缝”。这种“裂缝”往往造成学生在新的学段开始之时无所适从。所以,附中分校通过开设“衔接课程”,为学生搭把“向上”的梯子,来弥合这样的“裂缝”。我们从国家必修课程的整体性、连贯性、层次性、有序性出发,通过对小学、初中、高中教材知识点的梳理,找准小、初和初、高教材在知识、思维、目标、方法等方面的衔接点,排查知识衔接的“盲区”,编写出版了语文、数学、英语、科学四门学科的《小升初衔接教程》和语文、数学、英语、物理四门学科的《初升高衔接教程》。衔接课程,注重知识的拓展和"迁移",既关注知识、方法和思维的连贯性和渗透性,又关注思维的针对性和可操作性。试用了四年,得到学校的喜爱和家长的好评。

（二）一体化校本选修课程

校本选修课程,是学校关注学生差异,主动设计多种课程以适应不同潜质学生广泛的学习差异的需要。开发与设置校本选修课程,有利于学生从小学、初中、高中各个阶段通过课程了解自己的兴趣、爱好以及能力倾向,从而规划自己人生的发展方向;一体化校本选修课程的开设,也有利于学生拓展知识、培养能力,将所学知识与社会以及生活实践相结合,从而提升创新意识与综合实践能力。附中分校现开设了五门学科,共25项一体化校本选修课程。

数学学科:"数学思想方法"。

艺术学科:"合唱""舞蹈""管弦""钢琴""手风琴""竹笛""高音竖笛""流行歌曲表演唱";"版画""书法""陶艺""水彩画""创意绘画"。

体育学科:"健美操""乒乓球""垒球""足球"。

信息学科:"杂志设计与制作""计算机排版艺术"。

科技学科:"乐高机器人""仿生机器人""航模""无线电侧向""校园蝴蝶舞翩翩"。

四、课程实施:我们让一体化校本课程落在实处

美国著名的课程专家小威廉姆·E. 多尔在《后现代课程观》一书中说:"课程不再称作固定的先验的跑道,而是达成个人转变的通道,课程与其说是'跑道',不如说是领着学生'在跑道上跑'的过程。""在跑道上跑"就是课程实施。北京十一中学校长李希贵也说:"课表没有变化,就意味着课改没有什么变化! 因此,课程改革要从改变课表开始。"

（一）一体化校本必修课程的实施

1."经典阅读"课程

"经典阅读"课程,附中分校采用"课内与课外相结合,自读与指导相结合,阅读与写作相结合"的方法。小学每周四课时;初一、高一每周两课时;初二、初三、高二、高三每周一课时;节假日自由阅读。班级要求学生写读书笔记,定期开展读书报告会;学校开发网上阅读检测系统,通过组织开展"读书报告"展评、举办读书节和名著知识竞赛、编印学生优秀读书文集等活动,促进学生读写融通、读思同步。学校还规定,期中、期末考试"经典阅读"的分值不得低于20%。

2."英语多元目标阅读"课程

"英语多元目标阅读"课程,小学每周两课时,中学每周一课时,寒、暑假学生自由阅读。"英语多元目标阅读"课程的评价形式分为口头形式(三分钟演讲、讨论、复述等)和书面形式(写出对阅读材料的概要、感想或评论等)。所有这些评价,都渗透在平时的教学、练习和竞赛中。

3. "科学拓展实验"课程

"科学拓展实验"课程的开设时间为一周一课时。评价形式有实验报告、实验记录、过程评价记录等,检测的方式有专项实验、学情调查等。

4. "衔接教程"课程

幼小衔接课程,小学一年级在开学后利用第一周的时间实施;小初衔接教程,在小学六年级毕业前3周或暑假双语夏令营中实施;初高衔接教程,在暑假期间以暑假作业的形式自主实施,开学后利用一周时间加以答疑和辅导。

(二)一体化校本选修课程的实施

一体化校本选修课程,每周两课时。具体实施方法:

1. 学生选科

学校向学生公布一体化课程科目、课程简介、开设教师、开设地点等,让学生自由、自主选择其中的一门课程。

2. 班级组成

先按正常行政班统计学生选课情况,再根据学生第一、第二志愿,学校调整各课程学习人数,原则上组班不超过45人,低于10人不开班。

3. 组织教学

视学生选课人数及场地、设备情况,按校本课程课时计划表,有目的、有组织、有计划地实施。

(三)一体化校本课程的管理

1. 组织管理

按"校长＋部门主任＋级部主任＋教研组长"模式,课程管理责任到人。

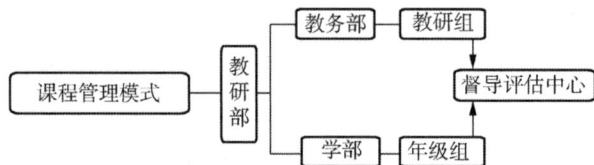

校长在宏观上指导和协调一体化课程的设计与实施;教研部具体负责一体化课程的设计;教务部、教研组具体负责开课老师的管理与培训;学部、年级组具体负责学生选课和走班学生的管理;督导评估中心具体负责对课程开设的综合评估。

2. 教师管理

任课教师根据课时计划,联系场地、器材等,实施课程。任课教师课前要提前到上课地点,非特殊情况不得请假。每学期召开一次校本课程研讨会,展示优秀教师的成功经验、学生的学习成果,解决存在的问题,及时总结校本课程的实施情况。

3. 班级管理

每个教学班任课教师均为该班班主任。教师为每位学生建立档案,并对学生的课堂表现逐一登录,填写好《南师附中江宁分校走班学生学习过程评价记录表》。教学班的各项管理情况纳入教师个人考核、学生考核和班级考核管理之中。

班长,协助任课教师管理教学班,成为师生交流的纽带;科代表,协助任课教师完成教学任务,收发作业,及时向任课老师反馈授课效果及学生对教师授课、辅导的要求等;卫生班长,负责教学班卫生值日安排、检查等管理工作,确保教学班的卫生整洁。

(四)一体化校本课程的评价

1. 教师评价

学校要求所有开课教师必须有计划、有教案、有作业、有反馈、有考勤、有评价记录。督导评估中心、教务部、教研部、学部通过听课、查阅教师记录、学生评教等形式对教师进行考核,记入校本业务档案。

2. 学生评价

教师根据每个学生参加学习的态度进行评价,分为"优秀""良好""一般""差",作为"优秀学生"的评比条件。学生成果通过实践创作、作品鉴定、竞赛、评比、汇报演出等形式展示,成绩优异者将其成果记入学生成长档案。

附中分校在一个精心架构的一体化课程体系中,设计能适应学生个性发展的课程,必将为学生的个性发现、发展提供平台,不仅使学生达到国家课程目标规定的要求,而且还具备较高的人文素养和科学素养、较强的学习力和创造力。

(此文发表于 2017 年第 12 期《江苏教育研究》)

◇ 少教多学

"少教多学"的学理探寻和质量保障体系的构建

——以南京师范大学附属中学江宁分校为例

李 滔

何为"少教多学"? 字面的解释是"教师少教一点,学生就能多学一点"。当然,其更丰富的内涵、外延和更具体的操作性策略一直缺乏明确、清晰的界定——这不奇怪，自古"教学有法，教无定法"。新加坡对"少教多学"理论与实践的探索表明："少教多学"并不只是教学方法的改革问题，而是整个教育体系的变革问题。下面从学理的探寻出发，谈谈我们是如何从学校层面开展"少教多学"教学改革的。

一、"少教多学"的学理探寻

（一）理论溯源：历史上的"少教多学"

"少教多学"，其实是一种古老而又新鲜的教学理念与策略。

在我国古代，《学记》中的"故君子之教，喻也。道而弗牵，强而弗抑，开而弗达"、孔子的"举一隅不以三隅反，则不复也"以及朱熹的"小立课程，大作功夫"等都在一定程度上体现了"少教多学"的教育追求。在我国近现代，陶行知先生指出："所谓教师之主导作用，重在善于启迪，使学生自奋其力，自致其知，非谓教师滔滔讲说，学生默默聆听。"叶圣陶先生也提出："教是为了达到不需要教"，"教师当然须教，而尤宜致力于'导'"；"导者，多方设法，使学生能逐渐自求得之，率至于不待教师教授之谓也"。

在西方近现代，17世纪捷克教育学家夸美纽斯在《大教学论》的开篇就提出："寻求出一种教学的方法，使教师因此可以少教，但学生可以多学；使校园里因此可以少些抱怨、吵闹和无益的劳苦，多点悠闲、快乐和坚实的进步。"18世纪法国思想家卢梭提倡学习者主体的积极参与和躬身体验，其"世界之外无书籍，事实之外无教学"已经触及了"少教多学"的基本精神。到了19世纪，学界对"少教多学"诸多问题的理解与认识更趋深化和明朗化。德国教育家第斯多惠的观点具有一定的代表性，他指出"一个坏的教师奉送真理，一个好的教师教人发现真理"，少教多学的根本旨趣在于"引导学生思想和智力的积极性"。20世纪以来，一批卓有成就的教育家从不同的视角对少教多学进行了较有针对性的探索。例如，杜威基于"做中学""儿童中心""问题教学法"构建的思维教学模式，布鲁纳基于学科结构观的发现法学习，施瓦布、萨奇曼基于学生主体的探究式学习，赞可夫旨在推进学生智能最大发展的发展性教学等。

在世界一体化的背景下，早在1972年，联合国教科文组织国际教育发展委员会就提出："教师的职责现在已经是越来越少地传授知识，而越来越多地激励思考……我们应使学习者成为教育活动的中心，随着他的成熟程度允许他有越来越大的自由；由他自己决定要学习什么，他要如何学习以及在什么地方学习及受训。这应成为一条原则。"

而当下，国内广泛流行的"271"课堂教学模式、"先学后教，当堂训练"模式、"教、学案"合一模式、"主体课堂"模式以及国际方兴未艾的慕课、翻转课堂等，其本质也体现着"少教多学"的精神。上海教科院副院长顾泠沅教授坦言：如果要用一句话来概括课堂教学的未来发展方向，那就是"以学定教，少教多学"。

（二）概念阐释：我们理解的"少教多学"

纵观各种"少教多学"的理论阐述与实践摸索，可以发现：表面上，"少教多学"是指教师教得少、投入少，学生学得多、收获多；但实际上，教师"少教"不一定导致学生"多学"。我们认为，"少教"是教学理念和教学形式的变化，强调的是对先进教学意识和高效教学境界的追求。"少教"是指针对性地教，即在了解学情的基础上确定、调整教的内容和方式；启发性地教、发展性地教，即通过指导、帮助、合作促进学生自主发现、建构和学习。"少教"并不意味着教的过程中知识的缩水和难度的降低，而是对老师的"教"提出了更高的要求，"少教"省去的是不必要的"教"，淘汰的是落后于形势的"法"。而"多学"则是指学生在教师的引导和时间的保证下，学会学习，走向独立学习、主动学习、深度学习。适当而有效的"教"，是保证"多学"效果的前提，没有适当而有效的"教"，学生的"多学"必然落空。

我们建构"少教多学"质量保证体系，就是要寻找一条道路，使教师的教与学生的学能有机结合起来，真正实现"学生主体、教师主导"，减少"教"的时间和空间，扩大"学"的动力和效果。力求从根本上减轻教学负担，提高教学效率。

值得我们关注的是，"教"与"学"的关系不是非此即彼，而是你中有我，我中有你，彼此融合共生共长的关系。美国著名教育家帕克·帕尔默认为：教学就是要开创一个实践真正共同体的空间，而当"教"与"学"的关系处于最佳水平时，教师就像一头牧羊犬。帕克·帕尔默这一形象的比喻，深刻地揭示了"教"与"学"的内在关系。

（三）现象分析：当下存在的非"少教多学"现象

当下的学校教学，违背"少教多学"理念的做法主要表现在：一是教师凭经验、感觉设计教学。对学情把握不准，不知道学生的需求，造成课堂教学针对性不强，课堂重点、难点把握不准。不能以学定教。二是教师专业素养、能力不够。对教学内容的认识理解不到位，缺少对学生学科思维、学科思想的培养。三是教师理念与方法陈旧。为答案而教，为结果而教。代替，告诉，漫天撒网，贪大求全，面面俱到，超出学生最近发展区。而对学生良好思维习惯的培养不够，对可以迁移知识的关注不足。四是没有针对不同层次学生的不同需要布置作业。一刀切，学生的能力得不到有效提高。

二、"少教多学"课堂教学行动研究

对于一所学校而言，"少教多学"作为一种行动纲领，其实践效果是受到多种因素的结构、功能及其相互关系制约的。探究这些因素产生影响的作用过程、作用原理、运行方式，可以发现，"少教多学"在实践层面的推广与操作是建立在一系列行动研究之上的。

（一）规范课程，给学生"多学"的机会

美国著名课程专家拉尔夫·泰勒说过:"课程是学校教育的核心任务。"有什么样的课程,就有什么样的教育,而有什么样的教育,就有什么样的发展。从根本上说,课程结构制约着"少教多学"的实施。

作为南京师范大学附属中学的分校,我校继承本部"由共同必修、分科必修与分科选修构成课程体系""压缩必修课、增设选修课以及必修课分层次"的课程传统,多年来,一直开足"国标",开发"校本"。一方面,加强对国家必修必选课程的实施和管理,严格执行国家规定的课时计划,坚持国家必修,特别是"语""数""外"等中、高考学科不增加课时,不随意加深、拓展,不按中、高考要求"一步到位",从而减少课程的强迫性和功利性,杜绝教师"多教"的可能,以保证学生自主学习的时间和空间。另一方面,我校构建由必修课程、选修Ⅱ课程、选修Ⅲ课程及社团课程组成的校本课程体系,开发了150多门校本选修课程和社团课程,还设计了大量的活动课程,包括高一的中华经典诗文朗读会、语文课本剧表演大赛、历史剧创作表演大赛,高二年级的"红色经典"影视配音、名著阅读知识竞赛、中学生校园辩论赛、原创诗歌朗诵会等。其他如综合实践课程,包括高一至高三的春秋游课程,高一的生涯规划和军训课程,高二的社会实践、研究性学习、31公里步行者活动课程等。不仅如此,学校每年还要开设科技节、文化艺术节、外语节、体育节、中美双语夏令营等大型特色活动课程。这些课程的开设,极大地增加了课程的选择性和趣味性,给学生"多学"的机会,以保证学生主动学习的意愿和途径。

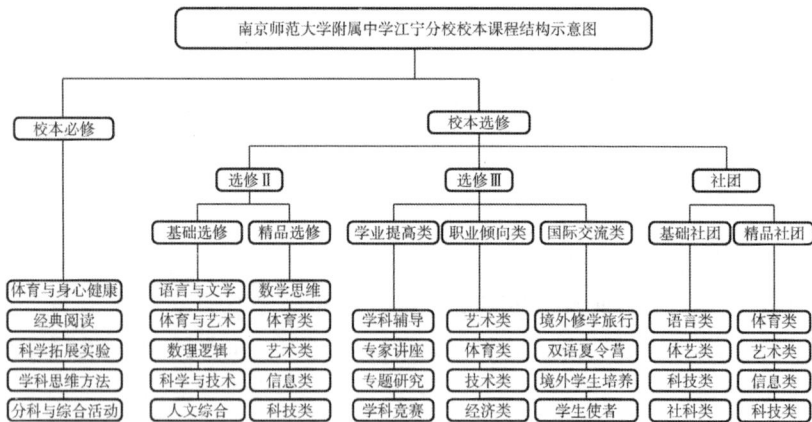

南京师范大学附属中学江宁分校校本课程结构示意图

校本必修	校本选修		
	选修Ⅱ	选修Ⅲ	社团
	基础选修 / 精品选修	学业提高类 / 职业倾向类 / 国际交流类	基础社团 / 精品社团
体育与身心健康	语言与文学 / 数学思维	学科辅导 / 艺术类 / 境外修学旅行	语言类 / 体育类
经典阅读	体育与艺术 / 体育类	专家讲座 / 体育类 / 双语夏令营	体艺类 / 艺术类
科学拓展实验	数理逻辑 / 艺术类	专题研究 / 技术类 / 境外学生培养	科技类 / 信息类
学科思维方法	科学与技术 / 信息类	学科竞赛 / 经济类 / 学生使者	社科类 / 科技类
分科与综合活动	人文综合 / 科技类		

(二)强化备课,让"少教"了然于心

要实现"少教多学",首先要对课堂教学有充分的准备;把课备好了,"少教多学"也就实现了一大半。如果教师在课堂教学之前就已经对学生的学习问题了如指掌,也基本上掌握了解决学生学习问题的方法,那么,在课堂上就不需要"多教"了,教学效率自然就提高了。

1. 提出备课要求

我校提出"规范程序、深入研讨、反思到位"的集体备课总要求。其中的核心环节是研讨哪些内容可以不教,哪些内容可以少教,哪些内容必须多教,而研讨主要围绕以下三个方面展开。

"备"出学生的实况。教学已不再是开始于教师的备课和讲课,结束于考试和评价,而是开始于学生的预学准备以及教师了解学生知道什么要做什么,课堂教学总是在了解学生的基础上有针对性地设计与改进的。其实,一线教师早就知道"备学生"是备课非常重要的内容,可真到了备课的时候,却又不知道如何"备学生"。著名数学特级教师孙维刚认为,"备学生"要"了解每一个学生,让每个学生都有很好的发展",要"给差生指路径,给中才立规矩,给天才留空间"。为此,在备课时,我们要求教师针对不同的教学内容,研究不同层次的班级以及同一班级不同层次学生的具体情况,从而设计出有坡度的"问题串",并指出哪些问题不需要讲、哪些问题需要多讲,从而从学情层面为"少教多学"的实施奠定基础。

"备"出知识的整体。学生在学习的过程中,往往不能(也无须)一下子很好地掌握每一个知识点;等到学生对整堂课的内容有了全面的认识,对一个单元的知识有了全面的理解,对一个学期的知识有了系统的建构之后,再来审视当时没有掌握的知识点,困难往往就迎刃而解了。著名数学特级教师陶维林老师说过:"教师要抓住教学内容的体系和各部分在整个知识体系中的地位,抓住核心,才能做到'少教'。""少教多学"理念的体现,是着眼于一章节内容甚至一个学段,从整体上考虑时间的分配,而不是就每一节课的时间进行简单的切割。为此,在备课时,我们要求教师不要停留在单一的知识点上,而要充分挖掘知识点的内涵、联系和教学价值,将其放到整堂课、整个单元,甚至整个学科的知识结构中去考量,并将其中蕴含的思想方法凸现出来。这样,在具体的课堂教学中,对哪里要"少教",哪里要"多学",教者早已了然于心。

"备"出主问题。著名语文特级教师余映潮老师认为:"'主问题'是教学中立意高远的有质量的课堂教学问题,是深层次课堂活动的引爆点、牵引机和黏合剂,在教学中显现着'以一当十'的力量。""主问题"着眼于教学的整体性,"牵一发而动全身",能够很好地涵盖教学的重难点和能力点,很好地简化教学头绪,从而有效地避免"多教",切实提高教学效率。为此,在备课时,我们要求教师精心设计少而精、实而活的"主问题",以高屋建瓴的问题直指教学目标,激活课堂气氛,引发学生通过思考、讨论、探究等形式,进行自主合作学习,以达到"多学"的要求。

2. 重视备课展示、研讨、考核、评比

展示、研讨、考核、评比等对备课质量有着极大的促进作用。为此,我们始终重视集体备课活动,要求备课组以"少教多学"为原则,经过集体研讨,丰富、完善每一课时的教学设计。此外，我校一直将"备课基本功"的考查作为"青年教师基本功比赛"的重点，引领教师认真学习课程标准，仔细钻研教材；在教学设计上，力求创新，有自己的特色，依据学科特点，积极实施"少教多学"。

（三）建章立制，让"少教多学"有规可循

"少教多学"最终是要落实到课堂教学实践中的。我们知道，"教学有法，教无定法"：没有基本的方法，就谈不上变化；固守一种方法，不求变化，必然趋于僵化。对此，我校建构了较为丰富而全面的保障体系。

1. 研制评价标准

为使老师们实施"少教多学"有标准、有方向，2012年始，我校就着手研究制定"少教多学"的评价标准。为此，我们重视教育教学理论的学习，成立"启明星"读书社，定期开展读书报告会。同时，组织教师，特别是教研组长、备课组长到省内外不同区域、不同层次和不同学段的30多所学校学习考察，广泛吸取这些学校的成功经验，再根据我们对"少教多学"的理解，定出初稿，边实践边修改，边修改边实践，最后组织专家咨询，确定了适合我校实际情况的"少教多学"课堂评价标准。具体内容如下表所示：

一级指标	二级指标	具体内容
关注学生	态度积极	学生是否主动参与，积极发言；是否精神振奋，精力集中；是否认真做笔记，耐心细致
	全员参与	学生是否全员参与，人人活动；是否全程参与，情绪稳定；是否参与讨论，习惯良好
	思维深入	学生是否有效参与，深入思考；是否真正讨论，真实对话；是否自由叙述，大胆质疑
方法科学	目标明确	学习目标是否具体明确，难易适度；是否紧扣课标，符合实际；是否情智结合，便于测量
	准备充分	课前预习是否充分；提出问题是否主动；自主合作是否高效
	学法灵活	学法是否灵活多样；学练是否有机结合；讨论是否平等互动
生动高效	精神饱满	教师精神是否振奋饱满；教师语言是否精练生动；课堂气氛是否民主活跃
	过程起伏	教学环节是否安排合理，层次清楚；教学过程是否跌宕起伏，组织有序；板书设计是否合理规范，简明实用；教学中是否艺术地让学生暴露认知错误，并及时加以解决，是否善于发现学生的闪光点，并及时给予鼓励
	成效显著	学习目标是否有效达成；各层次学生是否均有收获和提高；师生是否有愉悦感、满足感和成就感；师生课后反思是否有所心得

不难看出，我校"少教多学"课堂教学评价标准，强调的是教师要把学生"可以多学的应有权利"还给学生，给学生创造更多的时间、空间、方式、机会进行独立有

效的学习,不断提升学生自主学习的能力。

2. 建构教学模式

教学模式是教学理论的简化表现方式,即通过简明扼要的符号、图式和关系的解释来反映它所依据的教学理论的基本特征,使人们在头脑中形成一个比抽象理论具体得多的教学实施程序。朱永新教授说:"离开模式什么都是'浮云'。这个时期或者未来时期,教育的核心竞争力取决于你这个学校有没有具有核心竞争力的课堂,有没有具有核心竞争力的课堂经营模式。"我们建构"少教多学"教学模式的目的是,尽可能规范教师的课堂行为,并保证学生能拥有足够的学习时间和学习权利,不让课堂教学滑落到"多教"的老路上来。

在几年探索实践的基础上,我校提出了"创设情境、提出问题、独立思考、合作交流、展示提升、拓展总结"六环节 24 字"少教多学"教学模式,以凸显学生的主体地位,让学生动起来。

我校六环节 24 字"少教多学"教学模式,全部围绕学生"学"的活动展开,以期确保学生有"多学"的时间和空间。如创设情境,是指学生在学习过程中,如遇有过不去的"坎",教师可以适时简洁地提供一些与所学内容相关的情节、景色和现象,衔接和过渡到新的知识,帮助学生尽快"登堂入室",避免不必要的时间浪费。再如提出问题,是指学生在学习过程提出的各自的困惑或质疑,经快速整合、梳理,生成新的更有意义的问题,循环往复,螺旋上升,不断把学生的"学"推向高处。又如独立思考,是指问题提出或生成后,学生必须根据已有的知识经验尝试着自己解决,教师要确保学生有独立学习、自主探索的机会和时间,这是合作学习的基础。其他,即合作交流、展示提升、拓展总结三个环节,主体也都是学生自己。总之,在"六环节"中,教师只能适时做一些必要的引导、激励和点拨。唯有此,"少教多学"才能真正落到实处。

为使"少教多学"教学模式更贴近学科、学生实际,我校还要求各教研组在学校"六环节"教学模式的大框架下,紧扣学科特点,细化本学科"少教多学"教学模式,并编印成册,权作一种"教学有法"。如数学"六环节"教学模式(见下表):

创设情境	创设情境的原则	(1)围绕的知识点;(2)符合年龄特征;(3)具有科学性、探究性、趣味性和发展性;(4)贴近学生生活;(5)激发冲突,注重实效
	创设情境的方法	(1)观察生活或事实;(2)现场实验演示;(3)借助直观手段;(4)运用难题;(5)再现史实;(6)对学生的典型错误进行分析
	创设情境的类型	(1)生活与操作情境;(2)故事与史实情境;(3)悬念情境;(4)游戏竞赛情境;(5)类比猜想情境;(6)音像情境
	创设情境的取材	(1)生活生产中的具体问题;(2)人们所关注的科学、技术问题;(3)数学史实、中外名题、例题习题、升学题、竞赛题;(4)自然科学、人文科学中的问题

	问题的要素	问题情境、题设条件、解题依据、解题策略、问题结论等
提出问题	问题的类型	呈现型问题、发现型问题、创造性问题
	问题的设计	由何、是何、为何、如何、若何
独立思考	必要性	交流合作与独立思考共同构成学习矛盾的双方,从学习矛盾运动的整个过程来看,居于主要地位,起着主导作用的仍是独立思考而非交流合作
	内容	(1)选择有较强横向联系的材料;(2)选择纵向联系特征较强的材料;(3)选择能用以推广或拓展的问题材料;(4)选择开放性的数学问题
合作交流	分组方法	(1)传递式分组;(2)阶梯式分组;(3)接力赛分组;(4)气质式分组;(5)矫正式分组;(6)特长式分组;(7)互补式分组;(8)轴心式分组;(9)批评式分组
展示提升	要求	倾听、交流、协作、分享
总结拓展	方法	概括总结法;悬念隐伏法;探索发现法;提问检验法

（四）展开活动,提供"少教多学"研究的平台

教学质量的提升也依赖于教学的展示、考核、评比等手段。对此,我校重点采取了以下措施。

1. 管理人员和骨干教师示范教学

我校要求教学、教研等管理人员和"特""带""优"等骨干教师率先示范,带头面向全体教师开设公开课,以体现"少教多学"的教学理念、展示"少教多学"的课堂结构、落实"少教多学"的教学细节,使听评课的老师看到榜样,觉得"研有抓手,学有目标,做有标准"。

2. 教研组、备课组推磨听评课

我校围绕"少教多学"的达成目标,要求各个教研组、备课组采取多种形式,组织教师认真听课、评课。或请某一教师先上课,作为研讨蓝本,集思广益,达到以点带面、推广应用的目的;或就某一教学内容进行同步授课,同课异构,各自呈现,归纳提高;或针对某个教学难题,以课堂教学为载体,探索提高。除要求教师参加本备课组、本学科的听课、评课活动,还鼓励教师参加年级间、学科间的交叉听课、评课活动,以进行学科互补、经验整合,更好地摸索"少教多学"课堂教学的规律——因为学生是不变的。

3. 开展录像课评比

我校开展"少教多学"录像课评比活动,意在进一步搭建教学风采展示和教学经验交流的平台,促进教师的专业发展。录像课比赛作品包含:课堂视频、教学意图阐述和"少教多学"落实情况阐述及其文字实录和反思。同学科教师在比赛过程中要积极参与听课。各学科教师在比赛结束后还要围绕录像课(视频和文字等),

多次开展以评课为主的教研活动。

（五）总结提升，让"少教多学"不断深化

要更好地实现"少教多学"，还要有意识地以各种形式对教育教学过程中的得失、感悟加以总结提升。为此，我校经常以"少教多学"学科教学方法、运行机制、保障体系的实践及探索等为主要内容，组织开展论文报告会、专题讲座、教师沙龙等，相互切磋交流。我们规定教研组内的"少教多学"研讨每学期不得少于四次，记录考核，并要求将讨论的文档、PPT等上传到校网，让老师们共享。近三年来，我校论文报告会的主题一直是"少教多学"，要求老师们围绕"少教多学"的教学实践，撰写学术论文、研究报告、经验总结、教学随笔、教学案例等，谈做法谈感悟谈困惑，但必须理论联系实践，有针对性和实用性，贴近学校日常教学工作。同时，我校还请一些权威学术期刊负责对教师的论文进行评审——同时，也推荐发表。

总之，有了这样的行动研究，备课组教师就能完善从备课、听课、评课到反思的各个环节，把"功夫花在备课上，本事显在课堂上"。为提升学生学习的深度而教，为释放学生学习的潜能而教，让学习在教学时空中自由呈现，是当代教学活动回归正轨、履行天命的正途。"少教多学"理念下课堂教学改革的行动研究，我们还在不断探索、完善中。

（此文发表于2015年第6期《教育研究与评论》）

"少教多学"课堂运行机制的建构

——以南京师范大学附属中学江宁分校为例

高　博

少教多学，是一种古老而时新的教学理念。说古老，是因为早在1632年，捷克伟大的教育家夸美纽斯在《大教学论》的开篇，就把"少教多学"作为一种教学理想提了出来。但"少教多学"又是一个时新的概念，1972年，联合国教科文组织国际教育发展委员会就提出："教师的职责现在已经是越来越少地传授知识，而越来越多地激励思考……这应成为一条原则。"2004年8月，新加坡总理李显龙在国庆群众大会演讲时说："我们要少教一点，让孩子要学多一点，成绩不是生命的唯一大事，学生可以在学校学习到很多别的生活上的事物。"当下，国内广泛流行的"先学后教，当堂训练""主体课堂"以及方兴未艾的翻转课堂等，其本质均体现着"少教多学"的精神。

　　我们把"少教多学"作为自己的教学理想与追求,意味着我们的课堂教学将是一个通过优化教学生态环境,创建师生共学、和谐发展的学习共同体,着眼实效、讲求长效、追求高效的过程。这既是对教学本真的一种理性回归,也是对现行教育中忽视学生主体、扼杀学生灵性教学方法的彻底颠覆。

　　为此,我校构建了"一体三维六环节"的"少教多学"运行机制模型(见下图),意在尝试将教学从传统的"以教师为主体的多讲"向"以学生为主体的多学"转变,旨在拓展学生自主发挥的弹性空间,强化学生的主动学习能力,从而培养学生积极主动的学习精神。

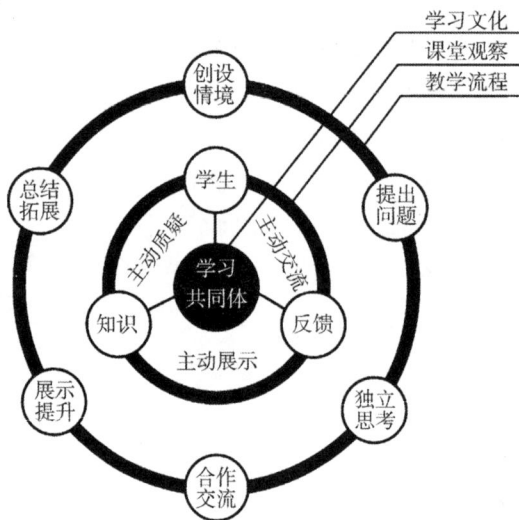

　　在"少教多学""一体三维六环节"运行机制中,一体是指建构学习共同体,意在营造适合"少教多学"理念的学习文化;三维是指课堂观察中知识、学生、反馈三个维度,意在建构促进"少教多学"课堂改革的评价体系;六环节是指创设情境、提出问题、独立思考、合作交流、展示提升、总结拓展六个环节的教学流程,意在形成有核心竞争力的课堂经营模式。

一、学习共同体:营造一种自主合作的"少教多学"学习文化

　　"学习共同体"一词最早见于1995年博耶尔(Ernest L. Boyer)的《基础学校:学习共同体》报告中。博耶尔认为,学校中的学习共同体是指由学习者和助学者(教师、专家、辅导者和家长)构成的,以共同完成一定的学习任务为载体的共同体。日本东京大学教育学部部长、教授、日本教育学会会长佐藤学博士在日本进行了多年的"学习共同体"实践研究,系统地提出将学校创建为"学习共同体"的改革理念和方略。现在,日本全国各地中小学通过创建"学习共同体"的学校改革,极大地改变了学校的学习文化,许多学校由此发生了让人惊叹的巨大变化,展示学校未来发展的希望。

其实,我国这一轮课程改革的重点就是变革学习方式,改变长期以来单一的接受学习方式,积极倡导自主、合作、探究的学习方式。"学习共同体"的创建,正是时代精神的反映,是培养创新精神和实践能力为核心的素质教育的必然要求。美国著名教育家西尔伯曼在《课堂的危机》一书中提出这样的判断,课堂要做到真正转变,必须体现两个要素:第一,课堂气氛是否转变? 第二,学习方式是否转变? 所谓班级氛围的变革,是指走向人性化的理解和相互信赖的班级氛围;所谓学习方式的变革,是指教师并不是全部知识的源泉,教师不包办代替,而是采取使学生走向"合作"变得容易,照顾学生个别差异的形式。

为此,在"少教多学"课堂教学改革之初,我校积极推进"学习共同体"的组织建设和运行实践,构建学习小组、强化日常管理、营建合作文化、组织课堂交流等,取得了一系列的成果。如改变座位结构、制定目标和共同体章程、编写与修改导学案以及优化合作交流的观察与评价、学生全员参与的措施和保障等。一时间,"学习共同体"建设成为我校师生共同关注的话题,教师的教学理念和教学形式在悄悄地发生变化。

在"学习共同体"的建设和运行实践过程中,我们也发现,课堂组织形式的改变,并未带来学习方式的转变,有时,我们虽然采用了分组学习的形式,但不少学生的学习方式仍然是接受式的,学生的思考方式、学习态度,解决问题的能力和自信并没有发生根本性的变化。因此,我们认识到:合作学习不等于分组学习,小组学习是课堂的组织形式,合作学习则是学习方式,有时候合作学习是通过分组进行的,但并不是所有的合作学习都需要分组完成。分组学习未必是合作学习,只是分组学习有利于合作而已。为此,我校进一步提出建构"深层合作学习"的要求,反映在"学习共同体"建设上,我们更强调在合作技能、合作流程、合作动力三个方面加以细化和创新,而不再强行要求班级和教师按"分组"的形式组织教学。

对于座位结构的安排,我们同样不再做统一的要求。提倡教师可以根据自己的教学需要,灵活安排。如果是讲授课,可以安排插秧式的教学座位;如果是辩论式教学,可以使用对立两组的座位安排;如果是小组教学,可以使用小组拼桌的座位安排。教学座位的安排应充分考虑教学内容、学生个性和教学场地等因素,不搞"一刀切"。教学是一门艺术,也是一门科学,教师在学生座位的安排上也要充分体现出来。

加拿大著名教育家迈克尔·富兰说:"如果要完成一场深刻的、持久的教育变革,最重要的就是'重塑'学校文化,否则变革就会肤浅而难以持久。"中国学生的学习文化植根于具有2 500多年影响力的儒家传统文化,当学校教育从以教师教学为主转向以学生学习为主,从"学会"为主转向"会学"为主,从学生被动学习转向主动学习,从师讲生听转向师生互动学习,从单纯学知转向学会信息选择、收集、分析、加工、整理、应用、创造之时,这种学习文化的"消极"因素也越来越凸显。正如英国德蒙福特大学金立贤博士和华威大学马丁·柯太极教授在《中国学生的学习文化研究》一书中说道:"中国文化背景的机械学习法,记忆或习惯,而非理解。机械学习,或者说死记硬背,旨在能够靠记忆对所学知识进行重复,而非理解所学知识。"我校创建"学习共同体",就是要培育学生合作的学习文化,以改变传统学习文化的负面影响,将学生从"客体"学习状态转化为"主体"学校状态,形成平等、互助、对话式的学习关系,真正做到学生主体、教师主导,减少"教"的时间和空间,扩大"学"的动力和效果,从而从根本上减轻教学负担,提高教学效率。

二、三维评价:建构一种规范科学的"少教多学"观察支架

课堂观察,顾名思义,就是通过观察,对课堂的运行状况进行记录、分析和研究,并在此基础上谋求学生课堂学习的改善、促进教师发展的专业活动。

课堂观察涉及的因素很多,需要有一个规范科学的观察"支架",否则将使观察陷入随意、散乱之中。在实践"少教多学"过程中,我校尝试从知识、学生、反馈三个维度构建一个可供教师使用的课堂观察的"支架",在具体操作中,使这三者维度既各有所指,又相互关联。

学生维度,主要关注学生怎么学或学得怎样的问题。学生改变,才能让课堂改变、教师改变、学校改变、教育改变。学生是课堂学习活动的主体,他们是课堂学习的积极参与者、主动建构者,学生的有效学习是课堂成败的决定性因素。北京师范大学教授伍新春认为:真正的学习应该发生在学生身上,让学生获得经验,并且能够让学生解决生活中遇到的实际问题。

知识维度,就是关注知识系统的重组及反思。"少教多学"倡导把新知识的学习纳入原有的知识体系,使知识的学习不再是孤立的、零散的,而是系统的、有体系的。对于重新组建的知识系统要重新审视、甄别、检验,以便知识的迁移和应用。"少教"不要被表面的现象所困,而是通过现象直达事物的本质。"多学"重视学以致用,在学以致用的基础上学以创新,懂得知识的迁移运用,创造性地解决新问题及现实问题。恰如德国教育家赫尔巴特所言,教学不能总是让人在舒适的山谷中游荡,相反要让人练习登山、掠过草地与沼泽,并使人获得广阔的视野。

反馈维度,就是师生、生生之间的对话与评价。教师是课堂教学的组织者、引导者、促进者,教师灵活运用各种教学资源、教学方式等教学行为在很大程度上影响着课堂教学的有效性。改进教育最简单的处方是"智慧反馈",展示、反馈是对话的一体两翼,没有反馈就无法形成有效对话。这里的对话不是各自成果的展示与交流,而是一种论证,是一种各抒己见的交互形式。"交互反馈",目的是以此搭建师生、生生多维对话的平台,促进思想的共鸣、情感的交融,实现生命活力与成绩提升的双赢。

在具体操作过程中,我校将课堂观察支架分解为学生、知识、反馈三个维度,每个维度又由3个视角构成,例如,学生维度包括态度、参与度、思维深度三个视角,每个视角又由3个观察点组成,合计9个点,它们分别是:① 是否激发情境,设计问题;是否主动探索,不断追问;是否紧扣课标,有趣高效。② 是否全员参与,人人活动;是否全程参与,情绪稳定;是否参与讨论,习惯良好。③ 是否有效参与,深入思考;是否真正讨论,真实对话;是否自由叙述,大胆质疑。这些观察点不再以评价标准的方式出现,而是以问题的方式呈现,旨在引领教师思考、梳理不符合"少教多学"的负面清单。

在开展"少教多学"课堂观察的初期,教师们联系自己的学科教学实践,认真学习观察支架中每个维度的"观察视角"和"观察点",寻找自己感兴趣的问题,从中确定自己的观察点。但课堂观察支架只是为教师理解"少教多学"课堂提供了一个视角,只是为教师开发观察工具提供了一个参照体系。如果让教师们描述"少教多学"课堂是什么,对大多数老师而言是一个很难的问题。事实上,不能描述课堂的构成,当然也就难以理解"少教多学"课堂,难以真正做到"少教多学"。课堂观察支架为老师立足于"点"来思考"少教多学"课堂提供了的观察点,而27个点、9个视角、3个维度的综合又避免了"只见树木,不见森林"的问题,为老师从"面"上理解"少教多学"课堂提供了支持。所以,课堂观察支架从"点"和"面"引领教师理解课堂、反思课堂、改进课堂,提升教师教学的有效性和专业发展的品质。

实践过程中我们也发现,不少教师缺少自己个性化的观察,观察视点单一。现在,我们提倡教师根据自身课堂教学的需要,设计个性化的观察维度、观察视角和观察点。教师可以根据观察支架的架构体系选择或设计自己的观察工具,如量表、记录单、调查问卷等,选择合作观察的伙伴,商讨分工合作的观察内容,研讨双方观察的规则等。在实际的操作中,根据《南师附中江宁分校课堂观察支架》选择观察点时,可以根据需要形成"一人一点,多人一点,一人多点,多人多点"的观察模式。

总之,课堂观察的关键点是教师在"少"上多研究,做到能"让"会"引",确保让引并重;学生在"多"上下功夫,做到善学真思,确保学思结合。在具体的教学过程中,关注是否把"少教"与"多学"有机融合起来,根据教学内容的具体情况和不同的教学目标,从整体上考虑时间的分配,而不是就每一节课的时间进行简单的切割。要求每一节课在时间上都体现"少教多学",这是很难的也是不科学的。"少教"与"多学"的关系不是非此即彼,而是你中有我,我中有你,彼此融合共生共长的关系。"少教"要少得有度,"多学"要有思维含量。

三、教学模型:一种灵活多变的"少教多学"教学流程

教学流程是教学理论的简化表现方式,即通过简明扼要的符号、图式和关系的

解释来反映它所依据的教学理论的基本特征,使人们在头脑中形成一个比抽象理论具体得多的教学实施程序。一堂课的大流程通常称为教学模式。乔伊斯和韦尔在《教学模式》一书中指出:教学模式是在一定的教学思想或教学理论指导下建立起来的各种类型的教学活动的基本结构或框架,表现教学过程的程序性的策略体系。课堂教学模式的研究不仅要有理论,更要有实践,它是多种教学方式优化组合的结果。

朱永新教授说:"离开模式什么都是'浮云'。这个时期或者未来时期,教育的核心竞争力取决于你这个学校有没有具有核心竞争力的课堂,有没有具有核心竞争力的课堂经营模式。"为此,在几年探索实践的基础上,我校借鉴了美国范德堡大学约翰·布兰斯福德教授的"抛锚式课堂教学模式",提出了"创设情境、提出问题、独立思考、合作交流、展示提升、拓展总结"六环节 24 字"少教多学"教学模式,以凸显学生的主体地位,让学生动起来。

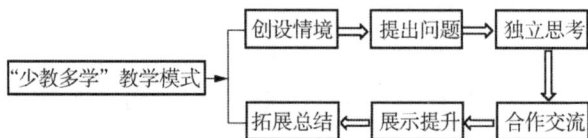

```
                      ┌──→ 创设情境 ──→ 提出问题 ──→ 独立思考
"少教多学"教学模式 ──→ ┤                                    │
                      └──← 拓展总结 ←── 展示提升 ←── 合作交流
```

我校六环节 24 字"少教多学"教学模式,全都围绕学生"学"的活动展开,确保学生有"多学"的时间和空间。如创设情境,是指学生在学习过程中,如遇有过不去的"坎",教师可以适时简洁地提供一些与所学内容相关的情节、景色和现象,衔接和过渡到新的知识,帮助学生尽快"登堂入室",避免不必要的时间浪费。再如提出问题,是指学生在学习过程提出的各自的困惑或质疑,经快速整合、梳理,生成新的更有意义的问题,循环往复,螺旋上升,不断把学生的"学"推向高处。问题是思维的起点,真问题是思维的助推器。只有学生的真问题存在,才能谈得上课堂的深度学习。对于一堂课,学生感兴趣的是什么? 学习过程中有哪些困惑? 课后还有哪些需要关注的问题? 这些都是真问题,是学生想象力、求知欲、思维力的来源。呵护这些问题才是以生为本的体现,才是课堂有意义的基石。没有真问题,学生就是知识的奴仆。又如独立思考,是指问题提出或生成后,学生必须根据已有的知识经验尝试着自己解决,教师要确保学生有独立学习、自主探索的机会和时间,这是合作学习的基础。任何没有思维含量、没有难度、无法引发学生学习兴趣的学习,都无法提升学习的品质,是不具有学习价值的。其他,即合作交流、展示提升、拓展总结三个环节,主体也都是学生自己。六环节 24 字"少教多学"教学模式,不但能够激发学生的学习兴趣,增强学习的目的性、问题意识、任务意识,而且学以致用,便于学生知识的建构与能力的提高。

但在实践中,我们发现:相比于教学模式,教学模型更强调课堂诸要素的提炼和组合,老师在课堂中也可以生成很多新的要素,不断进行组合。尽管"模型"与"模式"的概念有诸多交叉之处,但两者有更多的差异。"模式"的英文为"pattern",是解决某一类问题的方法论。模型的英文是"model",意为用以分析问题的概念、数学关系、逻辑关系和算法序列的表示体系。可见,"模型"是高于"模式"的,"模式"是"模型"的子概念体系;模型是弹性的,模式是固定的;模型是自适的,模式是程式的;模型是隐形的,模式是显性的;模型是相对有限的,模式是绝对无限的。

就教学层面而言,我们要求教师从学情出发,以科学的学习理论为指导,提炼课堂教学的核心要素和环节,但这些要素和环节不是固定不变的,面对不同的学科、不同的内容、不同的学生、不同的目标,老师可以在课堂教学中生成许多新的要素和组合,让模型有弹性、有张力、有生命、有活力。基于问题的学习、教学模型强调基于项目的学习、基于挑战的学习和基于探究的学习,鼓励教师创造性地解决教学问题并积极实施解决方案。

我们强调的是:课堂教学六环节可以根据课堂教学的具体情况,教师自由选择其中的几个环节,并进行自由组合,而不是死板地照搬,机械地套用。总之,在六环节实施过程中,教师可灵活地运用,大胆地取舍,适时做一些必要的引导、激励和点拨。

我们构建"一体三维六环节"少教多学运行机制,就是尽可能地规范教师的课堂行为,以凸显学生的主体地位,保证学生能拥有足够的学习时间和学习权利,让学生动起来,不让课堂教学滑落到"多教"的老路上来。我们构建"一体三维六环节"课堂教学模型,就是要寻找一条道路,使教师的教与学生的学能有机地结合起来,真正实现"学生主体、教师主导",减少"教"的时间和空间,扩大"学"的动力和效果,力求从根本上减轻学生的负担,提高教学效率。一句话,我们力求通过"一体三维六环节"少教多学运行机制的建构与实施,更好地实践"少教多学"的教学理念与策略。

（此文发表于 2018 年第 5 期《教育研究与评论》）

第二章

学 科 实 践

◇ 语文

谈习作启蒙中写作知识的教学策略

小学语文　罗刚淮

　　小学阶段的写作教学从严格意义上说,都是习作启蒙,主要任务是激发表达兴趣,体验口头与书面表达,在实践中学习和形成简单的写作技能,而非写作知识和写作技能的系统传授和学习。所以,语文课程标准里将小学的低、中、高三个学段的写作都定位为习作,而非写作,教学定位为习作教学,而非写作教学。当然,倘若教师心中并无写作的基本常识与写作知识渗透和教学的意识,那么,所谓的兴趣激发、游戏经历、感官体验等,就会停留于浅表虚浮,不能内化和升华,所谓写作的经历经验也会因缺乏积累和提炼而湮没于琐屑平俗之中,无助于写作能力的提升,写作的常识和写作能力、写作意识、写作兴趣等关乎写作的核心素养都难以形成。如此,这习作教学也便成了低效乃至无效的教学,是未达标的教学。唯有将习作兴趣体验与习作知识的科学渗透和艺术教学有机结合,才能使学生学有兴趣又学有所得,这才是习作教学的应有之路。那么,如何在习作启蒙中有效渗透写作知识的教学呢？笔者认为:

一、范文引路,融知识于情境

　　小学生起步作文,迷蒙懵懂,常常手足无措。有些教师带着学生做游戏,然后让学生把游戏写出来,可是学生口头说说倒是没什么问题,一旦动笔,刚才说的一堆话就跑不见了。有些教师喜欢教学生框架格式,讲作文时要交代时间、地点、人物、事件等记叙文写作的几要素。可是学生似懂非懂地点头之后,仍茫茫然不知如何动笔。这其实都忽视了学生的学情基础,忽视了用有效的策略对接学生已有的能力。其实对于二、三年级的学生来说,他们是有一定的表达能力的,他们只是对于习作的形式不了解,不知如何说。即便老师告诉他们如何写,他们也还是不能清晰地明白,因为老师说的与他们脑中形成的概念图式都是不同的。这时,如果老师以一篇范文呈现给他们,圈点出哪些词句便是交代了时间,哪些词句交代了事情,哪些词句说清楚了地点,今天的活动中也要模仿,写下这些信息,等等。学生便会恍然大悟,依葫芦画瓢,写出刚才游戏活动的过程。这其实就是找准了学情,并科学地利用了学生直观感知的能力,给予习作指导。范文以鲜活生动的案例形式,直观地传递了文章的结构、记叙要素和表现形式、语句的组织等,学生能直观感知,并很快领会要求,模仿起来能很快进入状态。即使有一两处不到位的,老师再跟进指导纠正,学生的习作能力便能得到发展。所以,小学阶段的许多习作知识大都可以通过具体的范文来帮助呈现。到了小学五、六年级,比如学习细节描写中的一连串动作描写,就可以结合具体的一段细节描写来指导和迁移练习;教动静结合的写法,可以通过如《鸟的天堂》这类文章的片段展现,加以引导;教总分总的写法,典型的例文很多;这些都可以成为习作的范例,供师生选用。

二、拐杖相助,用知识助力写作

有老师认为,写作知识对于习作教学来说是负担,习作指导只要激发兴趣,帮助寻找到素材即可。其实,兴趣尽管重要,但如果没有必要的写作知识的学习要求,习作很容易失之浮略——学生因缺乏挑战而失去兴趣,文章因缺乏专项技能的练习而不够深入。而从教学实践看,有时习作知识教学的及时有效,不但不会成为负担,还可以成为学生写作的拐杖和桥梁,成为助力工具,帮助其获得写作成功。比如教学四、五年级学生写作文,常常发现学生不太能将事情过程写具体,甚至有些能力弱的连写作顺序都不会安排,写起来头上一句脚上一句没有条理。对此,老师不妨告诉学生事情发生都有先后过程,起因、经过、高潮、结果等,都应逐一描述清楚。写作前不妨让学生不急着写,先说说起因是什么,经过有几个环节,怎么进展的,高潮的时候是怎样的状态,结果如何。想好了,也能说清楚了,不妨在草稿纸上把刚才的描述写出纲要来:起因、经过、高潮、结果,每个后面可以列几个词语或者一句话提醒自己。学生根据这些要求再去写,很容易进入写作状态,写出来的文章会很有条理。学生由于事先有过仔细的思考和说的过程,加上草稿本上每个环节有词语提示,写作时能写得很具体。学生习作获得成功,恰在于教师教授给了"写作的条理"这一常识,强调了起因、经过、高潮、结果这一记叙的必要规范,甚至在潜移默化中渗透列写作提纲的习惯培养。为了告诉学生如何写得细致具体,有的老师告诉学生要学会分解,写事情要有"首先、接着、然后、最后"这类的词来引导,写物则要将物分解为几个部分,每部分写出形、色甚至味、质等。这些写作常识渗透在具体的习作课教学中,学生一下子就可找到写作的拐杖,写起来有目标方向,有依仗引导,一篇习作就能轻松完成。这样的写作知识教学就不是额外的学习负担,而是用来解决困难的法器,具有神奇的魔法功能,一旦用上了,可以轻松成文。这种习作知识的教学由于实用,又来得及时,学生容易接受,而且在实践中接受检验,发现确实很管用,学生心理上容易认同。这样的习作知识便成了自己认可的知识经验,对写作将发挥着长久的影响。经常这样习得和写作实践,经常获得成功,这写作的兴趣愈加浓厚,写作经验愈加丰富,写作就会成为表达倾吐的需要。写作就不再是负担,而会成为乐趣的源泉。

三、分步仿作,使知识浅近易学

学生作文是一个浑然的整体体验和表达的过程,有的教师在习作指导时很迷茫,觉得写作课"一课一得"不好操作,教会学生写心理活动,但那边学生说不会开头;教会那边学生开头了,这边学生喊不会写外貌……你说一课就讲一点要求,那么学生提出的那些困难怎么办? 因此,有些教师便索性每篇作文教学时都将作文过程都先讲解一遍,怎么审题、怎么选材、怎么构思、怎么写作,甚至连开头结尾,经过高潮都一一强调在前。这样的教学辛苦自不必说,结果交上来的学生作文,全班几乎一个套路,疲于奔命,却劳而无功。原本出于好心给予细致指导,免得学生走弯路,结果弄巧成拙,指导成了学生写作的镣铐,邯郸学步,失去自我。这真气得教师哑巴吃黄连——有口难言。其实,习作启蒙的一个重要特点是"小切口,分步走"。一课一得不只是习作教学这么强调,整个语文学习或者各学科学习都这样要求。习作教学中的一课一得就是指写作知识的分项分专题教学。语文课本的每个单元的习作教学,往往都有教学的目标指向,比如有的学习使用拟声词,有的学习运用方位顺序介绍事物,有的学习场面描写,有的学习心理活动描写等。这些教学目标大都隐藏在习作要求的背后,对应着语文课程标准的年段要求,有的甚至很隐晦,需要教师仔细分析和挖掘,原因是编者不希望教师以过于简单直白的方式来教学写作知识,因此故意设置情境性的写作要求,让学生见了不厌,乐于阅读。而作为教师则须精心设计,艺术化地教学和引导。对此,教师教学时便要领会编者意图,既要重点突出某个训练点,又要融知识教学于情境之中,做到自然有趣,天衣无缝。比如有老师教学苏教版四年级语文上册一次习作——编童话,她从学生熟悉的卡通人物孙悟空、海绵宝宝等入手,总结出童话吸引人的几点要求:符合人物特点、结合小学生的生活、发生离奇故事等——其实正是本次习作的基本要求,然后示范创编童话《海绵宝宝来到身边》。学生从范例中真切地清楚写作的要求,以及这种要求带来的故事的作用,此时开始写作,学生便能将习作知识融于写作实践中。习作完成后,教师指名学生读自己的习作片段,再组织学生对照本次习作的要求来评价得失。这样教与评目标一致,学生学习聚焦于一课一得,在学习、实践、评价、反思多个环节中反复关注和思考教学目标,逐步明晰并掌握本次习作的重点,习作能力自然容易得到提升。倘若课课都这样学有所得,这样的习作教学便是有效的,学生的习作能力必然得到提高。

四、读写结合,体悟知识妙趣

写作教学有时并不是仅仅在习作课上开展的,有时也可出现在阅读课堂上或是某个课间、某个活动的及时引导上。教师有心捕捉,有意渗透,读写结合,往往会在生动的情境中轻松又高效地教学习作知识。比如教师在教学《海伦·凯勒》一课"莎丽文教海伦学水字"片段时,有意问学生:如果你是莎丽文,你会如何教一个又聋又哑的孩子写水字呢? 几位学生口头描述了自己的打算,教师再让学生读文中这段细节描写,体会莎丽文老师的循循善诱。这样教学既让学生体会到莎丽文老师教学的爱与用心,教学艺术高超,又口头练习了教学生写水字的经过,读写结合,体会优秀文章中语言表达的妙处,自觉学习优秀的语言表达技巧。对比体验,学生信服,知识教学才会深入内心,在脑中得以自主链接。

现在的学生学习很有主见,不是一味听任老师的灌输、一味俯首聆听。假若没理解或者自己有异议,学生并不会轻易接受教师的观点和讲述。比如,有教师教学苏教版五语"观察天象,展开联想"的习作。教师以云彩为例,仔细指导,提出想象要求,然后建议多写朝霞、夕阳、日食、月食等天象。学生提出写动植物可不可以,教师很是纠结,因为从想象训练的角度说,未尝不可,但是根据经验来看,写动植物的观察和想象很难写好,很可能背离本次习作的要求,到时再要求重新写,会是很辛苦的事。思量后,教师说"不可以"。但学生我行我素。结果写作成文后,教师发现学生习作想象丰富,联想有根有据,完全达到了写作的目的。教师教后反思,认为本课教学虽然学生在写什么的问题上与自己持有不同观点(也是教师过于包办,考虑不周所致),但在"观察—联想"的方法指导上,自己通过出示范文中的不同词句对比分析,寻找内在联系,学生是都领会了的,教学是有效的,否则学生写动植物时不可能那样联想丰富又紧密结合事实特点,虚实有致,张弛有度。作前指导时,教师在带领学生进行指向写作的阅读中,对范文的理解、分析是到位的,结合范例谈写作要求是落实了的。由此可见,读与写有机结合,相融相济,形成和谐共进的合力,学生习作能力能得以快速提升。

五、链接成树,让知识成系统

小学生进入高年级,陆续掌握了不少习作知识,如首尾呼应、写作顺序、写作结构、描写方法、修辞手法、说明方法等,在合适的场合他们还能运用这些习作知识,用来评析文章、赏析词句章法。但在运用这些知识有时也会出现混乱,比如将修辞方法说成写作方法,说明方法与修辞方法混淆,写作顺序与写作结构的理解混乱等。对此,在六年级的习作课上,笔者尝试花了一节课的时间将学生所知的名词进行了一个梳理,用写作知识树的形式分层级展示,链接成树的形状。学生看到一个个熟悉的名称术语,原来分别定位在知识树的不同的分支上,相互间有着不同的关联,才恍然大悟。仔细追索辩论后,他们的概念清晰了,各个名词间的界限和关联清楚了,知识间的逻辑清晰了,他们再进行描述时,概念便不再混乱。教师原来担心学生会因习作知识枯燥而难以调动学生兴趣的,结果在知识树这一形象直观的呈现形式面前,轻松解决问题,不但使学生弄清楚了概念、界限,而且对习作知识有了更加系统的了解和认识,还认识到许多知识都有内在的规律,激发了他们求知的热情和求真的意识。习作知识竟然没有想象中的乏味,反倒充满了魅力,引得学生饶有兴趣地探索。在具体写作时,老师再进行习作指导时,提一些习作技能方面的要求,学生便会清晰地理解,并在写作中得以关注,文章愈加精彩,写作效率也高了。可见,即使是小学阶段,教授学生必要的习作知识,对学生的写作也是大有裨益的。

总之,习作能力是小学生语文学习诸能力中的提升难点,习作启蒙既要立足学情,以趣为导向展开教学,又要将习作常识的渗透贯穿于习作教学之中。唯有坚持习作知识的教学,一课一得,螺旋渗透,才可能实现学生习作能力的螺旋式进步。若能长期坚持,量变引起质变,许多的习作知识点被学生理解吸收,融会贯通了,你会在无意间突然发现,学生的写作能力有了很大的跃升,他们的综合表达能力也有了提升。而这显然是在习作启蒙阶段就进行习作知识教学的缘故。

(此文发表于 2017 年第 23 期《教学与管理》)

举一隅不以三隅反

高中语文　薛颖颖

随意、无序、低效,可以说是当下作文教学的三大病症。病症的归因肯定不止一端,但普遍的现象是我们太过相信"多写出好文"的箴言,一味追求习作的篇数和花样,而对学生的写作素材和每次习作的效果,缺乏必要的研究和分析,学生只得"拿一个套子套来套去"。这种"猴子掰玉米"式的作文训练方式,费时且低效。

有感于此,笔者近年来一直尝试使用"一题到底"的作文训练策略,就是紧盯"用好"某一则作文素材或"写好"某一道作文题的目标不放,直至学生能全方位地"用好"这一则或"写好"这一篇为止。这种意在追求"用一则通一则,写一篇成一篇"的做法,淡化"量"的要求,重在"质"的提升,正如梁启超先生所说:"我主张少做,是做一次必将一种文章做通。"

素材:研究"核心点"才有生发性

俗话说"巧妇难为无米之炊",然而,在学生习作中,有"米"有时也未必就能烧出可口的饭食。因为很少有学生对自己所掌握的素材去下一番功夫,沉下心来去研究素材的内涵所在。我想,如果能让学生深度掌握两三则有生发价值的核心素材,写作中能起到举一反三"以一当十"的效果,岂不甚好! 黄厚江老师说过:"尽管我们不提倡依靠两三则材料应对各种不同要求的文章,但从写作实际来看,同一则材料在不同文章中加以运用还是比较普遍的,甚至同一则材料写出不同文体也是很正常的事情。"要运用好"同一则材料",就必须精准掌握材料的精髓,甚至达到研究的深度和专家的水准。

班里有个同学对尼采有浓厚的兴趣,他阅读了尼采的许多著作以及后人研究尼采的许多论著。高中三年,他的文章所用材料都与尼采有关,极具思辨性和哲理性,令人刮目相看。对这位同学来说,尼采,就真正成了"属于他"的核心素材。无独有偶,听过王大绩老师的作文讲座,他说他们学校有个学生,高一到高三直至高考作文,都是以海子为素材,最终取得了作文满分的佳绩。其实,海子的生平、作品、诗风以及外界对海子的评价,该生都了如指掌,海子的许多诗作都能熟练诵咏。由此看来,只有学生真正"读懂"和"吃透"的素材才能成为核心素材,学生在写作中才能自由生发而游刃有余。

退而论之,让每位学生对素材的研究都能达到类似尼采和海子的深度和广度,可能也有一定的难度,但训练学生研究一些片段素材,使其成为自己的核心素材则是完全可行的。笔者曾以"弘一法师圆寂之际,仍不忘叮嘱弟子在他的遗体装龛前,先在龛的四角上各垫上一只碗,碗中盛水,以免爬虫无辜烧死"这则素材,训练学生"一材多用"的能力,结果学生从这则素材生发出多种观点,并很自然地用于不同立意的习作中。这样的"一材多用"本身又与当下供料作文审题训练如出一辙,这又启示我们,对素材的生发过程也是把素材当材料的审题过程,两者结合,相得益彰。

当然,无论何种"素材"都有一个提炼、加工和改造的过程,因此,训练学生根据不同文体要求,转换对同一则素材的使用,也是一种有意义的作文训练形式。议论文自不用说,记叙文对素材的运用更强调其转换:要用自己熟悉的素材来演绎主题的意蕴。只有学生真正掌握了属于自己的"核心"素材,通过模仿、转化、借用、引申等方式生发开去,才能信手拈来,百变通用!

写段:消弭"薄弱点"才有生长性

杭州师范大学的叶黎明教授指出:"写作的结果不一定是完整的一篇文章,也可以是句子、句群或段落,这正是被中学写作教学所忽视的。"学生写作本来就是个从简单到复杂、由分解到综合,循环往复、渐次提升的过程。有的老师可能过高估量学生现有的写作能力和水平,对高一新生就按高考的要求进行作文,使学生无所适从。因此,在高中起始阶段,让学生特别是写作底子比较薄弱的同学,围绕同一道作文题,进行有针对性的"写段"练习,往往会收到意想不到的效果。

笔者曾以写作记叙文"诗意生活"为契机,个性化地对学生进行"写段"训练。有同学开头就大谈特谈"诗意"的内涵和形式,空发议论、叙议不分、啰唆冗长,我就引导他们练习文章的开头,可以从事件本身直接切入,可以从环境描写切入,也可以简明扼要地引出叙事主体,直至写出符合文体特征的开头;有同学展现"诗意"的内涵过于简单化、脸谱化,我则引导他们练习细节描写的方法,直至写出的"诗意"形象鲜活生动、真切感人为止。

议论文写作,同样也有着"写好"段落的问题。根据笔者写作教学的体会,学生议论文中的素材证明不了观点的现象比较普遍。在作文练习时,我就有意识地引导学生收集可以支撑自己观点的素材,并将这些素材进行分类,最后选出最能支撑自己观点的素材放到作文里。中学生写作议论文还有一个很不好的习惯,就是提出一个观点后,立刻就是一连串的事例,可就是不讲"理"。在作文练习时,我就重点引导学生就着一个例子"讲"道理,同时总结概况出假设因果、例后解说、正反对照、引文释义等讲"理"的方式方法。像这样的"写段"练习,围绕同一道作文题深入下去,针对不同学生的薄弱环节展开。这种"点"对"点"的训练,意在消弭学生各自习作中的"薄弱点",有很好的生长性。由于是同一道作文题,学生都比较熟悉,便于同学间相互沟通,相互启发,又因为训练的结果当堂展示,这也变相强化了学习的心理刺激,学生写作的薄弱环节逐渐得到改善。

文体:善写"多体式"才有选择性

文体不限已成为各地高考作文的基本要求。但随着近几年来供料作文的普及,为保险保底起见,许多同学不敢轻易在考场中写记叙文。然而,记叙文是写作的起点和基础。记得南京师范大学的何永康教授在谈高考作文时说:"大凡作文者,都必须从'记叙'始,打好扎实的'记叙'基础,否则难以登堂入室。"因此,笔者在作文教学中,尝试让学生用同一道作文题写出不同文体的作文,这样自然就强化了学生写记叙文的意识和能力。

刚刚结束的江苏省南京市高三一模作文的材料是:诗人北岛曾痛心地指出,我们生活在一个没有细节的时代。商业化和娱乐化的时代正从人们生法中删除细节。毫无悬念,绝大多数同学选择写议论文。评讲作文时,我针对学生不敢写记叙文的心理,印发了两篇切合本次作文立意的记叙文,一篇是《散文》杂志里安庆的文章《一条少年的街道》,另一篇是宗璞的叙事散文《董师傅游湖》。学生阅读交流后,我趁热打铁,仍用一模作文题,要求学生仿照这两篇记叙类文章,结合自己的生活经历写一篇记叙文。如此一来,同一个材料,不同文体的两篇习作,相互关联又相互渗透。学生写过了议论文,再写记叙文,对文体特点的体会更深刻了,对题目的理解更丰富了,写作记叙文的信心也更足了。有了这样的基础,再根据学生写作的特长和优势,拓宽文体,针对性地指导学生尝试写作议论散文、叙事散文、哲理散文……这样,学生的考场写作就有了更多的资本和空间。

笔者强调文体的"多体式",不但要借助名家作品、优秀文本来示范,教师自身也要参与写作的环节,尝试"下水作文",甚至是一个题目,多篇不同文体的体验和示范。事实证明,师生共同参与作文的创作、修改与评价,能够深化写作过程,提高作文教学的效率。

总之,"一题到底"作文训练,让学生经历了一个对核心素材进行研究和运用的过程,经历了一个针对自身写作的薄弱环节而进行写段训练的过程,经历了一个相同文题写作不同文体的过程,学生也就彻底经历了一次实实在在的作文深度训练的过程。

孔子云:"举一隅不以三隅反,则不复也",然而在作文教学中,能做到"举一反一"已属不易,"举三反一"甚至"举而不反"也比比皆是。"一题到底"作文训练法,此法虽小,可以喻大也。

(此文发表于 2015 年第 6 期《中学语文教学参考》,

人大复印资料 2015 年第 10 期全文转载)

例说新材料作文的立意原则

高中语文　成中余

最近几年,一度淡出高考的供材料作文又重新登上了高考的舞台,成为命题人考查学生写作能力的主流手段。难能可贵的是,重出江湖的"供材料作文"一改以往"苛求考生"的行事作风,借助于让考生"自选角度,自定立意,自选文体,自拟标题"的形式,展现出"亲近考生"的可贵风范,因而一直深受社会各界的好评,广大语文教师更是在平时的教学过程中把它作为作文教学的重点,不遗余力地引导学生对之加以反复的训练。

可惜的是,不管是在平时的练笔过程中,还是在最终的考场"角力"中,绝大部分考生的表现实在是不尽如人意,他们似乎并不懂得"领命题人的情,会命题人的意",总是写不出命题人所期待的那种能够让人耳目一新的精彩文章来!笔者以为,此种窘况的形成,固然与考生文体知识运用能力的缺乏有一定的关系,但最根本的恐怕还是在于考生不善于从材料中发现可供自己切入思考的多个角度,从而不能从多个角度对材料的内涵作有深度的发散性思考,因而也就无法确立既鲜明准确又新颖深刻的立意来。

这样一来,在"文章以意为先"的评价标准早已深入人心的大背景下,如何帮助考生走出新材料作文的立意困境,就成了亟须每一位语文老师尽快给出明确答案的现实问题。笔者忝为人师,曾就此问题作出过一些粗浅的思考,作出过一些简单的尝试,学生们反映,笔者所传授的"缘类求意"法,对帮助他们提升自己的立意能力确实起到了一定的作用。

所谓"缘类",是指立意前辨清所供材料的性质与类型,弄清楚其究竟是现实叙事性的,还是隐喻象征性的,抑或是话题辨议性的……所谓"求意",是指在找到材料所隐含的多个角度的基础上,思考清楚命题人隐含在每个角度上的价值取向,并进而甄别清楚这些价值取向在意趣上的优劣高低,最终在"不超出材料内涵范围"和"既准确又新颖"的原则框架下,确立自己将要持守的观点或主张。因为材料的性质、类型不同,其生发立意的方法与途径也是不同的,所以,在立意过程中,我们要坚持把对材料类型的界定和对材料内涵的分析这两方面的工作有机结合起来,而不能顾此失彼。

下面,笔者就结合典型材料,谈谈不同性质的材料的生"意"原则与方法。

一、现实叙事类材料的立意原则——人事皆角度,追问出思想

现实叙事类材料是常见的供材之一。解读此类材料,写作者首先应该借助于对"所叙何事""所涉何人"等问题的追问,帮助自己迅速发现材料中所隐含的可供自己切入的思维角度。因为在此类材料中,事件本身往往就可以作为一个思考角度,甚至事件的每一个主要环节也都可以作为独立的思考角度;而至于事件所涉及的人物,每一个都可以视为独立的思维原点。这样说来,此类材料中真正可以供写作者切入思考的角度至少有"N(所涉人物)+1(事件)"个,而不是像绝大部分人所认为的那样只有一两个。

在发现材料所隐含的多个角度后,写作者应该进而通过对"事件本身说明了什么""我们对人物身上最值得褒或贬的特性应该怎么看"等问题的追问,"逼"出自己的思想观点。当然,这样的追问与思考,决不能滞留于一面,而应该向多个维度发散,因为对同一件事,人们关注的角度不同,所获得的启悟也是不一样的;而对同一个人物,我们若以不同的心态和标准去评价,得出的结论往往也是千差万别的。

只有寻找到了角度,追问清了问题,我们才算真正理解了"自选角度,自定立意"的要求,才有可能将这一要求落实到位。即以下面一则材料为例:

下班前,一名工人进入冷库检查,冷库门突然关上,他被困在了里面,并在死亡边缘挣扎了5个小时。

突然,门打开了,工厂保安走进来救了他。

事后有人问保安:"你为什么会想起打开这扇门?这可不是你日常工作的一部分啊。"

保安说:"我在这家企业工作了35年。每天数以百计的工人从我面前进进出出,他是唯一一个每天早上向我问好并下午跟我道别的人。"

"今天,他进门时跟我说过'你好',但我一直没有听到他说'明天见'。"

"我每天都在等待他的'你好'和'明天见'。我知道他还没有跟我道别,我想他应该还在这栋建筑的某个地方,所以我开始寻找并找到了他。"

对于此则材料,如果按照上述步骤去解读,我们就会发现,材料范围之内可供写作者切入的角度至少有工人、保安、事件等三个。其中,工人身上值得褒扬的品格有许多,例如"尊重、友爱、关爱、坚持"等;而保安,身上值得肯定的特性也不少,例如"细心、回报、关心、善良、智慧、细致"等;至于材料所记述的事件,它带给人们的启悟更是多方面的,它既可以引发人们对人与人关系的思考,也可以引发人们对社会文明的追问,更可以引发人们对人性的深刻思辨……若能将思维如此发散开来,那么思想的火花就会一个接一个地闪现在我们的眼前。

角度	褒贬	立意示例
工人	褒	1. 赠人玫瑰,手有余香 2. 坚守善念 3. 尊重别人就是尊重自己 4. 用善良赢得回报
保安	褒	5. 回报善良 6. 做生活中的有心人 7. 真爱常在细微处 8. 重视细节 9. 可贵的"管闲事"精神
整个事件	给人的启悟	10. 尊重是相互的 11. 善待他人就是善待自己 12. 拒绝冷漠,播种善良 13. 爱是可以传递的 14. 只要人人献出一点爱,世界将变成美好的人间

只要能对上述意趣进行认真的甄别,将其中"他人不易想到"的意趣作为文章的主旨,写作者就可以确保在"立意撞车"的惨剧中顺利脱险。

需要说明的是,对于现实叙事类材料,如果所涉对象众多,我们在甄选立意时,应该尽可能地坚持"主要对象首选"的原则,以确保所定的立意与材料的主要意趣保持高度一致。

二、隐喻象征类材料的立意原则——物事里面"悟"人情,形象背后"味"深意

隐喻象征类材料,其最主要的特点就是借助一个关于自然物的生动故事来寄寓某些道理或揭示某些教训,从而使现实生活中的人们获得思想上的启迪。

因此,解读此类材料,首先要做的工作就是,将材料中已经被拟人化了的花鸟虫鱼等自然形象置换成现实生活中的社会形象,将材料中自然物所表现出来的思想、情绪、行为理解为现实生活中处在相似情境中的人的思想、情绪、行为;同时,要注意将材料中的一些促成自然物产生这样或那样的思想、情绪、行为的关键意象进行抽象化,使之与现实生活中能够催生出人们类似的思想、情绪、行为的一些主观或客观因素相对应。这样,一方面可以使写作者的思考贴近现实生活,一方面又可以确保这种思考有一个明晰的逻辑走向和具体的逻辑归宿,从而避免"立意空泛而不着边际"的流弊。

对于此类材料,写作者如果养成了"读到物事,念及人情,注重探究材料中形象的象征意义"的解读习惯,就能够迅速地把材料中的相关信息与社会生活中的某人、某事、某因素、某情绪、某思想、某行为一一对应起来,如果能进而思考社会生活中类似的事件所蕴含的意义,或努力阐明自己对社会生活中类似的人物身上最值得褒或贬的某种特性所持有的态度,就可以让自己的思维向多个维度明晰地发散。

需要强调的是,对于此类材料中最为关键的意象,写作者必须要能够坚持做多义性的解读,否则,所确定的立意只能流于空泛与低俗。即以下面一则材料为例:

> 有一条尾巴,它很自豪,它说:"我拥有一只猫。你看,孩子跟着爸妈跑,说爸妈有孩子当然对,要说孩子有爸妈也很好。猫可以有尾巴,为什么尾巴就不能有一只猫?"
>
> 另一条尾巴听见了,它是一条狗的尾巴,它说:"哎呀,原来我有一只狗,真好!"
>
> 狗生气了吗?没有,原来,它正跟在主人的身后,高兴地想:"对啊,原来我有一个人,多妙!"

对于材料中的"尾巴",我们可以把它隐喻成在集体里居于次要地位的平凡的人或事物,也可以把它抽象成一种心境、一种态度或一种认识,而对于"猫、狗、人"等意象,我们既可以把它隐喻成集体里居于主导地位的人或事物,也可以把它抽象成一种收获、一种觉悟或一种境界。至于材料中"尾巴"发现奥秘的过程,我们既可以把它理解成是对快乐或幸福的一次追寻,也可以把它理解成是对自我心境的一次调整,更可以把它理解成是对生命价值重新认识的一次尝试……

如果能以这样的思考做铺垫,我们就能够在对现实生活中"尾巴"类的人物及其行为作出或褒或贬的评价的过程中,将自己从材料中所领略到的意趣趋于明确和深刻。

角度	褒贬	立意示例
尾巴等	褒	1. 发现幸福 2. 保持乐观的人生态度 3. 换个角度思考问题 4. 发现"拥有",也就发现了快乐 5. 让精神常享"胜利"
	贬	6. 准确认知自我 7. 人贵有自知之明 8. 安放好自己的生命 9. 生命不可错位 10. 甘守平凡 11. 本末不可倒置 12. 给事实以必要的尊重 13. "被拥有"其实也是一种幸福 14. 让灵魂走出"阿Q精神胜利法"的怪圈
整个事件	给人的启悟	15. "老子"并非"天下第一" 16. 可鄙的"主宰"心态 17. 情绪往往是可以相互"感染"的

三、话题辨议类材料的立意原则——求"同"抓本质,辨"异"拓新域

话题辨议类材料多由两段或两段以上的短小精悍的议论性文字构成,往往围绕一个话题,但每段文字又都有自己明确的观点。命题人之所以采用这种组材方式,是因为其意在于揭示人们在认识上的差异性,其旨在于启迪人们对同一问题可以有不同的看法。

正因为此类材料具有话题明确、主张鲜明这样的特征,所以,在平时的写作训练过程中,许多考生和教师都认为其审题立意工作最为容易,简单到只需对材料中的某一种观点进行直接的认同或否定即可。事实上,他们是这么想的,也的确是这么做的,而且还乐此不疲。但笔者以为,这种思想行为是十分有害的。之所以这么说,是因为,这种思想行为虽然能够帮助写作者迅速触及材料的本质,并确保所立之意准确可靠,但它同时也催生出了"立意撞车"这一巨大的安全隐患。可以想见,一个人如果不能为文章打上自己的思想烙印,也不善于使自己的认识走向具体、深入,只是一味地在那里"人云亦云",俗谈空论,那他写出来的东西将会何等寡味,何等无趣!

要想避免这样的结果,就必须要坚持求同存异、比较分析的原则,对此类材料做多方面的有深度的解读。即,借助于"求同",弄清楚材料的共性话题是什么? 已经亮明的观点哪个值得认同,哪个应该否定? 就材料中的话题我们自己可有什么不同的看法? 借助于"辨异",弄清楚材料中不同观点在切入角度上有什么区别? 在内容侧重点上有什么差异? 从类似的角度我们还能提出怎样不同的看法? 除已经亮明的观点所涉及的角度外,我还可以从哪些角度对话题做进一步思考? ……一般来说,"求同",可以帮助我们迅速而准确地抓取材料的本质;"辨异",可以帮助我们拓宽思维的域度,延展思维的深度。

2014 年高考,江苏卷要求考生"根据以下材料,选取角度,自拟题目,写一篇不少于 800 字的文章":

> 有人说,没有什么是不朽的,只有青春是不朽的。
> 也有人说,青年人不相信有朝一日会老去,这种感觉其实是天真的,我们自欺欺人地抱有一种像自然一样长存不朽的信念。

评卷结果显示,当年,绝大部分学生都是以"青春不朽"作为文章的立意,在那里空发议论,空洞说教,从而使得文章面目可憎。

其实,考生只要在辨析材料中两个观点的相异处方面多用些心思,就会发现文章应该是可以写得具体而实在的。因为观点 1 采用比较之法,强调"青春"较之其他事物是"不朽"的,这个观点本身就暗含了这样一个既值得思考又有助于立意趋向具体的命题,即,"青春"为什么能够不朽? 至于观点 2,它在强调"青春不朽"是一种不切实际、自欺欺人的幻想这一观点的同时,也暗示了这样一些既值得思考又有助于立意趋向具体的命题,即,青春为什么会必然"朽"去? 既然青春会必然"朽"去,那我们该如何对待青春? ……如果把材料中看似矛盾的两个观点辩证统一起来,我们就会发现这当中也暗含着这样一些值得探究的命题,即,什么样的青春会"朽"去,什么样的青春会"不朽"? 青春虽然必定会"朽"去,但古今中外的历史上也有一些人让青春走向了"不朽",那么他们是怎样让青春"不朽"的呢? ……笔者觉得,如果考生能够对上述命题多投放一些心力去思考、去发现,那么所确定的立意就有可能像下面列举的那样具体而真切了。

一级角度	二级角度	立意示例
材料的共性	青春"朽"与"不朽"	1. 青春不朽 2. 青春稍纵即逝

一级角度	二级角度	立意示例
材料的个性	青春不朽	3. 奉献的青春不朽 4. 飞扬的青春不朽 5. 青春在奋斗的过程中走向不朽 6. 创造,让青春不朽 7. 永恒的价值,永恒的青春 8. 我在,故我永恒
	青春不会长存不朽	9. 生命的规律不可抗拒 10. 享受青春 11. 珍惜青春 12. 已经走过,就不必痛悔 13. "不朽"的信念可以升华生命

如果用同样的思维方法去解读下面一则材料,我们就会发现,其中的意趣是多么的丰富、有趣:

人皆可以为尧舜。(《孟子》)

保持一颗平凡的心,做出不平凡的事业。(舒婷)

完成伟大事业的人,起初并不伟大。(爱默生)

一级角度	二级角度	立意示例
材料的共性	成就伟大	1. 心有多大,世界就有多大 2. 我们的生命应该尽可能让后人仰视
材料的个性	人皆可成为伟大之人	3. 不想当将军的士兵不是好士兵 4. 相信自己 5. 英雄不是天生的 6. 造就伟大,唯"圣心备焉"
	保持平凡心,成就伟大	7. 甘守平凡 8. 平凡造就伟大 9. 让平凡成为伟大 10. 趋向伟大需要保持淡泊的情怀
	伟大者起初并不伟大	11. 伟大的潜质需要不断地发掘 12. 要善于化"平凡"为"伟大" 13. 后起的"山峦"可成"峰" 14. 唯有坚持不懈,才能从平凡走向伟大 15. 唯有怀揣理想,才能从平凡走向伟大 16. 唯有无畏苦难,才能从平凡走向伟大

新材料作文的立意问题是一个值得大家不遗余力、深入探究的课题,虽说解决这个问题的方法有许多种,但笔者觉得,立意的准确性永远取决于对材料本质的把

握,立意的新颖性永远取决于对"非常"角度的发现,而立意的深刻度则永远取决于对材料所做的定向思维的聚焦结果。

当然,从性质来看,新材料作文的供材除了上述三种主要类型外,还有漫画等其他一些特例,笔者在此不再一一赘述。

(此文发表于 2015 年第 3 期《中学语文教学参考》)

时间不够:语文教学的伪命题
——是谁攫走了我们的课堂教学时间

高中语文　李　滔

常听同行抱怨:语文教学的时间不够! 那时间去哪儿了? 到底是谁攫走了我们的课堂教学时间,是学校、学生抑或我们自己? 是真的时间不够,还是我们无端挥霍了时间? 让我们把目光投向教学实际,关注当下的语文教学生态,或许能得出答案!

前两天,听某老师教学《赤壁赋》(苏教版《高中语文·必修一》),教者问学生"黄冈之前苏轼的精神状态如何",学生没有什么反应。于是老师就让学生思考、讨论、交流,前前后后花去了十几分钟,也没得出满意的答案。其实,这只是个过渡性问题,花去十多分钟太过浪费。面对这种情况,如果教者让学生齐声朗诵《江城子·密州出猎》"老夫聊发少年狂,左牵黄,右擎苍……会挽雕弓如满月,西北望,射天狼",问题就可能迎刃而解,因为《江城子·密州出猎》正是作者写于黄冈之前,而且学生刚刚在初三学过,对高一学习《赤壁赋》本来就有知识、背景、情感等方面的支撑。这种教学机智和灵动,来源于教师具有敏感的课程意识,而上课的这位老师恰恰忽视了这一点。

现如今,我们不少教师急功近利,教学过程中,只有课堂,没有课程,将具有学科系统性的课程肢解为一堂一堂的课,这样一来,即使教师每堂课都教好了,学生每堂课都学好了,但这一门课程未必能够学得好。既然是课程,在教学内容和方法上就有一个循序渐进、厚积薄发的过程。我们的课堂教学必须遵循课程规律,把学科知识点放到整堂课、整个单元,甚至整个学科课程中去考量,设计有层次、有坡度的教学问题,找准学生的"最近发展区"。北京二十二中的孙淮刚老师提出:"教学要八方联系,浑然一体,漫江碧透,鱼翔浅底"。语文教学更应如此。语文教师唯有牢固地树立课程意识,课堂教学才能"逢凶化吉",不至于因为一些所谓的"问题"而浪费宝贵的语文教学时间。

语文教学的时间不够，还在于大量非语文的"拓展"充斥着我们的课堂。

有老师在教学史铁生《我与地坛》这样文质兼美、内蕴丰赡的散文时，用近 10 分钟的时间播放歌曲《懂你》，随后，要求学生用音乐表达对母爱的理解。在时间本就不充裕的语文课上花大量的时间去听歌，实在让人心疼。关键是这样的拓展，失去了语文味，架空了语言文字，对高中学生来说，显然缺乏深度，缺乏思维的挑战性，无法培养学生的智性思维。由于文本解读往往是多元的，而教师在实际操作中又缺乏这方面的经验和洞察力，抓偏、抓错、抓不到位的现象屡见不鲜，这样的跑偏，当然是白白浪费了宝贵的课堂教学时间。难怪黄厚江老师坦言："从某种意义上说，语文教学没有什么新方法。而所谓新方法，常常不是语文的方法"。就如我们学习《物种起源》绪论，教学重点绝不是像"进化论"一样，否则就有可能将语文课变成生物课、政治课、历史课、艺术欣赏课，唯独不是语文课。从这一角度出发，我们必须精心筛选、联系文本，对那些看似拓展，实则与语文无关或只是想当然地从某处随意生发开去的内容，要忍痛割爱，把宝贵的课堂教学时间用在对文本本身的研读上，切不可"种了他人的田，荒了自家的地"。

语文教学的时间不够，根源还在于我们忽视了"深度备课"。

记得 2005 年 6 月，我校邀请余映潮老师示范教学《假如生活欺骗了你》。课堂上，余老师对学生发言的评点，真是行云流水、信手拈来，令人敬佩。在送余老去机场的路上，我为此请教余老师，想获得一些成功的经验。余老师只是淡淡地说了一句："小李，我在课堂上的所有提问，在备课时都已预设了二十种以上的答案……"。我沉默了，但这句话会铭记终生。

苏联著名教育家苏霍姆林斯基说过：教师要用一生去备课。记得江苏省著名特级教师王栋生老师眼病好了以后，学校请他上戏剧文学选修课，他答应了，这是王老的品牌选修课，在师大附中已开了十多年。王栋生老师在"南京市教育名家千人报告会"讲到这件事的时候，说他上课的前一个晚上，把备课笔记看了又看，改了又改。当时，我就想，王栋生老师把课堂看得太神圣了。因为神圣，所以敬畏，因为敬畏，所以好好备课，充分备课，深度备课！

可让人揪心的是，我们语文教师共同的生存状态就是一个字："忙"！最直观的印象就是整天"忙"着上课。而现在的问题又恰恰是：课上得越多，课堂讲得越多，学生越是糊涂。我们的教育走进了"谈质量，就是加班加点上课；谈管理，就是全民皆兵考核评比"的怪圈，这样的现象，在我们语文课堂上普遍存在。

真的把课备好了，我们的课堂教学一定会有效或高效，因为深度备课为课堂教学的有效展开做好了充足的准备，自然就不需要教师在课堂教学中做那些无用而挥霍时间的事了。因此，"忙"着上课不如"忙"着备课。但现实还是常常听到老师抱怨课太多、事太多，没时间备课，令人不安。所以，有求于同行们共同努力，尽快遏制这种状况的不断蔓延。

语文教学的时间不够，还在于我们的课堂教学常常缺少"主问题"的引领。

记得多年前听过一堂《包身工》的公开课，课堂上，教师要求学生根据文本内容，给"包身工"下定义，字数可以在 150 字或 100 字或 50 字以内。这个"主问题"的设计真的绝了，它很好地涵盖了教学的重、难点和能力点，着眼于教学的整体性，"牵一发而动全身"，更为重要的是，它很好地简化了教学头绪，规避了教师的"多教"行为，从而切实提高了教学的针对性和效率。

用少而精、实而活的"主问题"激活课堂，能使教学内容于单纯之中表现丰富，于明晰之中包蕴细腻，以高屋建瓴的问题设计直指教学目标。余映潮老师说过："主问题是教学中立意高远的有质量的课堂教学问题，是深层次课堂活动的引爆点、牵引机和黏合剂，在教学中显现着'以一当十'的力量。"因此，以"主问题"引领语文课堂教学，是解决"时间不够"的有效途径和可靠保证。

其实，名家大师的"示范课"莫不如此。黄厚江老师教学《窦娥冤》时，围绕一个"冤"字展开：窦娥"冤"在哪里？如何申"冤"？"冤"的本质是什么？刘凤岭老师教学《六国论》时，通过让学生反复诵读，圈点勾画，探究"六国破灭的原因"。候万江老师教学《孔雀东南飞》时，让学生探讨"怎样才能避免刘兰芝夫妇的悲剧再次发生？"，等等。这些"主问题"，都围绕课程标准，考虑教学全局，兼顾主次问题之间的联系，形成教学主线，当然大大地节省了课堂教学的时间。设计"主问题"的关键，恰是原江苏省教科院院长杨九俊先生所说的"洗课"——删繁就简，去伪存真，洗去过"高"的目标，过"繁"的内容，过"花"的形式，过"多"的发挥，过"偏"的指向，过"深"的挖掘。

解决语文教学时间不够问题，"少教多学"也是一个很好的出路。"少教"是本着"把讲台的一半让给学生"的原则，只教给学生必要的知识与方法；教给学生进行学习研究的步骤、查阅筛选资料的方法等，是过程性的指导、跟踪、调整。"多学"是每一个学生要全程参与到学习的活动中，在整个教学过程中占有重要的位置。"授人以鱼不如授人以渔"，如果在中学语文教学中长期坚持真正的"少教多学"，学生学习活动的形式一定会更加丰富，学生也会通过自己的体验真正掌握语文学习的方法和能力，同时我们教师也会在课堂上更省时间，如此，何乐而不为？

看来，所谓的语文教学时间不够，似乎是个伪命题。说到底，真正攫走我们课堂教学时间的不是别人，正是我们教师自己。既然如此，我们只能寄希望于我们的教师，寄希望于我们教师的教育境界、职业操守和专业素养，以此来提高语文课堂的效率，将"不够"的时间找回来。

（此文发表于 2015 年第 1—2 期《中学语文教学参考》）

深度教学,优质高效

——例谈实施"少教多学"的重要途径

高中语文 孙 胜

　　捷克大教育家夸美纽斯说:"教学就是为了寻求一种有效的方法,使教师因此而可以少教,学生因此而可以多学,学校因此少一些喧嚣与劳苦,多一些闲暇、快乐与坚实的进步。"

——题记

　　笔者在教学实践中深感:深度教学可以扎实地贯彻"少教多学"理念,能够让学生拥有更多的时间自主学习,能够有效地激发学生的主体学习,从而实现"少教"(即启发性地教、针对性地教、创造性地教和发展性地教)与"多学"(即学生在教师的引导下走向深度学习、积极学习、独立学习)的有机统一。因此,深度教学是实施"少教多学"的重要途径。

　　为了较为充分地说明此点,现列举五处笔者在实施"少教多学"中"深度教学"的案例。

　　案例一:"浔阳江头夜送客,枫叶荻花秋瑟瑟。主人下马客在船,举酒欲饮无管弦。醉不成欢惨将别,别时茫茫江浸月",这是唐朝大诗人白居易的长诗《琵琶行》的开篇,在新授课时,教师一般的处理方法是只要让学生从中了解时间、地点、人物、事件以及彼时的环境和心情就可以了,然而,这样的过程并不能算是"深度教学",因为学生只是流于语句表层的感知,并未深入语言内部加以咀嚼玩味。我有意识地让学生重点关注并思考看似寻常的"茫茫"一词,提出"'茫茫'一词具有怎样的内涵"这一紧扣文本的问题。学生一下还没回过神来,"什么? 这能有什么内涵? 不就是月亮倒映江面,看起来白茫茫的一片吗?"对此我则适时加以引导,推动学生往更深处思考:"大家说的没错,不过,你们是不是只从视觉这个最容易想到的角度来考虑问题了? 难道真的就没有其他的角度和相应的结论了吗? 能不能往更深处再想一想?"自然而然,学生们进入了更深层面的思考、讨论、交流的环节,通过发言、碰撞、补充,最后达成共识:由视觉角度的"茫茫"还可以深入到心理感受角度的"茫茫"——白居易即将与好友分别,心绪烦扰不宁,心情抑郁悲伤,心乱如麻,难以言说;进而由情感层面再深入到思想层面的"茫茫"——白居易被朝廷贬谪任九江郡(江州)司马已经两年,这样的日子不知何时是尽头! 所以,他看不清自己的政治仕途走向,对于未来的命运难以预测研判,思想上顾虑重重,不甘心坐以待毙又无法东山再起,想不出找不到明晰的出路……

当这一"具体而微"的"深度教学"环节结束时,学生们普遍比较兴奋与震撼:"原来还可以这样学啊!"小中寓大,见微知著,层层深入,循序渐进——深度教学的效果不言而喻。

案例二:学习《阿Q正传》时,学生已接受了仿佛早已成为定论的"阿Q悲剧说",而我却并不满足于让学生止步在思维定式甚至是所谓的权威结论的面前。学习的过程中来点儿有难度的挑战与创新还是很有必要的,那么能否引导学生再向前迈进一步,深入探究并获得认识上的创新与飞跃呢?经过深思熟虑,我做了如下教学设计来推动学生进行"深度学习"。

(1)呈现给学生鲁迅和亚里士多德两人从不同角度对悲剧的论述:

鲁迅:"悲剧就是把有价值的东西撕毁给人看。"

亚里士多德:"悲剧要求人物必须善良。"

(2)鼓励学生结合所学教材内容,联系上述两则论断,甄别比对,积极思考,深入探究,看从中可以发现什么问题。学生凭先前所学很快就反应过来:这两个论断与阿Q并不怎么相符,于是,一个似是"无中生有"但又很有探究价值的问题就被敏锐地提了出来,那就是,阿Q到底算不算悲剧人物?(学生顿时来了兴趣,一时间议论纷纷。)

(3)趁热打铁,我顺势引导学生抓住重点,化繁为简,把上述问题进一步切分为两个更为具体,更易于把握的子问题:

① 阿Q的存在有价值吗?

② 阿Q善良吗?

不用我再行组织,学生们早已自发组成"志同道合"的小组,三三两两热烈讨论起来,虽然在总结发言时还产生了激烈的辩论,但最后还是得到了比较一致的结论:阿Q并不能算是一个严格意义上的悲剧人物。分析理由如下:

生1:阿Q的存在无论是对于未庄,还是对于当时的社会,都是可有可无,毫无价值的,多一个不多,少一个不少。

生2:阿Q软的欺,硬的怕,也不能说是善良。

不难看出,教师的"深度教学"能够有效地调动和促进学生的"深度学习",能够使学生在学习中更加深入地发现问题、探究问题,同时还强化了对作品、人物、作者、社会、历史的思考,从而获得认识上的升华:阿Q只是那个社会无数个再普通不过的底层小角色之一罢了,没有人会关注他的存在与否。他的无价值存在更能使学生体会到鲁迅"恨其不幸,怒其不争"的悲愤与呐喊。他除了集愚昧、麻木等国民的劣根性于一身外一无所有,甚至连个悲剧人物都算不上(从某种意义说,这也显得他越发可悲,可悲与悲剧并不等同)。悲剧是辛亥革命的,是兵荒马乱的国家的,是积贫积弱的民族的。

学生们在"深度学习"中对作品的理解、体验和感悟都已大大超越了常规学习中的一般解读。"深度学习"中富有创新的见解和感受连他们自己都大为吃惊。"深度教学"的效能由此可见一斑。

案例三:全国著名语文特级教师余映潮先生在谈及语文课堂教学主问题设计时,引用了一个典型案例:《祝福》一课可以用"没有春天的祥林嫂"这个主问题一以贯之,理由是祥林嫂都是在春天遇到不幸,如丧夫、被劫、改嫁、亡子等,"没有春天的祥林嫂"能很好地帮助学生理清小说思路,理解祥林嫂的悲惨命运。依据"深度学习"的理念,我把这种观点在《祝福》教学任务煞尾时抛给学生,并提醒他们拟订深入探究的思路:

① 该观点是把"春天"作为什么来解读的? 有何优点? 有无不足?

② 是否还有其他对"春天"的理解?

③ 祥林嫂究竟有没有"春天"?

由于是向权威观点发起挑战,学生兴奋异常,立刻积极讨论起来,课堂氛围顿时热闹非凡。之后学生的总结陈词,让我再次感受到"深度教学"的无穷魅力! 他们深入探究的思路如下:

① 权威观点是把"春天"既当作每个情节的发生时间背景,又当作整篇小说的时间线索,这种理解有合理的一面,但是,总觉得理解层面显得直白浅显,还可以有更深层面的理解。

② 如果把"春天"当作希望、光明与幸福的象征来理解,会使我们对祥林嫂不幸命运的认识更为深刻。正因为祥林嫂善良厚道、朴实能干,有着作为一个再普通不过的女人对生活最起码的希望,但"吃人"的旧社会还是把她的这些希望(如逃离婆家准备在鲁四老爷家安定下来,被抢亲后随着阿毛的出世而焕发出的母爱情结使她再次准备在贺家坳安定下来,还有后来的捐门槛准备洗冤赎罪等)一次次无情扼杀,使她彻底绝望。她必须死,她只能死,死是她唯一的解脱方式。最终,她死在风雪交加的祝福之夜,死在又一个"春天"到来之前。所以,从该角度讲,祥林嫂是有过"春天"的,但这些"春天"似乎还不如原本没有,有什么比先给她生的希望之后又把她置之死地而更残酷的呢?

③ 如果把祥林嫂和阿Q进行比较,就不难发现前者比后者的悲剧性要明显得多、大得多,因为她善良,她的身上更能体现出打动人心的价值。

案例四:沈从文的《边城》节选部分(即小说的结尾部分)学完了,课堂上不少学生轻轻地摇头,叹息,叹息,摇头! 仿佛是在为主人公的爱情悲剧而深表遗憾。以往遇到类似的情况,我也实践过诸如让学生发挥想象,续写"后事如何"之类的教学设计,比如学完莫泊桑的《项链》后,让学生续写路瓦栽夫人告诉玛蒂尔德真相之后的故事,效果也还不错。此时,依葫芦画瓢让学生想象傩送走后的情形亦未尝不可,但是,"深度教学"要求教师的教学设计不能总是不思进取地"吃老本",必须不断地深入钻研,勇于突破和发展创新。我于是引导学生深入思考:"你们现在最想对主人公说的话是什么?"学生们一愣,旋即七嘴八舌起来(十之八九都是对傩送有话说)。见火候已到,我便鼓励学生整理出要深入探究的核心问题。学生在刚才七嘴八舌的基础上自然而然(主动)地对小说的结尾提出质疑,即傩送究竟该不该撇下翠翠,一个人离开?

有价值的问题提出来了,那么采用什么样的方法才能使学生思路清晰地进行深入探究,从而把感性认识转化为理性认识呢?该环节颇有难度,为了避免学生的积极主动性降温并产生畏难情绪,我先为学生搭了一个"梯子",提示他们采用系统论和联系的观点相结合的思维方法,先把天保、傩送、翠翠与爷爷纳入一个特定的系统,再把傩送作为一个子系统当作自变量,考察傩送的去留(变化)会给其他子系统(变量)相应带来怎样的影响,进而得出一个比较客观理性的结论。为此,师生一道探讨,优化深入探究流程,最后设计表格如下:

系统 傩送	天保	翠翠	爷爷	傩送
离开	—	—	—	—
留下	+	+	+	+

我们把"有利"设定为"+"号,"有弊"设定为"—"号。由所列表格可以一目了然得出这样的结论:傩送的离开对于这个系统中的所有人(包括他自己)都是有弊无利的。他的离开只会使得天保的死更加没有价值和意义,翠翠只会永远陷入痛苦的泥淖,爷爷也只会继亡女之痛后再次吞咽由孙女的不幸爱情所带来的苦涩(事实上他也确实在伤心抑郁中辞世),至于傩送本人,想获得精神上的真正解脱就更无从谈起。(整个系统的利益取得最小值。)因此,他唯一的选择就是留下来勇敢地面对现实,和翠翠开始新的生活,这样既可以告慰天保的在天之灵,也可以成全剩下三个人每个人的心愿。(整个系统的利益取得最大值。)然而,沈从文还是"狠心"让傩送离开了——他也只能让傩送选择离开,因为傩送无法摆脱那个社会的局限性——只留给翠翠无尽的愁苦哀怨。在手足亲情面前,傩送由先前的大胆追求爱情转变为消极放弃爱情,亲情最终还是击溃了爱情。越是闭塞的地方,封建伦理观念也越是在人们的头脑中占有绝对优势,所谓的"爱情"怎抵得上手足亲情?生命不能承受之轻,傩送无法承受在失去亲情(或者也可以说以亲情为代价)的同时得到爱情,来自外界和自身的双重压力使他只能黯然离开。这才是当时湘西的社会现实,"现实,残酷的现实。(丹敦[法])"湘西不是桃花源,苦难永远多于幸福。

有理有据,通过"深度学习"探究出的这个结论完全出乎学生们的意料,他们由深入探究前的摇头与叹息,转变为沉默与深思。此时,我并没有见好就收,而是因势利导,不失时机遵循"语文的外延和生活的外延等同"这一原理,再次引导学生深入"终极"探究:当我们面对类似的人生抉择时,作品给我们带来怎样的启示? 学生们再一次沸腾起来……

案例五:"眼下,我却盘算着下个月就去离婚。这种日子我再也过不下去了!"这是美国小说家斯蒂芬·麦克勒的短篇小说《最佳配偶》的结尾段。

小说讲的是各方面条件都异常一致的男女二人从最初相互介绍时彼此都异常满意到婚后9年已经有了三个孩子的"在每一件事上,我俩几乎都能步调一致"的"美满生活",然而,小说的结尾却是这样的"欧亨利式"——"意料之外,情理之中(关键在于是怎样的情理)",戛然而止,回味无穷。

小说被人采用改成了高三现代文阅读理解题,其中第一题就是"概括这篇小说的主题",相应的参考答案要点是:

① 看似各方面都完美匹配的二人过着乏味的、计划好的、步调一致的生活,这只会让人沉闷窒息。

② 启示我们在生活中应该抛弃机械的、程式化的生活。

③ 还原人鲜活生动的本性,重新回到多层次、多角度、可期待、可变换的世界中去。

原本学生按部就班做题,教师照本宣科讲解,做过练习,对过答案,这篇小说阅读理解题也就随风而逝了,并不会给学生留下什么深刻影响。然而,如果具有敏锐的"深度教学"的意识,那么,教师就断然不会这样轻易处理,草草了事的。为了引领学生真正理解小说人物形象,把握小说主题,我设计了以下的问题串让学生一步步深入思考和作答:

① 你同意命题人对小说主题的概括吗?

② 你怎么理解小说结尾段落中的"盘算"一词?

③ 你认为小说的结尾表现了"我"怎样的形象?

④ 你现在还同意命题人的主题概括吗?

⑤ 你认为小说的主题应该是什么?

果然不出所料,学生们上来几乎一边倒地认可命题人的看法,鲜有质疑。但是,通过对"盘算"一词的深入讨论,精准把握,学生们猛然惊觉他们不由自主地把"盘算"等量代换为"决定",进而把仅限于心理活动的思考层面误当作就要付诸实施的行动层面,从而导致了对小说中的"我"这一形象的误判,并且对小说的主题产生了像命题人那样的误解。

最终,师生一道归纳概括如下几点认识:

① 命题人对小说主题的概括是非常片面的,甚至是错误的。

② 从"盘算"一词可以看出"我"的心理变化——虽然对婚姻家庭的美满和谐感到"忍无可忍",但想法毕竟是想法,"我"并不会真正去离婚,去粉碎终结这"美中不足"的"幸福生活"。

③ 也正因如此,小说中的"我"的形象才更加契合生活的真实与复杂——既追求完美,又不甘完美;既身在福中,又浑不知足;即便有想入非非之心,也绝无毅然决然之行。("我"真的会置妻儿于不顾吗?)

④ 小说的主题应该是直指人性的复杂:追求真善美和谐幸福的生活是人性;人心不足蛇吞象,贪欲贪求是人性;厌弃机械、单调、重复,向往丰富多彩的生活是人性;寻求新鲜刺激、个性自由解放是人性;患得患失,顾忌家庭妻儿是人性;感性冲动,心生冒险是人性;理性抉择,坚守责任是人性……

这些通过"深度教学"使学生获得的学习成果与原阅读理解命题中"我"的形象全然是正面的,与小说的主题全然是单一的认知差别太大了!通过"深度学习",学生从学习的肤浅化"沉入"学习的精深化,学生由此获得的学习方法与经验也必然是高效与深刻的。

综上所述,"少教多学"强调"以学定教、顺学而教",而深度教学正是基于教师在了解学生的学情之上,适时进行教学内容、教学方法的调整与选择,将教学起点从教师、教材转向了学生的认知、学情,教师的教更关注学生的真正需要,更具有针对性;"少教多学"要求突出教学内容的探究性、问题性及生活性,让学生有更宽广的时空在提出并解决问题的过程中吸取需要的知识,教师据此原则设计教学内容,帮助学生与教学内容展开深层的"对话",而深度教学很好地把这一要求变成了现实。

(此文发表于 2017 年第 1—2 期《中学语文教学参考》)

◇ 数学

整合教材资源　优化生本课堂

——以"质数和合数"两个教学片段为例优化资优生资源

小学数学　朱国军

提到整合资源,很多老师就会想到教材、网络以及多媒体等,恰恰忘记了学生资源,尤其是资优生的资源,这种认识是片面的,也是有危害的。新课标强调学生是课堂的主体,是学习的主人,让学生主动投入学习活动中,并在小组合作中充分发挥资优生的作用,以便通过"兵教兵"实现课堂资源最大优化。这种模式不仅有助于激发资优生的学习兴趣,推促他们对教学内容的理解运用,还在一定程度上有利于消除待进生的恐惧心理,便于他们主动开口,主动参与课堂活动。笔者结合实际,在尊重学生主体地位的基础上,重点以"质数和合数"两个教学片段为例浅析优化资优生资源的策略,以便参考。

片段一:

师:通过前面的概念学习,我们已经知道什么是质数,什么是合数。现在请你们再举一些例子,并且把它写在自己的本子上,我们来看看,谁写得多、写得对。

生:质数有 3、7、13;合数有 4、6、8、9。

生:质数有 17、23、31;合数有 16、18、21。

……

师:是的,自然数是无穷尽的,质数与合数也是无穷尽的,但是我们黑板、纸张有限,应该怎么表示。

生:老师,可以用省略号来表示。

师:不错,现在你们说,老师写——

(板书:质数:2、3、5、13、19、23、27、31、41、51……

合数:4、6、8、9、10、15、20、32、42、52……)

师:现在你们看看,第一排中是不是都是质数?

生:老师,27 不是质数。

师:为什么?

生:因为 3×9=27,27 除了 1 和 27 外,还有 3 和 9 两个约数。

生:老师,我感觉 51 也有可能不是质数。

师:你们认为呢?

……

(接下来作业练习中,很多学生对 51、61、71、81、91 等数是否是质数还经常出错)

上述片段中为什么会出现这种现象,归根到底还在于大多数学生对于质数与合数的理解还停留在形而上学上。从概念上来讲,小学数学教学中关于数的内容有很多,比如奇数与偶数、因数与倍数、公倍数与公约数等,因此学生很容易混淆;从理解上来讲,教师仅仅强调概念理解,但这种理解是浮于表面的,或者说是容易遗忘的,缺乏一定的运用,以致很多学生直到小学毕业,也理解不清质数与合数的关系;从互动上来讲,课堂上虽有互动,但学生更多是被动参与,其主体地位没有得到好的彰显。

从传统教学方法来看,这一部分内容有点抽象,教学中的确有点难度。深挖教材,从编排体系中可以发现,也都是从"找找整数的约数"这一点出发,进行延伸得出概念,告诉学生什么是质数,什么是合数,然后进行推导,让学生自行判断。这也导致很多老师在教学中就事论事,做教材的传声筒,没有引导学生进行更好的归纳,以致学生对质数与合数的理解不太深刻。

当然,从课堂师生关系来看,教师仅仅把学生当作学生,没有根据学生实际进行分层教学,更没有发挥其中资优生的优势,从而导致课堂互动仅仅停留在少数学生与教师的交流互动上,自然在课堂上对于质数与合数的理解也仅仅属于那些资优生,而不是班级其他学生,尤其是待进生。这也是导致课堂上学生判断不准的根源。因此,最好的方式是要把资优生也作为一种资源,整合到课堂教学中,以便推促精彩生成。

片段二:

师:同学们,约数我们刚刚复习过了,现在你们写出1—20各数的约数。

(学生进行书写)

师:现在请各小组进行观察这20个数的约数,看看能否进行分类?

(各小组进行归纳分类,然后进行展示)

一个小组展示分类:

约数个数为一个的有:1

约数个数为两个的有:2、3、5、7、11、13、17、19

约数个数为两个以上的有:4、6、8、9、10、12、14、15、16、18、20

师:现在请各小组发挥想象,看看能否给他们分别起个名字?

生:我们组的答案是,有一个约数的可以叫作单数,有两个以上的可以叫作合数。

生:我们认为,1不参与分类,单独就是1,有两个约数的可以叫作双约,有两个以上约数的则可以叫作多约。

......

师:其实,针对这种情况,在数学界中有这样的名词,只有1和它本身这两个约数的可以叫作质数,约数更多的则可以叫作合数。这里要记得1是单独的,既不是质数,也不是合数。

(出示一组数字)

师:现在同学们来辨别一下,哪些是质数,哪些是合数?

(学生辨别,各小组交流、探讨,形成共识)

师:各小组再次讨论100以内的质数,并制作质数表。

(各小组拿出课前下发的1—100自然数表,并进行探讨,划出不是质数的数

字,教师在行间指导,或者参与小组活动)

……

在这一片段中,固然没有提到资优生,但是资优生的影响无所不在。毕竟在这一片段中,教师的作用逐步淡化,小组合作却占到主流,而小组合作更多是资优生在影响着。这里教师在整合资源中,不仅整合了教材,更多的是挖掘了学生尤其是资优生的资源,课堂效果也是明显的。

在这个片段中,教师没有局限于教材文本,毕竟教材没有列举1—20个数,而只是随意列举了几个数字,这虽然可以强化学生对质数与合数概念的认识,但不利于他们对知识重新建构。这是其一。片段中过多突出了小组合作作用,而在这个过程中,通过资优生的组织力、影响力,可以有效推进小组活动深入开展,并在活动中引导学生自主思考,这样在满足他们创新欲望的同时,还能有效培养学生的分析、分类与综合能力。这是其二。

【思考】

资源是推进课堂精彩生成的基础,但是怎样整合却是关键。两个教学片段,不同的整合思路,结果却不一样。第一种教学片段中,很多学生对质数与合数的概念理解还停留在表面,而第二个教学片段则转换思维,没有过多局限于教材,更多的是从学生出发,尽可能采用小组合作的模式让学生自行发现,探究乃至理解运用,这种方式有助于学生理解巩固,而且还能有效培养他们的创新思维,一举多得。那么具体来说,怎样整合教学资源,尤其是资优生资源,笔者认为关键是把握以下三点:

第一,需要灵活运用学习资源,做到多样化。

对于教师来说,要有大资源意识,不能局限于教参,或者纸质资源,而是要把目光放在学生身上,毕竟学生才是课堂学习的主体。因此在教学中,教师需要以教材为点,尽可能创造利用学生生成资源,尤其是资优生在课堂上的表现以及他们的理解,来推促小组活动向纵深发展。从教材角度来看,所有的知识都是静态的,都需要教师进行理解整合,但这里也应该重视学生对文本资源的初步理解,尤其是资优生的理解,而教师仅仅是需要融合师生理解,继而推导课堂精彩生成。这里教师也要考虑到不同学生的起点,并且尽可能在小组组建中遵循组间同质、组内异质的原则,给发挥资优生资源的作用创造条件。当然,这里的活用教材其起点还是立足教材,而不是随意更改,凭空想象,这样反而不利于教学目标的达成。

第二,需要综合拓展课程资源,做到过程化。

数学教学是师生双向活动的过程,而学生主动参与则结果事半功倍。但教材内容是静止的,甚至由于篇幅的限制,只呈现思维结果,无法体现过程。这里强调的过程化,就是指在教学中尽可能再现思维过程,尤其是学生的思考过程。这就要求教师把教材变厚,并充分拓展学生身边资源,尽可能整合学生生活素材,这样不仅可以强化学生对内容的理解,而且还能学以致用。当然更重要的是关注资优生资源,尽可能在小组合作中,通过引导探究的方式组织学生进行交流展示,一来可以使教师掌握学生的理解情况,能够在下面的教学环节中进行适当调整;二来便于推促学生之间的团结协作,发挥资优生引领交流的作用,便于资优生能够巩固理解,中等生能够基本掌握,而待进生则大致理解;三来便于教师重点突破,这样不仅节约时间,而且还能推促目标的精彩生成。

第三,需要补充运用开放素材,做到灵活化。

苏霍姆林斯基曾经说过:"教育的技巧并不在于能预见到课的所有细节,而是在于根据当时的具体情况,捕捉一些有价值的细节,巧妙地在学生不知不觉中做出相应的调整和变动。"从这一方面来说,每一节课都是不同的,都是随机生成的。而这需要教师能够积极运用开放素材。当然,这里的开放素材不仅仅是指文本,更多的是指学生资源,尤其是资优生资源。即便是课堂意外,或者突出事件,都可以转化为课堂教学资源。在数学教学中,利用开放素材(其实素材更多是针对错题),尤其是资优生的解题错误(毕竟这种错误代表了一种可能,或者一种思维的方向,教师要尤其重视),并能够根据实际情况进行巧妙处理,做到灵活运用。这样不仅可以有效彰显学生的主体价值,而且还可以推促课堂的精彩生成。一举多得。

(此文发表于 2017 年第 7 期《山西教育》)

"少教多学"背景下的教学设计

——从"两角和与差的余弦"一课的教学设计谈起

高中数学 张士民

提高课堂质量,一直是教育界永恒的话题。20 世纪 20 年代,叶圣陶先生说过:"在中学里,教师应该逐步少讲,逐步放手让学生自己去学,到中学毕业的时候,学生如果完全可以自己学习了,那才算真的毕业"。顾泠沅教授也坦言:如果要用一句话来概括课堂教学的未来发展方向,那就是"以学定教,少教多学"。

如何真正实现这样的教育追求,"学生主体、教师主导",让教师针对性地教、启发性地教、发展性地教、创造性地教,而学生主动地学、独立地学、合作地学、有深度地学?尤其是在日常教学的各种课型中,我们应该如何组织教学,才能做到教师

"少教"与学生"多学"？下文以"两角和与差的余弦"一课为例，谈谈"少教多学"背景下定理、法则课教学的基本环节及教学设计的基本原则。

一、基本环节

1. 提出研究任务

新知识、新方法的教学，首先要解决的是提出研究任务。

本课的课题是"两角和与差的余弦"，怎么想到要研究这样一个课题？

由于在教材的第一章中，研究了同角三角函数关系和诱导公式，发现同角三角函数关系中体现的是一个任意角；而诱导公式中，虽然有两个角，但其中一个角是特殊的。知识需要拓展延伸，自然会想到接下来要研究两个任意角之间的三角函数关系，从而自然地提出本课要研究的任务。

2. 制定研究策略

接下来一个很自然的问题是制定研究策略：你打算如何研究。

在这个环节中，先让学生谈自己的想法。让学生自己独立制定出完整的一套研究策略是非常困难的，此时需要教师的引导，但需要注意的是"引导"而不是"告诉"。

"两角和与差的余弦"的推导，是利用向量的数量积来完成的，这是学生很难想到的。那么，教师该如何启发、引导学生？

启发 1：前面，我们是如何研究同角三角函数关系和诱导公式的？——学生回忆起利用单位圆来研究问题。

启发 2：我们学习了三角函数一章之后，又学习了向量，现在再回到三角，想过其中的原因吗？——学生会联想到利用向量可以解决三角问题。

启发 3：向量的知识很多，哪部分的知识与三角有关系？——学生会自然地想起向量的数量积。

在师生的共同讨论中，整理出如下研究问题的思路：建立直角坐标系后，利用单位圆和向量的数量积，推导两角和与差的余弦。

有了研究思路之后，学生需要独立制定出详细的研究方案。比如：如何利用单位圆构造向量？如何利用向量体现"两角和与差的余弦"？此时，教师要给学生留有足够的思维空间，不能越俎代庖。

3. 研究并获得结论

众所周知，"合作交流"是建构主义学习的要素之一。在与同伴的交流中，能互相启发，互相学习，共同进步，充分发挥每一位学生的创造才能。

由于授课对象是高一年级的学生，他们具备了一定的研究能力。所以，完全可以在教师的指导下，以小组合作的方式开展自主的探究活动。学生自己能完成的事情，教师就绝不要代替。

在这个环节中,学生 4 人一个小组,分工协作,共同完成研究任务,之后汇报展示研究成果。

如右图所示,在直角坐标系 xOy 中,以 Ox 轴为始边分别作角 α,β,其终边分别与单位圆交于点 P_1 $(\cos\alpha,\sin\alpha)$、$P_2(\cos\beta,\sin\beta)$,则 $\angle P_1OP_2=\alpha-\beta$。

设向量 $\vec{a}=\overrightarrow{OP_1}=(\cos\alpha,\sin\alpha)$,$\vec{b}=\overrightarrow{OP_2}=(\cos\beta,\sin\beta)$,则 $\vec{a}\cdot\vec{b}=|\vec{a}||\vec{b}|\cos(\alpha-\beta)$。

另一方面,由向量数量积的坐标表示,有 $\vec{a}\cdot\vec{b}=\cos\alpha\cos\beta+\sin\alpha\sin\beta$,

所以 $\cos(\alpha-\beta)=\cos\alpha\cos\beta+\sin\alpha\sin\beta$。

在研究"两角和的余弦"时,有些学生并没有按照刚才的研究思路再走一遍,而是采用了代换的方法,用 $-\beta$ 代替 β,得到了 $\cos(\alpha+\beta)=\cos\alpha\cos\beta-\sin\alpha\sin\beta$。

学生给这两个公式起了名字,叫"两角和与差的余弦"。

4. 对结论进行理性思考

应该说,这一环节是科学研究不可缺少的重要一环!

通过刚才的研究,得到的结论一定正确吗? 得到结论的过程,能作为"两角和与差的余弦"公式的证明过程吗?

经过讨论,很快有学生发现,向量夹角的范围是 $[0,\pi]$,而 $\alpha-\beta$ 即为向量的夹角,所以 $\alpha-\beta\in[0,\pi]$。刚才的研究过程,仅能说明当 $\alpha-\beta\in[0,\pi]$ 时,结论是正确的。

但是,我们研究的 $\alpha-\beta$ 为任意角,如何证明 $[0,\pi]$ 范围以外的角的研究过程也是正确的?

在思考、交流之后,学生给出了他们的想法:余弦函数的周期为 2π,并且是偶函数,其他范围的角均可以利用这两点性质,将其化为 $[0,\pi]$ 范围之内。比如,设 $\alpha-\beta\in[\pi,2\pi]$,$2\pi+\beta-\alpha\in[0,\pi]$,而 $\cos(\alpha-\beta)=\cos(2\pi+\beta-\alpha)=\cos\alpha\cos\beta+\sin\alpha\sin\beta$。

所以,当 $\alpha-\beta$ 为任意角时,两角和与差的余弦公式均成立,研究过程可以作为公式的证明过程。

5. 观察所得结论的特征

学会观察所得结论的特征,是为了更好地使用结论。只有在对结论的特征有了深刻的认识之后,才有可能对结论进行熟练的使用。

经过认真观察,学生发现:

两角和与差的余弦公式中,"和"与"差"之间是相反的,即等号左边是"和",等号右边即为"差";同时,同名的三角函数放在一起,即角 α,β 余弦放一起,正弦放

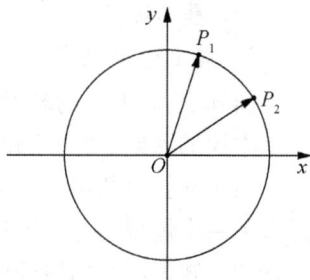

一起。

他们还发现,一旦将角 α,β 特殊化后,就可以得到诱导公式。比如:

令 $\alpha=\pi$,$\cos(\pi-\beta)=\cos\pi\cos\beta+\sin\pi\sin\beta=-\cos\beta$。

这说明,诱导公式是两角和与差的余弦的特殊情况,而两角和与差的余弦是诱导公式的推广。

之后教师总结应如何观察等式,从哪个角度观察等式,教给学生观察的方法。

6. 思考所得结论的用途

学习知识的目的在于用它来解决问题。而归纳、总结公式的用途,要在解决具体的问题中进行体会。

例 1 求 $\cos75°,\cos15°,\sin15°,\tan15°$ 的值。

解 $\cos75°=\cos(45°+30°)=\cos45°\cos30°-\sin45°\sin30°$

$$=\frac{\sqrt{2}}{2}\cdot\frac{\sqrt{3}}{2}-\frac{\sqrt{2}}{2}\cdot\frac{1}{2}=\frac{\sqrt{6}-\sqrt{2}}{4};$$

$\cos15°=\cos(45°-30°)=\cos45°\cos30°+\sin45°\sin30°$

$$=\frac{\sqrt{2}}{2}\cdot\frac{\sqrt{3}}{2}+\frac{\sqrt{2}}{2}\cdot\frac{1}{2}=\frac{\sqrt{6}+\sqrt{2}}{4};$$

$$\sin15°=\cos(90°-15°)=\cos75°=\frac{\sqrt{6}-\sqrt{2}}{4};$$

$$\tan15°=\frac{\sin15°}{\cos15°}=\frac{\sqrt{6}-\sqrt{2}}{\sqrt{6}+\sqrt{2}}=2-\sqrt{3}。$$

在解答例 1 的过程中,学生体会到利用两角和与差的余弦公式,可以将不特殊的角转化为特殊的角,原来不能求的三角函数值,现在可以求了,解题的思路更宽了。

同时,学生们还发现,题中 $\sin15°=\cos75°$,即两角互余时正余弦值相等,可以利用这一特点,推导两角和与差的正弦公式。

即,$\sin(\alpha-\beta)=\cos\left[\frac{\pi}{2}-(\alpha-\beta)\right]=\cos\left[\left(\frac{\pi}{2}-\alpha\right)+\beta\right]=\cos\left(\frac{\pi}{2}-\alpha\right)\cos\beta-$

$\sin\left(\frac{\pi}{2}-\alpha\right)\sin\beta=\sin\alpha\cos\beta-\cos\alpha\sin\beta。$

同理可得,$\sin(\alpha+\beta)=\sin\alpha\cos\beta+\cos\alpha\sin\beta。$

例 2 已知 $\sin\alpha=\frac{2}{3}$,$\alpha\in\left(\frac{\pi}{2},\pi\right)$,$\cos\beta=-\frac{3}{5}$,$\beta\in\left(\pi,\frac{3\pi}{2}\right)$,求 $\cos(\alpha+\beta)$ 的值。

解 由 $\alpha\in\left(\frac{\pi}{2},\pi\right)$,得 $\cos\alpha=-\sqrt{1-\sin^2\alpha}=-\sqrt{1-\left(\frac{2}{3}\right)^2}=-\frac{\sqrt{5}}{3}$。

又由 $\beta\in\left(\pi,\frac{3\pi}{2}\right)$,得 $\sin\beta=-\sqrt{1-\cos^2\beta}=-\sqrt{1-\left(\frac{3}{5}\right)^2}=-\frac{4}{5}$。

由余弦的和角公式得

$$\cos(\alpha+\beta)=\cos\alpha\cos\beta-\sin\alpha\sin\beta=\left(-\frac{\sqrt{5}}{3}\right)\left(-\frac{3}{5}\right)-\frac{2}{3}\left(-\frac{4}{5}\right)=\frac{8+3\sqrt{5}}{15}。$$

在解答例2的过程中,学生体会到所求的目标角$(\alpha+\beta)$,可以利用题中的已知角进行构造。比如,若$\cos\left(\frac{\pi}{6}-\alpha\right)=\frac{\sqrt{3}}{3}$,求$\cos\alpha$的值。

我们可以利用$\left(\frac{\pi}{6}-\alpha\right)$来构造角$\alpha$,即:

$$\cos\alpha=\cos(-\alpha)=\cos\left[\left(\frac{\pi}{6}-\alpha\right)-\frac{\pi}{6}\right]=\cos\left(\frac{\pi}{6}-\alpha\right)\cos\frac{\pi}{6}+\sin\left(\frac{\pi}{6}-\alpha\right)\sin\frac{\pi}{6}。$$

当然,在求$\sin\left(\frac{\pi}{6}-\alpha\right)$的值时,还需要角$\left(\frac{\pi}{6}-\alpha\right)$的范围,以便确定其正弦值的符号。

二、基本原则

所谓"少教多学",其价值取向是尊重学生的主体地位。

"少教多学"首先是教学理念和教学形式的变化,强调的是对先进教学意识和高效教学境界的追求。"少教"是指针对性地教,即在了解学情的基础上确定、调整教的内容和方式;启发性地教、发展性地教,即通过指导、帮助、合作促进学生自主发现、建构和学习。"少教"省去的是不必要的"教",淘汰的是落后的"法"。

"多学"是学生在教师的引导和时间的保证下,独立学习、主动学习、深度学习。适当而有效的"教",是保证"多学"效果的前提,没有适当而有效的"教",学生的"多学"必然落空。

基于以上原因,笔者提出"少教多学"背景下以学习者为中心的教学的基本原则。

1. 设计并提"好问题"

"问题"是实现目标的抓手,目标的达成是通过一个个"问题"的解决实现的。一节课,设计好问题,是关键。好问题通常有两个角度:一是由近及远。由一个简单或熟悉问题开始,不断在学生的最近发展区提问题,随着问题的不断深化与解决,也就不断在向目标推进,可以引申、类比、归纳、猜想、联想,研究任务的提出是"由近及远"的。二是由远及近。由整体到局部,先宏观再微观,先策略后方法,研究策略的制定是"由远及近"的。没有"距离"的问题,没有思维含量,不是好问题,因为学生的活动若没有思维参与,便是无意义的活动。

对于"问题",还要关注是由谁来提?一是教师设计好的,学生按问题链一个一个探究;二是在教师引导启发下,问题由学生提出,这对培养学生思维能力是非常有益的。当学生不仅知道要研究这些问题,而且还知道为什么要研究这些问题的话,这对学生学科素养的培养无疑是重要的。

2. 控制好"快"与"慢"的节奏

教学中,掌握教学节奏"快"与"慢"的度,对学生思维能力的培养至关重要。该快的要快,该慢的要慢。该快的不快,是少教;该慢的不慢,就是多教了。教师的"教"要出现在"该出现的时机"上,讲在"该讲的"节点与时间上。

教学中,还有一个要素,那就是"判断"的快与慢的标准是什么?是否应该由等待的时间长短来判断?当然不是!该慢的却快了,给学生思考的时间不足,缺少思维含量,便是"多教少学";多问几个"为什么""你是怎么想到的",虽然时间长了,节奏慢了,但学生的认识和理解深刻了,这便是"少教多学"了。

3. 突出教师的"引领"作用

"少教多学"的研究应当引导教师转变角色。教师的作用在于"引领",而不是"包办代替"。因为教师讲得再清楚,都是教师的而不是学生的,只有学生自己讲清楚了才是真的明白了。

所以在课堂教学中,教师要思考"教什么""怎么教",更要考虑"为什么教这些""为什么这样教"。要围绕教学目标对学习提出明确的任务和要求,并加强探究过程的及时指导,对结论概括的规范化、科学化;要尽量多地帮助学生建立有助于学习的模型;尽量提供丰富的反馈信息,包括形成性和总结性的评估、评论,等等。当然,教师也要努力创造一个有利于学生学习的环境和氛围,促成学生之间的相互学习和交流。

4. 学生成为课堂的"主角"

布鲁纳认为,学生不是被动的知识接受者,而是主动的信息加工者。建构主义十分重视学习者在学习过程中的主观能动作用。学生的学习具有很强的主动性,主动学习是有效的学习。学习方式是否转变是衡量"少教多学"的一个重要标志。

在课堂教学中,教师应该尽量将"表现"的机会让给学生。教师尽量少做,少"告知",让学生多做,给学生更多"发现"的机会。课堂上,学生可以独立思考、自主学习,也可以组成学习小组进行合作学习,在与同伴的交流中,互相启发,互相学习,共同进步。在这样的学习方式下,不仅逻辑推理能力,同时归纳推理、合情推理等思维能力也得到发展。

三、结束语

在众多追求有效教学的实践方法中,"少教多学"称得上是指向明确而又意蕴丰富的教学实践模式。"少教多学"的"少教"并非让教师投入得更少,更不是置学生于不顾,而是要求教师教得更好,它强调教学重点从教学内容的数量转到教与学的质量,提倡启发性地教、针对性地教、创造性地教和发展性地教;"多学"也非让学生多花时间、多背教材,而是引导学生走向深度学习、积极学习、独立学习,重点放在提高师生互动质量上,让学生更加投入学习,追求理想的教育效果。

(此文发表于 2016 年第 7 期《数学通报》,
人大复印资料 2016 年第 12 期全文转载)

讲评高考题:讲什么,评什么

高中数学　王修汤　沈保兵

一、问题的提出

每年高考都会出现很多新颖的试题,在高三复习中,选择高考题作为例题,指导学生复习成为一种时尚。讲评最新的高考试题确实能吸引学生的眼球,学生也迫不及待地想一试身手。那么教师如何指导学生解题,如何讲评高考试题,如何才能发挥高考题教学的最大功效,值得每一位同仁思考。

下文以 2016 年高考数学江苏卷第 14 题为例,该题是填空题的最后一题,对于学生来说,算出正确答案即可,但对于教师而言,如果仅仅满足于获得答案,恐怕就失去了该题教学的最佳契机。以下谈谈如何使用这道高考题服务教学,兼谈讲评高考题要讲什么,评什么。

题目如下:在锐角三角形 ABC 中,$\sin A = 2\sin B \sin C$,则 $\tan A \tan B \tan C$ 的最小值是_____。

二、讲什么

如果教师在黑板上边讲边写,把解题过程、演算过程写给学生看,就如同体育老师在操场上跑几圈给学生看一样,是件吃力不讨好的事。反之,如果教师一言不发,放手让学生去做,最终结果就是两个:做出和做不出。基于本题是压轴题,估计做出者甚少,如果教师不及时启发点拨,会挫伤很多学生的自信心,所以教师对"讲"的把控尤为重要。教师应将重点放在解题思路的分析和点拨,引导学生阅读题中的关键字、词、句,挖掘题中的隐含条件;或引导学生回忆题目设计的相关数学知识,挖掘数学概念、数学规律的内涵和外延;或探寻题中的已知因素和未知因素之间的内在联系,再现正确的数学模型,让学生对要解决的问题建立清晰的数学情境。

1. 讲审题——为解题起航

当学生思维受阻时,高明的教师是请做出来的学生谈想法(注意不是解法),这就逼着学生把审题的思维过程暴露出来。本题条件有两个:条件一是"锐角三角形";条件二是"$\sin A = 2\sin B \sin C$",本题目标是"求得最小值"。条件一的目的是什么？"锐角"大约是要保证为正；"三角形"能想到哪些？条件二怎么用？观察名称是三个角的正弦，那么在三角形中，应该能想到任意一个角的正弦值等于另外两个角的和的正弦值。再来观察目标，如何求得最小值？观察目标中角有三个，不是我们熟悉的一元函数，如何减元？而名称是三个角的正切，三个角的正切之间有什么关系？又如何实施从条件二中的正弦过渡到目标中的正切？只有启发学生把这些问题想清楚了，才能激发出学生解题的"洪荒之力"。

2. 讲源头——为解题寻根

我们曾经在哪里见过与之熟悉的问题？肯定是教材！教材是知识的根本，教材是经典的结晶，教材是问题的源泉，教材也是高考的根源。面对经典的教材和浩瀚的资料，笔者认为，教材是已知世界，资料是未知世界；教材是笼中之鸟，资料是林中之鹰。但是因为种种原因，多数学生只喜欢资料，对教材却不是很熟悉，甚至很多学生连高一的课本都找不到了。所以这一环节一般由教师直接指出，笔者的做法是直接投影教材，这样既能节省时间，也能激发学生对教材的热情。

苏教版必修 4 第 116 页的例 4 题目如下：

"在斜三角形 ABC 中，求证：$\tan A + \tan B + \tan C = \tan A \tan B \tan C$。"

不难看出，高考题中的结论与这道例题的结论有相似之处，显然是这道例题的变题。

3. 讲方法——为解题开道

学生最大的困难可能是条件与结论之间如何沟通，实质上也就是正弦与正切之间如何转化，由条件想结论，正弦化为正切，肯定是两边同除以余弦；由结论想条件，直接化切为弦即可。当思维的结点打开以后，先让学生尝试解决的过程，最后教师只需将解题的过程投影给学生观看。

方法 1：从条件出发

解：由 $\sin(\pi - A) = \sin(B + C) = \sin B \cos C + \cos B \sin C$，$\sin A = 2\sin B \sin C$，

可得 $\sin B \cos C + \cos B \sin C = 2\sin B \sin C$，

由三角形 ABC 为锐角三角形得 $\cos B > 0$，$\cos C > 0$，

两边同时除以 $\cos B \cos C$ 可得 $\tan B + \tan C = 2\tan B \tan C$，

又 $\tan A = -\tan(\pi - A) = -\tan(B + C) = -\dfrac{\tan B + \tan C}{1 - \tan B \tan C}$ （ $*$ ），

得 $\tan A \tan B \tan C = -\dfrac{\tan B + \tan C}{1 - \tan B \tan C} \times \tan B \tan C$，

由 $\tan B + \tan C = 2\tan B \tan C$，可得 $\tan A \tan B \tan C = -\dfrac{2(\tan B \tan C)^2}{1 - \tan B \tan C}$，

令 $\tan B \tan C = t$，由 A, B, C 为锐角可得 $\tan A > 0$，$\tan B > 0$，$\tan C > 0$，

由（ $*$ ）得 $1 - \tan B \tan C < 0$，解得 $t > 1$，

故 $\tan A \tan B \tan C = -\dfrac{2t^2}{1-t} = \dfrac{2t^2}{t-1}$，令 $f(t) = \dfrac{2t^2}{t-1}(t>1)$。

这时很多学生已经会求其最小值了。有的用求导法,有的设 $x=t-1$ 后,变为 $f(x) = \dfrac{2(x+1)^2}{x}$ 再用基本不等式法,还有的学生将 $f(t) = \dfrac{2t^2}{t-1}(t>1)$ 看作两点 $P(1,0)$、$Q(t,2t^2)$ 的斜率画图求解。有一个学生的解法是转化为二次函数,$f(t) = -\dfrac{2}{\dfrac{1}{t^2}-\dfrac{1}{t}}$,而 $\dfrac{1}{t^2}-\dfrac{1}{t} = \left(\dfrac{1}{t}-\dfrac{1}{2}\right)^2 - \dfrac{1}{4}$,由 $t>1$ 则 $0 > \dfrac{1}{t^2}-\dfrac{1}{t} \geqslant \dfrac{1}{4}$,因 $\tan A \tan B \tan C$ 最小值为 8,当且仅当 $t=2$ 时取到等号,此时 $\tan B + \tan C = 4$,$\tan B \tan C = 2$,解得 $\tan B = 2+\sqrt{2}$,$\tan C = 2-\sqrt{2}$,$\tan A = 4$(或 $\tan B$,$\tan C$ 互换),此时 A,B,C 均为锐角成立。都是很好的想法。

方法 2:从结论出发

解:由课本题及条件得 $\tan A \tan B \tan C = \tan A + \tan B + \tan C = \tan A + \dfrac{\sin(B+C)}{\cos B + \cos c} = \tan A + \dfrac{\sin A}{\cos B \cos C} = \tan A + \dfrac{2\sin B \sin C}{\cos B \cos C} = \tan A + 2\tan B \tan C$,令 $y = \tan A \tan B \tan C$,

上式变为 $y = \tan A + 2\tan B \tan C$,则 $y = \tan A + \dfrac{2y}{\tan A} \geqslant 2\sqrt{2y}$,解得 $y \geqslant 8$。

方法 3:基本不等式放缩法

同法 2 得 $y = \tan A \tan B \tan C = \tan A + 2\tan B \tan C \geqslant 2\sqrt{2\tan A \tan B \tan C}$,即 $y \geqslant 2\sqrt{2y}$,解得 $y \geqslant 8$。

三、评什么

波利亚在《怎样解题》中反复告诫:"没有任何一个题目是彻底完成了的,总还会有些事情可以做","教师的首要职责之一是不能给学生下列印象:数学题相互之间几乎没有什么联系,与其他事物也根本毫无联系。"因此,"评"的过程实际上就是教师带着学生反思回顾的过程。

1. 评考点——为试题分类

首先,这道题考了哪些知识点? 从表面看是一个三角形中的最值问题,实际从解题过程看不仅仅是三角形中的问题,还牵扯到三角变换、导数、基本不等式、解析几何等诸多知识点。其次,从思维起点看,是必须利用三角形这个条件,将条件二中的正弦与结论中的正切进行沟通。由此可以带着学生将思维发散开来,以后再提到三角形这个条件,我们能想到哪些知识点? 以下是课堂中师生共同总结的"成果"。

(1) $A+B+C=\pi$。

（2）任意两边之和大于第三边（任意两边之差小于第三边）。

（3）大边对大角，大角对大边。

（4）任意一个角的正弦值等于另外两个角的和的正弦值，例如 $\sin A = \sin(B+C)$；任意一个角的余弦（正切）值等于另外两个角的和的余弦（正切）值的相反数，例如 $\tan A = -\tan(B+C)$。

（5）任意一个角的半角的正弦（余弦）值等于另外两个角的半角之和的余弦（正弦）值，例如 $\sin\dfrac{A}{2} = \cos\left(\dfrac{B+C}{2}\right)$，$\cos\dfrac{A}{2} = \sin\left(\dfrac{B+C}{2}\right)$。

（6）正弦定理、余弦定理。

（7）斜三角形 ABC 中，有 $\tan A + \tan B + \tan C = \tan A \tan B \tan C$。

（8）初中学过的直角三角形中的定理、等腰三角形中的定理。

（9）三角形的几个面积公式。

（10）三角形中的向量恒等式，如 $\overrightarrow{AB} + \overrightarrow{BC} + \overrightarrow{CA} = 0$。

（11）三角形中的中线定理，角平分线定理以及三角形"五心"的有关性质。

……

不难看出，上面的几种解法是联想到了这些发散的结论的。教师在复习中要经常带领学生做这项工作。再如，由"已知 x_1，x_2 是方程 $ax^2 + bx + c = 0 (a \neq 0)$ 的两根"这个条件，我们可以想到哪些？

2. 评思想——为试题赏析

从试题考查的知识点角度分析仅仅是复习了知识，如果从解题方法看，本题又是一个多元函数的最值问题。那么涉及多元函数最值的一般解题思想是什么？

如果不能直接用基本不等式或线性规划求解，剩下的只能是通过换元、消元的思想来达到减元，直至化为一元函数，以达到会求最值的目的，解题的本质就是利用化归与转化的思想，这样的例子举不胜举，参见下面的试题拓展。

教师带领学生赏析不同的解法，同时应该把解题过程中涉及的思想方法用彩色粉笔写在黑板的醒目位置，如化归与转化、求导法、换元法、消元法、基本不等式法、数形结合法等。这样做的目的显然是授之以"渔"，而不是仅仅教给学生解题的过程。

3. 评流向——为试题拓展

讲评课上，教师不要就题论题、孤立地逐题讲解，要透过题中的表面现象，善于抓住问题的本质特征进行开放、发散式讲解。一般可从三个方面进行发散引导：一题多解、一题多联、一题多变。当教师进行"一题多变"时，可将原题中的已知条件、结论等进行改动，然后再重新分析、求解。此训练宜由浅入深、步步推进，使不同层次的学生均有收获。

变题 1 （2016 年中国科技大学自主招生笔试试题）已知△ABC 中，$\sin A+2\sin B\cos C=0$，则 $\tan A$ 的最大值为_____。

解 因在△ABC 中，所以 $\sin A$ 和 $\sin B$ 都大于 0，

又 $\sin A+2\sin B\cos C=0$，故 $\cos C<0$。所以 C 为钝角，角 A,B 都为锐角；

再由 $\sin A+2\sin B\cos C=0$，得 $\sin(B+C)+2\sin B\cos C=0$。

所以 $3\sin B\cos C+\cos B\sin C=0$，所以 $\tan C=-3\tan B$，

所以 $\tan A=-\tan(B+C)=\dfrac{2\tan B}{1+3\tan^2 B}\leqslant\dfrac{\sqrt{3}}{3}$；当且仅当 $\tan B=\dfrac{\sqrt{3}}{3}$，即 $B=30°$

时，$\tan A$ 的最大值为 $\dfrac{\sqrt{3}}{3}$。

变题 2 （2014 年江苏卷第 14 题）若△ABC 的内角满足 $\sin A+\sin B=2\sin C$，则 $\cos C$ 的最小值是_____。

从条件看，涉及三个内角的正弦的线性关系，设△ABC 的内角 A,B,C 所对的边分别是 a,b,c，由正弦定理得 $a+\sqrt{2}b=2c$。从结论看是求 $\cos C$ 的最小值，应该想到余弦定理 $\cos C=\dfrac{a^2+b^2-c^2}{2ab}$。但此时出现三个变量，所以将条件代入"减元"。

$$\cos C=\dfrac{a^2+b^2-c^2}{2ab}=\dfrac{a^2+b^2-\left(\dfrac{a+\sqrt{2}b}{2}\right)^2}{2ab}=\dfrac{\dfrac{3}{4}a^2+\dfrac{1}{2}b^2-\dfrac{\sqrt{2}}{2}ab}{2ab}=\dfrac{\dfrac{3}{4}a^2+\dfrac{1}{2}b^2}{2ab}-$$

$$\dfrac{\sqrt{2}}{4}\geqslant\dfrac{2\sqrt{\dfrac{3}{4}a^2\cdot\dfrac{1}{2}b^2}}{2ab}-\dfrac{\sqrt{2}}{4}=\dfrac{\sqrt{6}-\sqrt{2}}{4}$$，当且仅当 $3a^2=2b^2$，即 $\dfrac{a}{b}=\dfrac{\sqrt{2}}{\sqrt{3}}$ 时等号成立。

四、结束语

总之，讲评高考题教师决不能只求答案，"讲"要讲审题、背景及解法，"评"要评价试题考查的功能，要以一题带出"一片"，教师应利用学生的思维惯性，引导学生进一步反思和探索，以便获得更好的效果。重点应从以下三方面入手：① 回顾试题的分析过程，从解题方法中再思考；② 回顾试题的最后结果，从最后结果的适用范围再思考；③ 对试题进行数学情境和数量的改造，要求学生再思考。教师要有意识地在原题基础上进行多角度改造，让旧题适当换上"新衣"，以培养学生发散思维的能力。

（此文发表于 2016 年第 12 期《中学数学教学参考》）

◇ 英语

关注个体差异　找准学习起点

——由三次公开教学活动引发的思考

小学英语　韩雪峰

英语教师经常根据需要跨年级任教或任教同轨年级几个班。各班学情不同，学生学习基础不等，对同一教学设计和活动的反应自然不同，学习效果必然有异。

一、案例与分析

【案例 1】精彩的展示

2013 年，我校组织了主题为"践行教学主张，构建高效课堂"的教学研究，内容是译林版新教材四年级上册第五单元"Our new home Story time"版块，我获得了上研究课的机会。接受任务后，我认真研读教材教参，精心构思设计，制作精美课件，邀请同轨研讨，数轮磨课，信心百倍地在本班对全校百名老师做课堂展示。

课上，新知环节——同学们发言积极，对答如流，表演从容，一位女生表演时不小心将头饰掉落在地也毫不紧张，自然捡起放胸前，继续对话；拓展环节——六人一组先讨论，再用所获奖励设计并展示房间布置，各小组争抢表演，流利的口语和流畅的表演把课堂推向了高潮。

【案例分析 1】

课后，观课老师一致肯定本节课践行了"以教师为主导，以学生为主体，学生是学习的主人"的宗旨，增强了课堂效益。因为是本班学生，我对他们知识、能力水平、学习习惯及兴趣爱好都很了解。他们从一年级开始学习英语，使用两套教材，有选修课或课外兴趣班等课外拓展，语言知识基础较实，口语表达能力较强。学生熟悉我的教学风格，经常和我一起对外公开课堂，表现从容，配合默契。

【案例 2】惨烈的失败

三天后，我满怀信心地带着这个成功课例去开发区一所乡村小学上研究课。

课前，熟悉学生时，班主任对我善意地摇摇头，我并未在意。我用游戏和学生互动以活跃课堂气氛，又中英文结合提些简单问题，启发学生回答。课上，我按部就班地用课前设定的全英文模式执行教学预案——首先用儿歌 Where's the birds? 引出本课主线。唱完儿歌，通过 Free talk 环节复习 Where's…！和 It's….

这两个已学句型,引出 living room 等五个单词。用自然拼读法简单带读几遍生词,稍稍练习了单词和句型。阅读中,用 Look and talk,Watch and tick:What's missing? Read and find:Where are they? 三个步骤层层递进来突破重难点,帮助学生理解课文。可当我把一个个自以为很简单的问题抛出后,课堂鸦雀无声,难起半点涟漪。我努力振作,希望用肢体语言配合全英文授课,可是课堂气氛依然尴尬。Listen and repeat 和 Read in roles 环节,跟读几遍后,好多学生竟然不能流利大声地朗读全文,有的学生生词都不全会读,更不用说脱离课本表演。Act the story 环节我只好让学生上台分角色诵读草草收场。学生读得结巴,拓展环节对话表达的效果可想而知。我使出浑身解数,希望力挽狂澜,把学生引到课前设定的轨道上,却累得满头大汗,老牛拉犁般艰难而无奈地结束本课教学。

【案例分析 2】

课后,区教研员指点说:你的基本功和教学设计都不错,但备教材的同时考虑到学生个体差异吗? 前后两班学生的学习起点相同吗? 预设了课堂突发事情及处理方法吗? 如何利用好课堂生成的教学资源? ……一连串的问题启迪我,催我深思,促我反省。

回想课前班主任善意的摇头就是在提示我要考虑学生的个体差异和学习起点,但没引起我的重视。真实情况是这些乡村孩子多是留守儿童,三年级才学英语,只用一本教材,课外阅读几乎没有,课外拓展和表演更少。如此状况,机械地执行同一教学预案怎能出彩?

【案例 3】成功的喜悦

2014 年 4 月,我参加区教师基本功竞赛,赛课地点在区另一所乡镇学校。内容是四年级下册第六单元"Whose dress is this?"。该课有两个场景,人物语言多而杂,单复数变化学生易混淆,要在一堂课中解决这些重难点颇有难度。

课前,我大致了解了学生的学情并按学情分组,让学生熟悉我将要使用的课堂指令语,带学生粗略地预习课文,带读生词和句子,帮助初步了解课文。课上,导入环节,呈现《爸爸去哪儿》中五个萌娃的卡通形象,通过学生评价萌娃着装不露山水地突破部分重点单词和句型。新知环节,学生在动画里找问题,目标明确,任务简单,应答积极。组内读课文,互相帮助。课件提示下的重难点句型讨论由个体思考变为集体合作,学习目标在集体合作中轻松完成。拓展环节,学生用 Whose — is this/are these? It's/They're —'s. 这两个重难点句型练习表达,在句型表达中理解课文,真是一举两得。学生讨论我融于其中,适当点拨,鼓励和帮助解决难点,孩子的表演浑然一体,水到渠成。整节课气氛活跃,高潮跌宕,听者一致好评。

【案例分析 3】

有了前车之鉴,这次我不仅认真研读教材教参,反复揣摩教法,更重视学情研究,努力寻找学生的学习起点。课前我了解了该班学生的情况:他们虽然也从三年级开始学英语,用译林教材,但学生订阅了英语报,有些阅读量,学生源于集镇,大方活泼,口语表达和表演能力较前个班稍强。备课时我尽量考虑到他们的认知水平、生活环境、口语表达能力等差异,调整教学方法,把重难点句型放到课文中处理,在此基础上设定符合学生特点,能够达成的教学目标,并增添《爸爸去哪儿》娱乐元素,以满足学生的好奇心,激发学习兴趣。虽然也是借班上课,因心中有学生,处处站在孩子角度去完成每个教学环节,被孩子喜欢便顺理成章了。

二、引发的思考

英语新课程标准明确指出,教师要面向全体学生,关注学习语言者的不同特点和个体差异,体现以学生为主体的基本理念。有效学习需建立在学生学习起点之上,也需教师在教学的目标、内容、过程、评价和资源开发及利用等方面均考虑到学生的发展需求。只有关注学生的个体差异,找准其学习起点,才能提高课堂效率,实现高效课堂目标。这既顺应英语改革发展的需要,也符合学生全面发展的需要。

思考一 教师要面向全体学生,需关注学生个体差异。

这三次公开课我均执教四年级。第一次授课对象是本班学生,我和他们已建立起良好的师生关系,站在学生角度设定教学环节,课堂高效在情理之中。第二次备课只考虑到学生已具有一定的英语知识和生活经验,对在挖掘教材教参外需密切关注学生个体差异和把握学习起点认识不足,简单执行在本班用过的教案,游离于学生之外,惨烈的失败成为必然。第三次备课我汲取前两次的经验教训,立足学生,构建课堂,最终收获了成功。

由此可见,要想真正实现高效课堂的目标,教师必须面向全体学生,关注学生的个体差异。而生活环境、性别特征、兴趣爱好等众多因素造就了不同的学生个体,即便是同龄的孩子,他们的认知方式和学习方法等也有差异。对于有些老师而言,公开教学和他班授课机会不太多,似乎平时教学没有"破冰"的需要。即便如此,如果教师迫于教学琐事,一味追求学生能学会、会考试的所谓高效课堂,而造成千差万别学生个体的缺失,结果只会事与愿违。

思考二 教师要面向全体学生,需找准学生学习起点。

英语新一轮课程改革以培养学生综合语言能力为目标,根据语言学习规律和义务教育阶段学生发展需求,从语言知识、语言技能、情感态度、学习策略及文化意识五方面设计教学目标,它们互相联系和补充。我们在面向全体学生,找寻学生学习起点上应该围绕这五方面来展开。

(1) 找准学生语言知识的起点

就我三次执教的四年级学生来说,我班学生从一年级开始学英语,学了两套教材,语言知识已达课标相应要求,并在知识广度和深度上有所拓展延伸。后两个班则是三年级才开英语课,只用一种课本,刚达课标语言知识上的一般要求。学生语言知识的起点差距明显,阅读量储备不可相提并论。可我执行同一教案,让不同起点的学生完成相同任务并希望达到相同目标,结果自然是大相径庭。

(2) 找准学生语言技能的起点

英语新课程标准要求英语教学需注重培养学生听说读写等方面技能的综合运用能力。平时我尽量用纯英文教学,学生有了较扎实的语言基础,自主学习能力也已初步形成,他们口语交际自然大方,课本剧表演常态化,习惯跟读课文,模仿语音语调,体会人物情感,自主设计动作,甚至合理生动地创编。他班授课的学生这些能力相对较弱,他们课文表演时手足无措,不善表达,虽有板书帮助仍面面相觑,干瘪地读课文,不能自然地表演。我忽视了学生的语言技能差异,用本班起点要求他班学生,岂会不败? 其实,即便同班,学生个体的能力差异也很大,平时教学如果不加区别,同一要求,效果也不会理想。

(3) 找准学生情感态度、学习策略和文化意识的起点

英语学科性质决定了它必须将工具性和人文性相结合。学生的学习起点不仅有语言知识和技能的差异,还有情感态度、学习策略和文化意识的差异。同班学生由于家庭背景、生活环境等因素导致情感态度、学习策略和文化意识的起点有所不同,这些都必然影响到我们的课堂教学。因此,我们的教学需要依据这些起点,创设生动活泼的课堂气氛,构建和谐的师生关系,优化教学过程,潜移默化地引导学生形成有效的学习策略和一定的文化意识,产生初步的积极向上情感的态度和价值观。

三、建议与对策

观摩了一些课堂教学,我发现有些预设看似合理,课堂形式新颖,流程完整、流畅的教学,效果却不尽人意。我认为造成这种状况其中一个重要原因就是教师对学生主体地位的认识还不到位。要真正实现用高效课堂促学生全面发展的目标,教师需要关注学生的个体差异,找准学习起点,站在学生角度创设他们需要和喜欢的课堂。

(一)秉持爱心,采用积极的评价机制,了解和尊重学生的个体差异,培养积极的情感体验和创造性运用语言的意识

(1) 创设和谐民主的课堂氛围,融洽的师生关系

有老师常抱怨,自己认真备课,用心上课,努力提高成绩,怎么吃力不讨好? 我问学生喜欢什么样的老师? 大多数学生说喜欢幽默风趣有爱心能理解学生的老师。教师要秉持爱心,放下自己权威的身姿,走进孩子心灵,读懂他们的思想,开展平等对话,了解他们的生活环境、性格特征及近期心理情绪等,把握学习状态,创设和谐民主的课堂气氛。我平时以朋友的方式和引领者的身份尊重和关心他们,相

互了解,因此师生关系融洽默契。他班学生源于乡镇,生活环境较闭塞,师生不熟,心理有碍,难以配合。第二节课便是例证。参加片区赛课时我清楚意识到这一点,课前熟悉彼此,拉近距离,让其熟悉我课堂指令用语和课堂要求,根据学情分组,指导集体合作,给予积极评价,迅速建立起良好的师生关系。

(2) 优化教学过程,让学生爱学乐学

积极的情感体验、有效的学习策略和初步文化意识都必须在学生长期的学习过程中慢慢形成。课上,合理安排教学内容和步骤、组织多种形式的课堂互动,引导学生自主学习和合作交流;课后,开展丰富多彩的学生喜欢的形式,指导学生构建知识、发展技能、拓宽视野、活跃思维、展现个性,提升活动实效。

(3) 采取积极的评价机制,尊重学生个体差异

教师要时刻奉行"以教师为主导,以学生为主体"的理念,尽力满足学生不同的学习需求,摒弃急功近利,在教学过程的每个环节都能对学生的表现进行积极的评价,宽容、鼓励和赏识每个学生,尊重其年龄、性格、生活环境、认知方式等方面存在的差异,给予学生充分的自由空间,使学生在学习中发挥才能,体验成功的乐趣,获得成就感,树立初步的积极向上的价值观、人生观和创造性运用语言的意识。

(二) 准确把握学生语言知识和语言技能的学习起点,创设丰富多彩的课堂,提高课堂效率

对于本班学生,教师要把握学生语言知识和语言技能的学习起点,可以通过课内课外的读书、交流和活动等渠道来实现,他班学生则通过老师介绍和课前熟悉学生来达成。

在准确把握了学生语言知识和语言技能的起点后,创设学生喜欢的课堂教学就成为备课的主要任务。"教无定法,学无常态"。我们必须因时因地因人地创设合适的教学过程,以实现高效课堂的目标。在安排教学环节时,我认为可以考虑以下几方面因素:

第一,趣味性。如加入《爸爸去哪儿》之类的娱乐元素、听故事、课本剧表演、唱儿歌等都是符合年龄特点为儿童喜闻乐见的形式,我们可以适当增加使用量。

第二,互动性。英语课堂要活泼生动,可采取小组合作和集体交流的方式,让每个孩子都参与其中,在活动中教会学会倾听、沟通、尊重和帮助他人,从而在小组活动中相互帮助,共同进步。努力满足每个孩子的不同心理和学习需求,提供英语的实践机会,培养学生学习英语的兴趣和主动性。

第三,灵活性。我们尽管做了课前预设,但不同学习起点的学生对待同一课前预设的反应肯定不同,课堂效果也必不同。三次公开课经历让我明白了这个道理——好教案不等于高效课堂。同一课前预设在不同起点的课堂反应不会相同,还会生成不同的教学资源。教师不要一心想着拉学生到预设轨道,而应从学生角

度考虑问题,机智应对,灵活变通,便能避免学生陷入索然无味的境地,利用课堂新生成的教学资源为教学所用,从而实现教学效果最优化。

著名教育家苏霍姆林斯基说过:"教育,首先是关怀备至地、深思熟虑地、小心翼翼地触击年轻的心灵,在这里谁有细致和耐心,谁就能获得成功"。确实,教学是门艺术,需要我们排除杂念,保持孩子的心灵的纯洁。对学生我们只要用心用情去交流,走进他们的内心,点燃心灵的火花,尊重个体的差异,找准学习的起点,遵循发展的规律,顺势而为,我相信每个孩子都能快乐地扇动自主学习的翅膀,骄傲地飞翔。

(此文发表于 2014 年第 12 期《江苏教育》)

用开放性问题激活学生思维

小学英语　葛丽君

开放性问题具有开放性、灵活性和多变性的特征,将其应用于小学高年级英语课堂教学中有利于引导学生真正介入知识的探索,让学生有更多的时间和空间去思考、去探求,激活学生的思维,以达到对知识更深入的理解。然而笔者在教学实践和观摩中发现,小学高年级英语课堂教学中问题的设计令人担忧。下文笔者将结合具体的课堂教学案例谈谈小学高年级英语课堂开放性问题设计的策略,旨在打破原本封闭的课堂教学状态,创设一种开放、主动的学习环境和学习态势。

一、围绕主题设计开放性问题,让课堂活力倍增

过于简单、缺乏思维含金量的问题使得学生的神经系统的活动相对较少,思维不敏锐,而开放性的问题包含更多的刺激,有利于唤醒学生的中央神经系统,让学生迅速觉醒,有利于为学生营造自主探索、大胆交流和积极思考的开放式语言学习环境。话题是语言学习材料的提炼,是课堂教学内容的"眼睛"。围绕主题设计开放性问题,有利于激活学生的思维,让课堂教学呈现出一种动态、主动、开放的态势,让英语课堂活力倍增。

例如在教学牛津英语(译林新版)五年级下册 Unit 7 "Chinese Festivals"时,老师结合话题展开了如下的教学活动:① 开门大吉:模仿学生喜欢的娱乐节目《芝麻开门》,让学生根据音乐说一说歌曲的名称,如 We wish you a Merry Christmas! /Happy New Year! /…,为学生营造轻松愉悦的英语课堂氛围,让学生的思维活跃起来,让学生在"温故"的环节中自然地引出话题 Festivals;② 话题讨论:结合话题老师设计了问题"There are many festivals in different places. What do you know about Chinese festivals?",让学生联系自己的生活经验和知识储备尝试说一说自己所了解的中国节日,老师并通过问题"When is it? What do you do/eat at this festival?",引导学生大胆交流,打破原本封闭的"授受"的英语学习状态,让学生在悄然无声的状态中走向新知的学习。

案例中老师围绕学生的生活设计游戏和问题,为学生营造了快乐积极的学习和交流氛围,让学生积极运用已有的知识进行交流和预测,加速师生、生生间的信息交流,促进学生展开主动、积极、有创造性的学习。

二、围绕难点设计开放性问题,让课堂层次清晰

有效突破课堂教学的难点不仅是每个老师不断探索的话题,也是提高课堂教学效率的有效措施。传统课堂教学中教师忽视了对学生思维的激活,一味地讲解和练习让学生缺乏学习的兴趣和主动性,让英语学习变得僵硬死板。围绕难点设计开放性问题有利于打破原本封闭的课堂教学模式,为学生构建民主、开放的交际磁场,让学生在交流中实现语言能力的提升和智慧的迸发。

例如在教学牛津英语(译林新版)六年级上册 Unit 8 "Chinese New Year"时,老师结合语言难点设计问题如下的教学活动:老师首先通过关键词如 winter holiday/Christmas/Chinese New Year/…,设计开放性问题"Winter holiday is coming. What are you going to do?",让学生开展头脑风暴的游戏活动,在充满趣味的氛围中紧紧抓住学生的注意力,渗透语言项目 be going to,充分调动学生语言学习的主动性和积极性;接着老师则通过问题"What is Anna going to do at Chinese New Year?",带领学生展开阅读,梳理文本信息;然后老师又通过问题"Do you have any plans for the Chinese New Year? What are you going to do before Chinese New Year/…?",让学生结合所学内容和生活实际展开创造性的设计和交流。

案例中老师围绕语言项目 be going to 设计了开放性问题,引导学生展开头脑风暴和语言实践活动,充分激发了学生语言学习和探究的欲望,让学生在"用中学,学中用",有效加深了学生对所学语言项目的理解和记忆。

三、围绕生活设计开放性问题,让想象奇妙丰富

生活是语言的源泉,语言的学习离开了生活将是"无源之水、无本之木"。有效链接学生的真实生活设计开放性问题,有利于为学生营造真实的语言场景,降低学生语言交流和学习的陌生感和畏惧感,激发学生的想象和灵感的迸发,让语言的学习变得奇妙丰富。因此,高年级英语课堂教学中教师应当巧妙围绕生活设计开放性问题,打开学生思维的大门,激发学生表达的欲望,为英语课堂教学插上高效的翅膀。

例如在教学牛津英语(译林新版)五年级下册 Unit 5 "Helping Our Parents"时,老师链接生活设计了如下问题展开阅读活动:① 问题预测:老师通过问题"We help our parents at weekends. Mike, Helen, Tim and their parents are at home on Saturday. What are they doing?",让学生展开预测,激发学生阅读的好奇心,让学生产生强烈的阅读欲望;② 问题驱动理解:通过问题"What are they doing?",让学生观看动画找出人物的活动获得对文本的整体感知后,老师又结合问题"What is Mike/their father/… doing?",设计了配对连线的活动让学生从细节处获取文本信息,老师提出了"Everyone is busy. Tim is sleeping. Why? What do you want to say to him? What can he do?"——一石激起千层浪,这样的开放性问题为学生提供了自由发挥的舞台,学生们都兴奋地讨论开:Wake up, Tim. You can make your bed, Tim. /…。

案例中,老师结合生活设计了开放性的问题,让学生联系生活展开预测和想象,有效激发了学生交流和表达的欲望,在实践和交流中不断丰富学生的语言,发展思维品质。

构建主义认为知识学习不是由教师灌输的,而是学习者在一定情境下通过协作、讨论和帮助等主动建构的过程。小学高年级的学生具备一定的语言知识和学习能力,正处在思维和语言能力发展的关键时机。老师应当加强对问题设计的研究,有效利用开放性问题发展学生的思维,给予学生充分表达和创造的机会,让学生展开有个性、有创造的学习活动,让英语课堂教学彰显生命的活力。

(此文发表于 2016 年第 11 期《江苏教育》)

例谈在英语教学中如何进行"展示提升"和"拓展总结"

初中英语 沈 明

我校的课堂教学模式改革试验已历经两个多月,在反复的教学试验、探索、研讨过程中,学校提出了"创设情境,提出问题,独立思考,合作交流,展示提升,拓展总结"的六环节 24 字课堂教学模式改革的方针,为我们指明了课堂教学模式改革的方向。

一、认识

以学校组织的杜郎口参观考察学习为标志,课堂教学模式改革进入了实质性阶段。通过学校、教指委、教研组、备课组等层面的学习、交流及各类公开课、示范

课的研讨,教师们对课改的认识由模糊到清晰,由迟疑不定到达成共识再到自觉实践。共识有三:

1. 教师讲,学生听、记的方式必须改变。(激活思维)

2. 课堂上不合理的时间分配(教师讲得多,学生活动少)必须改变。(把更多的时间让给学生)

3. 死气沉沉的课堂气氛必须改变。(激活课堂)

真正使英语课成为语言实践课,使英语课堂成为互动式课堂,实现了以上改变,也就意味着实现了教师角色的转变,也就践行了"创设情境,提出问题,独立思考,合作交流,展示提升,拓展总结"的教学理念,也就意味着教学质量真正意义上的提高。

二、做法

(在此着重谈一谈"展示提升,拓展总结"这两个环节。)

展示的主要任务是展示交流预习中的学习成果,并进行知识的迁移运用和对感悟进行提炼提升。基本形式为以小组为单位回顾预习情况,或进行全班的展示和交流。通过形式多种多样的师生、生生的互动学习和感悟交流,根据学习进程,不断生成新的学习目标。展示实际上是复习加深的过程。

如初一7B Unit 3中最早学到了有关"问路"和"指路"的表达法。这个教学单元的教学目标是掌握 crossroads, straight on, traffic lights, turn left, turn right, zebra crossing 这些词汇及 Can you tell me the way to…? Turn left/right at the＋序数词＋crossing 的"问路"及"指路"交际用语在文化意识方面,让学生知道不同交通标志的寓意,教育学生遵守交通规则和社会公德。围绕这个主要目标,依照以下结构组织教学。

1. 课前热身

先让学生做 Turn right, Turn left, Put your left hand up. 等动作进行热身运动,然后用猜谜的形式复习一些公共场所的名称,以小组为单位进行竞赛并计分。

例如,A place where you can buy books. (Bookstore)以及 post office, park, library, cinema, bank, restaurant 等,然后把这些写有地点名称的卡纸放在学生桌上,让学生就此谈论每个公共场所的位置:in front of, beside, next to, on the right/left。

2. 创设情境

教师假装成饥饿的样子,与学生 A 引出下列对话。

T:Excuse me. I'm very hungry. I want to go to the restaurant. Where is it ?

SA:(用手指着)It's over there.

利用教室的过道和座位来充当路和十字路口。教师向学生 A 指的那个地点走去,遇到一排与过道交叉的地点,给学生教 crossing 这个单词。可以边走夹带手势边说:Go along the rood and turn left at the＋序数词＋crossing,走到 restaurant 卡片前,让持有这个卡片的学生举起卡片,确认。教师说:"This is the way to the restaurant. I get to the restaurant.",然后再从起点走一遍,引导学生说出路径,最后板书句型。

3. 操练

教师告诉学生这个星期天有很多事情要做。下面是清单:

(1) send some postcards

(2) borrow some books

(3) drink coffee with friends

(4) buy some books

让学生按照教师刚才的表达方式,分小组练习如何到达以上地点,然后以小组为单位表演出来。

4. 提升

让学生将学到的新知识运用到他们的真实生活中去。可以把我们南京的地图出示在屏幕上,告诉学生一个旅游团来南京旅游观光,让一个同学充当导游,旅游团的人问路。小组之间开展对话竞赛,对话可以拓展,加入以前学过的表达(例如,How can I get there? You'd better take a bus.),看看哪组编的对话最好,培养学生的创造性思维,提高交际能力。

5. 拓展

(在这一阶段,一方面可以拓展知识点,一方面可以进行文化意识参透)让学生说说我们中国的交通规则(Walk/Drive on the right.),然后再向学生展示几张西方国家的交通图片,让学生谈谈英国、加拿大等国家的交通规则(Walk/Drive on the left.)。通过此过程,对学生进行西方文化渗透,并教育学生在日常生活中要遵守交通规则,遵守社会公德(Before you cross the street, we should look right and look left first. We should walk along the sidewalk.)。

拓展总结这一环节,不仅仅是教师一个人的活动,教师要设法调动学生的热情,积极参与到活动中来。如在 Reading 的教学程中,要求学生在抓住文中重要词汇、短语和句型的基础上来复述课文。因为复述课文内容是一种培养学生多种能力,激发学生创新思维的有效方法——学生运用发散思维,对相关词语、句型进行替换或改写后按照一定的线索把课文口述出来。这种对语言的再加工过程,不仅是强化记忆、前后联系、提高英语口语能力的过程,也是一个培养创新思维能力的过程,同时又不拘一格,无固定的标准答案,给不同层次的学生以个性发展的空间并激发学生创新思维的生成。

又如教生词时,我们可以一改按生词表的顺序教学生读生词,然后机械地背单词这种做法,转而鼓励学生自己查阅词典,注意一词多义,然后组词造句。如在教学 either 一词时,教材中只给了用作副词意思为"也"这一个注解,同义词为 too,学生们通过自学找出多种其他的用法:用作代词 either(两者之一),either…or(或者……或者),either of+名词复数(两者之一),either+单数名词(两者中任何一个)。在组词造句中,学生能造出如下的句子"Either you or I am right. Either of the answers is right. Either book is interesting.",并提醒学生注意动词的变化。这样以教师的导为主线,突出学生的学,充分发挥了学生学习的自主性,有利于调动他们的新思维。

再如,学习阅读材料时,让学生沿着不同的方向去发现问题,提出问题,寻找问题的答案。当学生回答问题时,教师多用鼓励性的语言来鼓励他们,让学生感到教师的期待与信任。教师应提倡学生质疑问题,提问和辩论,勇于发表不同意见,使学生有心理安全感。记得以前用过的人教版的教材中的一篇课文"John's Day",最后提出了一个问题:Why doesn't he use the lift for the last three floors? 让学生充分发挥他们的想象力。有的同学回答:"因为电梯坏了",还有的回答:"他要锻炼身体","他个子矮够不到十五层电梯的按钮"等。对于学生的不同见解,我们做老师的应该给予他们肯定,不轻易否定,这样才能充分发展学生的创新精神和创造能力。

展示提升这一环节,教师还可以因地制宜,见机行事。如可以把教室当作一家超市、一座花园、一个饭馆、一间诊所等。展示活动可以是调查采访、角色表演、游戏竞赛等,当然还可以唱一唱、画一画、做一做……让课堂与生活链接,把生活引入课堂。只有学以致用,知识才能转换为能力。如学习有关 shopping 的语言,我们可以把讲台当作柜台,用精美的剪贴或实物充当货物(a glass of milk, a bottle of orange, cakes, apples, oranges),师生分别扮演"营业员"和"顾客"进行购物情景对话,引导学生着重掌握 Can I help you? Would you like something to eat/drink? What would you like? 等语言知识。

在学习颜色和服装的名词时,可以请班上穿着漂亮的学生进行 fashion show,问学生:"Do you know the names of these clothes? Let's learn these clothes."。一边欣赏表演,一边教学新词。在教学 usually, always, sometimes, never 这些表示频率的副词之后,让学生练习它们的用法时,我们可以设计一个采访活动,让学生当小记者,以日常活动为话题来采访其他同学。

6. 总结

这一环节可分三步:一是教师可以根据当课所接触的语法项目和应该完成的语言功能,设计相关的开放型话题,组织学生分组演练以及片段写作、课文复述或知识重组,以培养学生的想象力和创造力,发展他们的灵感思维和交际运用能力。二是当堂综合练习测试。这一步的目的是反馈强化、归纳总结、查漏补缺,从而顺利地使学生达到对本节课知识的系统了解,掌握语言对话、课文以及相关的语言信息,最终使学生熟练掌握本节课的教学内容。三是引导学生把本节课所学习的内容和现实生活联系起来,使所学的知识"源于生活",又"回归于生活"。如,在学完"购物、打电话、问路"等交际用语后,可以鼓励学生进行英语短剧表演,或在有可能的情况下在超市、家、学校与售货员、家人、同学或老师进行真实的交流,让学生真正体验到英语的重要性。

短期的教学实验已经证明:"创设情境,提出问题,是为了引导学习;独立思考,合作交流,是为了激发学习;展示提升,拓展总结,是为了教会学习。"南师附中课堂教学模式改革的 24 字方针,促进了学生学习方式和教师教学方式的转变。

总之,英语教学模式要兼顾对学生进行知识探究和素质养成两方面的教育。

教师要灵活运用,要针对教材内容,结合本班实际,选用各环节具体操作中的最佳途径实施教学。教学要因人而异,因课程而异,因学生而异。

(此文发表于 2014 年第 5 期《语数外学习》)

◇ 物 理

关于"凝结"的一点思考

初中物理　路永宁

在小学科学教材(江苏科技出版社出版)中,有这样一段内容:液体形态的水受热后变成气体形态的水蒸气,这种现象叫作蒸发。水蒸气遇冷后,又从气态变成液态,这种现象叫作凝结。在配备的课后作业中,又有这样的一道作业题:液体形态的水受热后变成气体形态的水蒸气,这种现象叫作(　　　)。水蒸气遇冷后从气态变成液态,这种现象叫作(　　　)。

A. 凝结　　B. 蒸发　　C. 凝固　　D. 液化

我是初中物理老师,因为前几年主持过一个中小学衔接方面的省级课题,和小学科学组的老师有较多的合作,当小学科学组的老师问我这个问题时,我毫不犹豫地说:水蒸气遇冷后从气态变成液态,这种现象叫作液化。然而我错了,小学教材上讲的明明白白:水蒸气遇冷后,又从气态变成液态,这种现象叫作凝结。

困惑中,我翻阅了一些资料。

人民教育出版社出版的义务教育教科书八年级上册第三章《物态变化》的第三节《汽化和液化》中的描述是:"……从气态变为液态的过程叫液化(liquefaction)。……北方的冬天,可以看到户外的人不断呼出'白气',这是呼出的水蒸气遇到冷空气凝结成的小雾滴;戴眼镜的人从寒冷的室外进入温暖的室内,镜片上会蒙上一层小水珠,这是室内空气中的水蒸气遇到冷镜片凝结成的。清晨,人们有时会看到路边的草或树叶上结有露珠,这是空气中的水蒸气遇冷凝结成的小水滴。实验表明,所有气体在温度降到足够低时都可以液化。"

江苏凤凰科学技术出版社出版的义务教育教科书八年级上册第二章《物态变化》的第二节《汽化和液化》中的描述是:"……物质由气态变为液态叫作液化(liquefaction)。……露和雾也是由水蒸气液化形成的。空气中的水蒸气在夜间气温降低时液化后凝结在地面、花草、石块上形成小水珠,这就是露。通常,空气中有较多的浮尘,气温降低时,水蒸气就会液化成小水珠附着在浮尘上并弥漫在空气中,从而形成雾。"

人民教育出版社出版的《新概念 高中物理读本(第三册)》(赵凯华、张维善)中关于凝结是这样说的:"物质由气态转变为液态的过程称为液化,也叫凝结。……在大自然中,往往在空气上升时发生绝热膨胀而冷却,其中冷却了的水蒸气变成饱和汽后,遇到空气中的尘埃、离子等便凝结成小水滴,这是自然界中水蒸气凝结的最重要的过程。按水蒸气凝结现象发生的高度不同,可以把它分成两类:第一类是地面上的水蒸气凝结,温度高于 $0°C$,就是露;温度低于 $0°C$ 则形成霜。若凝结时高于 $0°C$ 成露后再降低到 $0°C$ 以下则成为露冰。第二类是大气中的水蒸气凝结,低空叫作雾,高空叫作云。在温度高于 $0°C$ 时,云是由水滴构成的,称为暖云。水滴因继续凝结而不断增大时,落到云外变成雨。"

从上面的几段关于凝结的说法中我们可以看出,对凝结和液化以及凝华,并没有做出严格意义上的区分,如果我们一定要区分,那应该是凝结的内涵包含了液化和凝华,如果说发生了凝结,则可能是液化,也可能是凝华;但是如果明确是液化,就不可能是凝结,同样,如果是凝结,就不可能是液化。

再来了解有关课程标准,《义务教育小学科学课程标准》第二部分课程目标中(三)科学知识部分是这样要求的:

1. 学习生命世界、物质世界、地球与宇宙三大领域中浅显的、与日常生活密切相关的知识与研究方法,并能尝试用于解决身边的实际问题。

2. 通过对物质世界有关知识的学习,了解物质的常见性质、用途和变化,对物体的运动、力和简单机械,以及能量的不同表现形式具有感性认识。

而具体内容标准活动建议则是:

1. 了解物质有三种常见的状态:固态、液态和气态。温度的改变可使物质的状态 发生变化。知道水的冰点与沸点。

2. 知道物质的变化有两大类,一类仅仅是形态的变化,另一类会产生新的物质。

不难看出,小学的课程标准要求只是"具有感性认识""知道物质的变化有两大类,一类仅仅是形态的变化",对有关概念的内涵和外延做出判断是不做要求的,而且,如果要判断,水蒸气遇冷后从气态变成液态的现象,在凝结、蒸发、凝固、液化中选择,也应该是液化,而不是凝结!

类似的小学科学和中学物理"打架"的现象还有不少,我想,小学阶段的科学课程(江苏在一、二年级的课程名称叫"做中学"),在课程内容的编排上,是否需要和中学阶段进行有效的衔接?重点是两方面:一是有关概念的定义方面,能不能更严谨、更科学规范?二是活动的内容,能否让初中物理(也含化学和生物等)变成小学科学的继续和升华,让小学科学成为初中物理的前概念?因为对初中物理的教学而言,小学阶段的科学学习应该是激发学生学习物理的前概念的动力,从知识结构上说,只能补充、完善,而不是重新建构!

(此文发表于 2017 年第 9 期《物理通报》)

◇ 地 理

指向有效教学的课标分解

高中地理　徐国民

课程标准是国家对学生接受一定教育阶段之后的结果所做的具体描述,是国家制定的某一学段共同的、统一的基本要求。它是教材编写、教师教学、教学评估和考试命题的依据。但是,相对于课堂教学的要求,课标要求过于宏观、笼统,现行使用的四套高中地理教材,其编写思路、内在逻辑、所选案例、内容组织等方面不尽相同。不同地区经济文化教育水平差异较大,同一地区也存在明显的学情差异。因此,基于课标、教材、学情的课标分解,既是高效课堂教学的保障,也是促进教师专业成长的重要抓手。

一、课标分解聚焦课堂教学目标

课标分解是指在阅读、理解、领会课标的基础上,弄清内容标准的内涵外延,并将内容标准具体成每节课的教学目标(学生的学习目标)的过程。课标分解的目的是为了实现有效教学,它将上位的、概括性的教学要求,细化成下位的、具体的、可操作的、可测量的课堂教学指南。它明确了学习的主体,彰显了教学的本真,关注学生的学习方式和手段,从而促进学生成长、课堂生长,让基于主体内动的学习真正发生。

课标分解指向课堂教学目标,因此课标分解也就围绕教学目标的几个要素——行为表现(行为动词+核心概念)、行为条件、行为程度等内容展开。其步骤如下:

第一步,分析课标陈述,找出关键词(动词及动词所指向的核心概念,修饰它们的形容词、副词等以及规定性条件);第二步,扩展或剖析核心概念;第三步,扩展或剖析行为动词;第四步,确定行为条件(需考虑学情、校情、资源等);第五步,确定行为表现程度(需考虑学情、校情、资源等);第六步,叙写学习目标。

例:分解"运用有关资料,概括城市化的过程和特点,并解释城市化对地理环境的影响"。

第一步,分析课标陈述,找出关键词。

动词:概括、解释;核心概念:城市化的过程和特点、城市化对地理环境的影响。

第二步,扩展或剖析核心概念。

分解内容	概念体系	知识地位
概括城市化的过程和特点,并解释城市化对地理环境的影响	是什么?(概念)	
	怎样的?(过程)	
	有何特点?(特点)	重点/难点
	有何影响?(影响)	重点

第三步,扩展或剖析行为动词。

分解内容	概念体系	适用行为动词	学生经验
概括城市化的过程和特点,并解释城市化对地理环境的影响	是什么?(概念)	说出	很少
	怎样的?(过程)	简述	无
	有何特点?(特点)	阐明	无
	有何影响?(影响)	解释	略有

第四步,确定行为条件。

分解内容	概念体系	特征	适用行为条件	学生经验
概括城市化的过程和特点,并解释城市化对地理环境的影响	是什么?(概念)	抽象	通过阅读江宁开发区土地利用变化图说出	无
	怎样的?(过程)	抽象	通过阅读课本图文资料简述	无
	有何特点?(特点)	抽象	通过图片、图文资料阐明	无
	有何影响?(影响)	较具体	结合自己观察通过讨论解释	略有

第五步,确定行为表现程度。

分解内容	概念体系	适用行为动词	行为表现程度	学生经验
概括城市化的过程和特点,并解释城市化对地理环境的影响	是什么?(概念)	说出	含义要点	很少
	怎样的?(过程)	简述	准确无误	无
	有何特点?(特点)	阐明	在教师指导下,用自己的语言准确表达	无
	有何影响?(影响)	解释	能举例解释	略有

第六步,叙写教学目标。

课堂层面教学目标(学习目标)的叙写,一般采用"行为主体＋行为表现(动词＋核心内容)＋行为条件＋行为程度"的方式来表达。上例中的教学目标可叙写为:

(1)通过阅读江宁开发区土地利用变化图,在教师引导下,说出城市化的含义要点。

(2)通过阅读课本图文资料,准确无误地简述城市化过程。

(3)通过观察图片、阅读图文资料,在教师指导下,用自己的语言准确阐明城市化的特点。

(4)结合自己的观察,通过讨论举例解释城市化对地理环境的影响。

二、课标分解坚持学生立场

必须明确一个思想,学生是学习行为的发生者,是学习的主体,别人无法替代。因此,课标分解必须坚持学生立场。这个立场首先体现在教学目标的执行者是学生,目标的设计基于学生的学,目标层次的设定应充分考虑学情。离开学生的学,脱离学情的教,再好的目标也只能是水中月。例如,某教师围绕课标"运用地图归纳世界洋流分布规律",叙写如下教学目标:

(1)通过对洋流成因的分析,培养学生综合分析问题的能力。

(2)通过对洋流分布规律的分析,让学生掌握世界洋流分布规律。

这个目标中的主体是教师,分析洋流成因、分布规律的主人也是教师。透过这个设计,我们可以想象到教师灌输的课堂场景,这种课堂怎能实现有效教学?又如何能实现学生的成长?

有效教学离不开丰富多彩的典型案例,贴近学生的案例,不仅可以拉近知识载体与学生的距离,增强学生的学习兴趣,还可以充分调动学生对熟悉事物的已有认知,加快对新知的理解。例如针对课标"了解区域的含义",可将教学目标设计为"结合江宁分校校园、江宁开发区等区域实例,说说区域特征",围绕课标"结合实例,了解遥感在资源普查、环境和灾害监测中的应用",可将教学目标设计为:

(1)通过观察江宁分校的航拍影像,说出对遥感的认识,推测航拍成像的电磁波波段,结合教材(人教版)图1.4复述遥感的一般工作原理。

(2)通过阅读"江宁区土地利用图"和"暴雨前后的江宁开发区图",辨认这些遥感图片的作用。

学生的学习是一个知(思维)、心(心理)、行(经历)合一的渐进过程,教学目标的设计必须尊重学生的认知规律,否则,将给学生的认知造成障碍,影响学习的效果。例如,人教版必修二第三章《农业地域的形成与发展》,在编写结构上很好地响应了课标"分析农业区位因素,举例说明主要农业地域类型特点及其形成条件",教材在阐释农业地域的形成时,使用的是澳大利亚混合农业的案例。若教师依据教材叙写对应的教学目标:通过分析澳大利亚的混合农业,认识影响农业地域形成的因素。按此目标实施教学,效果会怎样呢? 学生在没有学习种植业、畜牧业之前,以混合农业为例来说明农业地域类型的形成,超越了学生的已有知识经验,其效果可想而知。有经验的教师会结合学生熟悉的当地农业生产,说明农业地域类型的形成,这样学生容易理解,学习效果要好得多。

三、课标分解引领学习方式

美国缅因州国家训练实验室研究表明:采用不同的学习方式,学习者在两周后记住的内容(平均学习保持率)差异明显(如右图),被动学习(听讲、阅读、视听、演示)学习保持率远远低于主动学习(讨论、实践、转教别人)。学习方式不仅影响学习效果,还影响

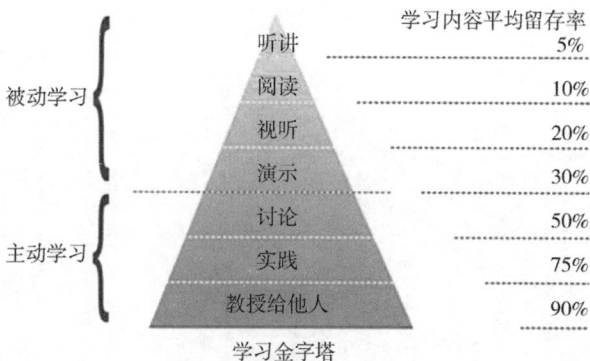

	学习内容平均留存率
听讲	5%
阅读	10%
视听	20%
演示	30%
讨论	50%
实践	75%
教授给他人	90%

被动学习:听讲、阅读、视听、演示
主动学习:讨论、实践、教授给他人

学习金字塔

学生创新精神和实践能力的培养,事关未来建设者的素质、民族的兴衰。课标分解确立学生是学习的主体,而不是知识的容器,将学习定位于学会学习。"通过阅读江宁开发区土地利用变化图,说出城市化的含义要点"——促进学生自主学习;"结合自己的观察,通过讨论举例解释城市化对地理环境的影响"——引导学生合作学

习;"通过调查,结合具体案例分析人口迁移的影响"——推动学生探究性学习。课标分解不仅影响教师的教学理念和教学方式,还最终影响和引领学生学习方式的转变。

课标分解的行为条件是教学目标得以实现的保障,行为条件的内涵离不开具有思维含量的问题串、问题簇——它是引领学生学习方式转变的重要载体。教学围绕问题展开,才能促进学生思维的发展、能力的提高。精良的问题,必须问在节点处,问在易错点,问在困惑时。热力环流是高中地理必修一的重要内容,也是学生学习的难点所在。围绕这部分教学内容设计以下问题:

1. 热力环流中垂直运动因何而生?水平运动因何而起?先有垂直运动还是水平运动?形成热力环流的本质原因是什么?

2. 热力环流中,等压面的弯曲方向与气压高低之间是何关系?

3. 风向确定的基本步骤是什么?

围绕这些问题展开学习,不仅突出了教学的重点,也有助于突破教学的难点,从而真正实现课堂的生长。

课标分解的目的是为了有效教学,提高课堂教学效率,其本质是促进学生综合素质的提升。地理学科的研究对象及综合性、地域性等学科特点,对于培养学生的思维能力、读图能力,构建正确的资源观、人口观、环境观、发展观,均有着独特的优势。课标分解应立足于人的发展这一上位目标,围绕内容标准,以"提升素养"为中心,精心设计行为条件,多用输出型学习的行为动词,创设良好的问题情境,使学生在问题的探究中学会思考、学会分析、学会运用,在问题的分析中,自发地感悟形成正确的人地观念。

（此文发表于 2017 年第 12 期《中学地理教学参考》,
人大复印资料 2018 年第 3 期全文转载）

◇ 化学

如何在课堂中践行化学史教学

初中化学　蒋金玲

一、前言

化学史教学模式即利用化学学科的形成、产生和发展及其演变规律来进行课堂教学。日本著名化学教育家山冈望则身体力行,在长达六十年之久的教育生涯中,坚持了化学、化学史和化学教育相结合的"三位一体"的原则,受到日本政府的奖励。我国著名的物理化学家傅鹰教授也曾提出:"化学教育给学生以知识,化学史教育给学生以智慧。"化学史的重要性不仅仅受到化学家的重视,国家方面也用具体计划来证明了科学史的重要性。美国的"2061计划"中也将科学史纳入科学课程,其解释有二:其一,若没有具体的科学实例,关于科学发展和运作的概括将是空洞的;其二,科学发展中的人物、轶事对于我们继承文化遗产具有重要意义。同样,英国"国家科学课程"中对于引入科学史解释为:学生应该理解科学概念,随着时间而改变、发展的方式,理解这些概念及其应用是如何受社会、精神和文化背景影响的。所以,真正将化学史教育模式应用到实践教学内容中来,是必不可少的尝试。

就化学学科而言,其历史的发展比较特殊。它并非出生名门望族,更没有渊博的历史征程,于1661年才得以证明自己的独立性,发展历程才三百多年。但这三百多年里,化学学科的发展突飞猛进,在其他学科的推力和社会急速发展的背景下,不断创造奇迹,期间经历了十分艰难的过程。而化学知识点在初高中阶段相对来说是比较分散的,很多内容从知识点方面都无法让学生真正理解其中的本质含义,从而造成很多化学学习的误区,一些人认为化学和文科差不多,就是背方程式和元素周期表,从而忽略了其中更加重要的化学思维。化学史则可以作为各知识点之间的桥梁,巩固嫁接学生所学的化学知识,并从中形成化学思维和领悟化学探究过程。那么,如何将化学史融入课堂教学过程中来呢?化学史教学模式又如何实践呢?笔者初探了以下四种模式。

二、化学史教学模式探究

化学史教学模式的探究充分体现了新课程标准的教学思想,从情感态度价值观角度提升学生的科学思维和求真意识。将化学史融合在课堂教学中,既不影响教学进度,同时又可作为课堂各个环节的衔接载体,具有较强的可操作性。

(一)情境创设,化学发展背景再创

学生只有在一定的情境之下,才有可能形成积极主动的内化化学学习内容的心向,才有可能有效地对化学学习内容进行"意义建构"。利用化学史进行情境创设,可以更真实更深刻地让学生们体会到化学学习的意义。例如,"元素周期表的发现"这一课,教师可对元素周期表为什么会产生的历史背景进行概述:在第二次工业革命期间,由于工业的迅速发展,化学家们发现大量的新元素,化学界处于一种混沌的状态。当有的化学家提出这些元素之间肯定有内在联系时,大多数的化学家都予以否定。可是这依然阻挡不了化学元素周期表的出现,1869年,门捷列夫终于制作出第一张完整的元素周期表。学生既可以从中体会到化学发展离不开社会发展的推动力,又从真正意义上领悟到元素周期表在化学领域中的重大意义,从而引起学习的兴趣。

(二)穿插引入,加深明确概念理解

教学过程的中心不是"教"而是"学",不是平铺直叙的去讲解或灌输,而是积极地诱导和启发。化学史在教学中的适当插入,可作为画龙点睛的一笔。教师通过用生动的化学史实来给学生释疑,可加深学生对概念的正确认知。比如在电解质的学习中,通过对电解质认识的两个重要发展过程,让学生真正理解电解质的本质,而非因为名字而产生概念的误解:第一个阶段是19世纪早期,法拉第提出离子的概念,并且认为溶液中的离子是由于通电产生的。第二个阶段是19世纪中期,瑞典化学家阿伦尼乌斯用化学观点说明溶液的电学性质,提出电离理论,从真正意义上阐释了电解质电离是自发离解成自由移动的离子。同时还可利用其理论提出的曲折过程和期间产生的疑问,来让学生回答阿伦尼乌斯的指导教授当时存在的疑问,这样大大增强了学生学习的动力和兴趣,并使他们从中体会到严谨的化学思维。1883年,阿伦尼乌斯提出这一理论时,他的指导教授不以为然,不接受他的论文。经过一番风趣的曲折,耽误一年之后,他的论文才得以通过,他才得到学位。因为起初他的老师认为这个理论有许多问题不可理解,如氯化钠加热到1000摄氏度都不分解,今溶于冷水中,就几乎完全电离为钠和氯?离解的氯和钠丝毫不显示它们的毒性和活性?通过这样的诱导和启发方式,将历史、疑问和知识串联起来,过程生成的化学科学思想对学生的影响会是巨大的。

(三)再现实验,感受最初化学探究

教学中可以充分挖掘条件,把科学家做过的实验引入化学实验课堂或课外活动,让学生身临其境,体验和感受科学探究过程。由于现今高中教学资源有限,要完成某些实验探究是存在困难的,而化学史上的很多发现都是由生活中的一些简单的现象产生的,鼓励学生去做化学史上化学家做过的简易实验,可以培养学生在平凡的生活中探究和观察的能力。学生从以往化学家发现的一些方法中感受到化学无处不在,比如英国化学家波义耳在发现紫罗兰花瓣遇酸变红的现象后,利用各种植物做实验的过程体验。生活中常见的紫色牵牛花遇醋也能变成红色等便捷简单的实验,可增加学生对化学家探索思维过程的了解。

(四)两线贯穿,知识历史明暗结合

将化学史贯穿于整个课堂的教学之中,并且用明暗两条线来贯穿,即在过程中体会到化学史发展的具体过程,感受其中辩证统一的思维。与此同时,将化学知识在这样一个动态的教学过程中予以呈现,实现情感态度价值观与知识技能的双达标。

如在氧化还原反应的教学中,巧妙地将化学史作为明线,将氧化还原三阶段作为暗线贯穿整个课堂,并在不同阶段设置疑问,激发学生兴趣。第一阶段完成与初中知识的链接,以为什么氧化反应和还原反应同时发生的问题结束,激发学生对第二阶段氧化还原认识的兴趣。第二阶段深入化合价层面,通过学生自主练习探究,并模拟化学家的身份来感受其中的过程,得出结论,最后在一定的历史条件背景下判断一个反应是否为氧化还原反应,并以为什么化合价能判断氧化还原反应这个问题结束,引出第三阶段。第三阶段通过汤姆逊发现电子的背景以及自主实验探究过程,从理论上分析氯化钠和氯化氢的形成过程,揭示氧化还原本质,本课时三层次呈螺旋上升趋势,层层深入,层层递进。其实氧化还原整堂课最为关键的就在于如何让学生充分理解和接受电子转移概念。在教学设计中利用化学史发展的逻辑性和穿越的趣味性,学生在过程中体会到一个动态的氧化还原的概念,层层深入,最后导出本质内容:电子的转移。从宏观现象到微观解释,学生从不同的视角来认识氧化还原反应,从而建立一个立体动态的概念。

在化学教学中运用化学的历史可使教学不只局限于现成知识的静态结论,还可以追溯它的来源和动态演变;不只局限于知识本身,还可以揭示出其中的科学思想和科学方法,使学生受益。在这种教学模式中,让学生知其然,并知其所以然。近年来,对于化学史如何真正落实到教学中的研究几乎是一片空白。在应试教育体制的压力下,这种软实力往往被忽视,学生的科学思维及科学精神亟待提高。了解得深,才能领悟得真。虽然我们一直在教学中强调过程的重要性,但是我们一直注重的都是结果,学生学的也一直是结果。在千篇一律的教学课堂中,注入化学史的活力,探究一种更为本质的教学模式将成为一种趋势。

(此文发表于 2015 年第 8 期《中学化学教学参考》)

◇ 历史

创设历史情境激活课堂教学的实践性认识

——以人教版"美国联邦政府的建立"为例

高中历史　袁文松

情境教学法因具体形象的场景创设和学生能够从中获得一定的态度体验,促进学生对教学内容的理解,被越来越多的历史教师采用。实践中,历史教师有目的地选择素材,创设特定历史背景、一定具体场景,使久远的历史"复原",通过相应的生活展现、图片再现以及角色扮演,让学生有一种身临其境的感觉,使学生在学习中领悟历史的博大精深与深邃智慧,情感得到净化和升华,创造思维得到唤醒和启迪,真正体会到学习历史对自我成长、自我提升的意义。下面以人教版必修一"美国联邦政府的建立"为例,谈谈我是如何创设情境引导学生学习历史知识、感悟历史智慧的。

关于"美国联邦政府的建立"一课,课程标准的要求是:"说出美国 1787 年宪法的主要内容和联邦制的权力结构,比较美国总统制与英国君主立宪制的异同。"我认为教学的重点是帮助学生掌握 1787 年宪法的主要内容和联邦制的权力结构。为此,我基于材料创设历史情境,让学生在历史情境中进入角色,通过设身处地的内心体验,理解该角色当时所面对的问题,进而思考解决这些问题的方法。

【情境创设与实践之一】

为了拉近学生与历史的距离,引出本课要讲的主要内容,我用图片、音乐创设历史情境,引导学生在思考与交流中进入核心内容的学习环节。

历史背景:1789 年 4 月 30 日,纽约,美国首任总统乔治·华盛顿就职典礼;背景音乐:美国国歌《星条旗永不落》;图片再现情境:PPT 呈现 2004 年乔治·布什带领全家的就职仪式(美国总统就职典礼内容之一是要进行宣誓);思考问题:当年华盛顿总统在就职时,举起右手,到底会说些什么呢?

2004 年乔治·布什就职典礼

问题一抛出,学生便议论纷纷,积极发言。A 同学说:"我爸是共产党员,每次晋级升职时都说,一定竭尽全力,为人民服务。"B 同学说:"我爸是纪委干部,每次晋升时都会说,一定廉洁奉公,管好自己的家属和亲戚。"C 同学说:"我一定忠于国家、忠于人民、忠于党、忠于我的老婆。"(其他同学大笑)看学生们对这个问题很感兴趣,而发言的 A、B C 同学都是男生,我便用试探的口气鼓励坐在角落的一位女同学:"尊敬的总统大人,请说说你的思考。"那位女同学站了起来,脸憋得通红,却一句话也说不出来。周围的同学也在用"快讲呀"督促她,给她施加压力,她变得更窘了,面对这种情况,我只好为她解围:"同学们不要督促她了,是我错了,我不该找这位女生回答这个问题,因为美国到现在还没有出现女总统,所以她无法回答。""那让她去美国竞选呀!"眼看着学生的课堂表现偏离了课前预设,为了保持课堂活跃气氛,促进学生参与教学,我引导学生思考这样的问题:华盛顿不是美国独立之后就任总统的,而是 1789 年,1789 年之前到底发生了什么重大事件? 经过我的提醒,学生终于明白:完成了 1787 年美国宪法的修订工作。于是,我模仿乔治·布什,表情严肃地背出誓词:"我谨庄严宣誓(郑重申明),我必须忠实执行合众国总统职务,竭尽全力,恪守、维护和捍卫合众国宪法。"并且用 PPT 将誓词呈献给学生,让学生体会"恪守、维护和捍卫合众国宪法"的意义。

基于背景、素材的历史情境和问题情境设计,由于贴近学生认知,实践中取得了很好的效果。不仅活跃了课堂,激发了学生的学习兴趣,使课堂教学自然地过渡到要讲的内容——1787 年宪法这个核心,还使学生在参与教学活动中领悟到宪法是根本大法,所以美国总统要将"恪守、维护和捍卫合众国宪法"作为誓词。

【情境创设与实践之二】

关于联邦制的权力结构,我觉得必须让学生了解联邦制和三权分立的内容,理解分权与制衡的意义,得出为了共同目标,只有相互妥协、多元理解才能达成一致认识,从而促进人类文明的发展。为此,我创设了 1787 年制宪会议的历史情境,引导学生进入角色,加深内心体验。

历史背景：1787 年 5 月，费城；相关人物：A 制宪会议主席华盛顿，B 马萨诸塞州代表（北方），C 佐治亚州代表（南方），D 新泽西州代表（小），E 弗吉尼亚州代表（大），F 麦迪逊（民主人士、宪法之父），G 汉密尔顿（民主人士）等。图片再现情境：PPT 呈现制宪会议和相关材料。

1787 年宪法制宪会议

材料一　这次会议上争论的比较多的问题包括：参议员的选举和分配，比例代表制如何定义（是否包括奴隶或其他财产），总统如何选举及任期长短和连任次数，行政权是应该由多人共享还是一人独占，什么样的罪行应该受到弹劾，对逃亡的奴隶应如何处置，是否禁止奴隶贸易，法官是由立法还是行政部门指派等。

材料二　1787 年制宪会议各代表分歧严重，争吵激烈。汉密尔顿坚持建立一个强大的中央集权政府，麦迪逊则反对，主张保持各州一定的独立性；马萨诸塞州代表与佐治亚州代表为要不要废除奴隶制争得不可开交；新泽西州代表主张不论大州小州，每个州在国会的权力一样；弗吉尼亚州代表主张国会代表按各州人口比例分配。每当会议难以进行时，华盛顿总是找到双方坐到一起喝喝咖啡，等气消了再继续讨论。

课堂实践中，参与活动的同学按要求扮演 A、B、C、D、E、F、G 角色，他们结合自己对材料的理解以及对美国历史的了解，再现当年制宪会议情景，探讨面对如此严重的分歧该如何解决问题。经过激烈争论，他们形成了解决问题的方案。由于他们基本是根据材料与课本知识进行交流、思考与争论的，所以形成的解决问题方案与1787 年宪法内容有很多类似之处。而且经过这样的角色扮演活动，学生对历史产生了亲切感，加深了内心的体验与认识：中央集权与地方分权相结合，奴隶制在南方合法和在北方非法，参议员大小州一律平等，众议员人人平等是当时各派妥协的结果，也是与美国当时国情相适应的。

虽然实践中这一教学环节有些混乱，占用时间也比较长，但总体效果还是很好的。主要表现在两个方面：一是参与扮演的同学对自己的角色有一定的理解，积极发表意见,并据理力争,从而带动其他同学参与教学活动,表达自己对历史的思考;二是加深了对1787年宪法制宪会议意义的理解,得出"有时妥协是一种伟大的美德"的结论。

【情境创设与实践之三】

三权分立和分权制衡在1787年制宪会议中其实分歧不大,学生也能理解其本质。为了加深学生对联邦制的权力结构的理解,我引入话题——2006年美国关于要不要向中国台湾出售武器的争论,让学生通过争论体会三权分立和分权制衡的意义。

相关角色:两名同学分别担任参众议员,一名同学担任总统,一名同学担任联邦法院大法官;相关主题:要不要向中国台湾出售F-16战斗机;决策步骤:依照美国1787年宪法程序,步骤一:A同学(众议员)提出提案——应国内军火商洛克希德·马丁公司的请求和台湾地区的需要,决定向台湾地区出售F-16战斗机,这是一项双赢的买卖。步骤二:提案交给B同学(参议员)审批,B同学经过与议员讨论,同意了A同学的提案,决定与A同学一起以国会名义向C同学(总统)提出要求,落实具体措施。步骤三:提案转到C同学(总统)手中,他却否决了该提案,理由是F-16属于进攻性武器,向台湾地区出售该武器违背了中美之间的原则性协议,必然会损害与中华人民共和国的关系。步骤四:A、B同学(国会)向D同学(最高法院大法官)控告,总统否决国会提案违背宪法。步骤五:最高法院大法官经过集体讨论,做出终审裁决——总统否决有效。

表面上,学生只是依据相关步骤体验三权分立和分权制衡的过程,或许是因为这个过程对他们来说有新意,或许是因为他们进行了角色扮演,所以在学习过程中表现出色,往往为"谁的权力最大"而争得面红耳赤。经过激烈争论依然很难说服对方,长时间对峙相持之后,最终得出了理性认识:第一,每个部门权力相对独立;第二,任何一项权力都要受到另外两项权力的制约,在权力的天平上任何一项权力都不允许大于另外两项权力;没有最大,只有相互牵制,这就是分权与制衡。

总之,要提高历史教育教学的有效性,促使教育教学为学生的发展服务,需要教师更新教学方法,更需要教师放宽视野,选择恰当的素材,创设符合教学目标的历史情境,帮助学生学习历史、与历史对话,从历史中汲取智慧,增强对社会的历史责任感。

(此文发表于2014年第8期《中学历史教学参考》)

◇ 科学

揭开月相的神秘面纱

小学科学　刘英莹

翻开科学课教学相关杂志,各版本教材都有关于"月相"教学的文章,有很多介绍成功教学"月相"的好案例。小学科学教学中关于"月相"教学的研究不可谓不丰富,说明"月相"是小学科学教学中值得关注的课题。笔者甚至认为"月相"是小学科学"地球与宇宙"系列内容中最具有代表性的主题,难度较大,但教学价值更大。如果吸取成功经验,注意方法问题,能使得课堂焕发出科学的独特魅力。反之,如果缺乏充分认识,教学新手也会感到头疼:因为关系复杂、知识抽象,容易造成学生学得糊里糊涂。

一、"月相"是小学科学教学内容中的经典课题

课标中相关内容要求体现在"天空中的星体"之"太阳和月亮"部分,要求学生最终要知道月球每天每月的运动模式,要求学生能从各种媒体上了解更多有关月亮的知识。分析一下便可发现:认识月球每月的运动模式要从相关现象入手,月相有规律的变化便是最为显著的现象之一;有关月亮的知识很多,最为大家熟知的便是月相的阴晴圆缺。可以说"月相"主题具有很高的教学价值,堪称经典。

首先,宇宙浩渺,如果没有望远镜等专业设备,很多现象较难观察。但月相却不同,用肉眼直接可见,不需要专业技术和设备,只要天气晴好即可。要想检验解释月相变化规律或成因的假说,也无须控制任何条件,只要抬眼看便可,甚至可以让学生发动家人一起观察。因此,月相是非常合适的观察对象。

其次,古今中外关于月相的文学艺术作品很多,如《水调歌头》《彩云追月》等,研究月相时可以结合这些脍炙人口的作品,增强美感,实现多学科的融合。

观察月相虽然简单,但需要长期坚持才能积累足够证据,发现规律。通过必要的鼓励和任务驱动,可以为培养学生持之以恒观察的习惯和毅力创造机会。

二、认识"月相"的难度可分成不同层次

虽然月相变化是常人熟悉的现象,但对于大多数人而言,只知其一,不知其二。比如,大家所熟知的是满月,峨眉月,也许有人听说过上弦月,但很多人以为新月就是细细弯弯的月亮,而科学专业术语新月却是指"看不见的月亮"。大家也都知道"月满则亏,月缺则盈"的周期性变化,但能注意到满月前后月相亮面方位不同的人

则是少数。关于月相变化的原因，不少人猜想是由于地球挡住了阳光造成月球表面有大小不同的阴影；也许还有人以为是云彩挡住了的缘故呢。所以，月相是人们既熟悉又陌生的话题，不仅具有教学价值，还富有认知挑战。其难度大致可以分为三层：

第一层，比较容易认识的是典型月相的名称，从新月、峨眉月、上弦月到凸月、满月、下弦月、残月等，主要根据形状和亮面方向来区分。

第二层，发现月相变化的规律，特别是与农历时间相对应的出现顺序。比如月初月末是新月，满月前亮面朝右，满月后亮面朝左等。这层目标稍难，需要较为细心的观察，但通过引导不会成为太大的问题，只要掌握了几个典型月相出现的时间顺序，就可以推知其他特殊的月相。

第三层，探究月相变化的成因：太阳、地球、月亮三大天体的相对运动造成位置关系变化，从而导致月球被照亮的面积正对地球部分的大小发生周期变化，于是出现了有规律的月相周期变化。这一层确实很难，需要一些基础。其中涉及学生对月相并非月球发光乃是反射日光的认知；涉及学生对公转、自转及其不同周期的识记，涉及从地球角度观察所见月相的空间想象；最难的还是对月相变化成因的语言阐释。

三、突破"月相"教学难点需要恰当的措施

针对不同认知水平的学生可以设置不同难度的目标，实施分层次教学。若想在小学阶段达到第三层次认知目标——即认识月相变化成因，则需通过模拟实验、视频资料等手段的综合运用才行。

小学生的空间想象能力有限，要帮助学生清楚地认识日、地、月三者相对运动情况，三球仪的运用恐怕必不可少，当然在操作并观察三球仪模型的运作之后，也可让学生用肢体表演三大天体的运转以加深印象。但如果让学生用三球仪观察月相变化则由于偏小而不够理想。有些学校为了让学生观察典型月相配备了月相盒，从代表不同日期的观察孔中窥见月相。这种器具固然操作简便，观察结果也很清楚；但实际上，类似于暗盒的月相盒并不能帮助学生理解天体的位置关系与月相变化的联系，因此笔者不建议采用。如果时间允许，倒是可以让学生在认识清楚月相变化规律和成因之后自己设计这样一个观察装置作为拓展。有经验的教师在反复尝试后倾向于采用半边涂黑的白色皮球模拟半边被照亮的月球，在地球观察者的周围绕转（绕转时白色面始终朝向代表太阳的某个模型）。这种方法的观察效果较好，同时也能体现出三大天体的相对位置关系（图一至图三）。

在模拟实验之外，还需利用能呈现三大天体位置关系和月相变化的图像资料来补充说明，以弥补空间想象能力的不足。其中直观性最强的微视频也许是最好的选择。

图一：三球仪

图二：月相盒

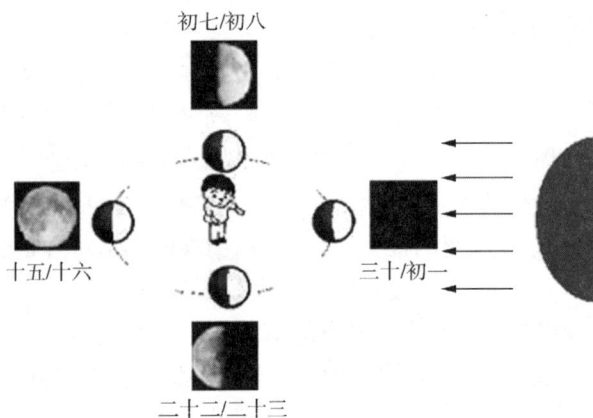

图三：月相观察图

　　难度提升到一定程度通常会导致学生学习兴趣的降低，为了重新唤起学生的注意，需要加强生活运用，用学习的成就感回报学生的努力。笔者自己曾为能根据观察到的月相成功推测农历日期而欣喜。教师在课堂上则可以运用一些案例分析，如警察破案时根据证词中有关月相的描述找到蛛丝马迹从而揭秘真相等。有心的老师还有一些巧妙的教具发明，如江苏省太仓实验小学的陈宇祝老师在2016年03期《科学课》杂志中曾提到制作月相扑克：正面是月相、背面是农历日期，学生可以摆成圆圈，也可以随便抽出一张，根据月相猜日期。

　　有了这些措施作为保障，高年级小学生便可以揭开月相的神秘面纱，学到的知识可以终身运用，并可以教给周围的亲友，他们也许会进一步对月食的奥秘，或者对月亮露面时间的不同等问题产生探究的兴趣，这就是可持续的探究教学啦！月相教学正是因为其与日常生活的相关性、丰富的艺术元素、教学难度的可控性而使科学课堂绽放出迷人的魅力！

（此文发表于2017年第12期《小学教学参考》）

◇ 音乐

高中音乐翻转课堂有效性的实践初探

高中音乐 高 博

2004 年,萨尔曼·可汗通过雅虎通聊天软件、互动写字板和电话,帮助他的表妹解答了所有遇到的数学难题。很快,他身边的其他朋友也上门讨教,忙不过来的萨尔曼·可汗索性把自己的数学辅导材料制作成 10 分钟以内的视频,放到 You-Tube 上,方便更多的人进行自主分享,由此迈出了翻转课堂的第一步。

所谓翻转,就是重构学习流程。在翻转教学模式中,学生先通过老师制作的教学视频自学,到了课堂上,做一些实践性的练习,并利用学到的知识解决问题。在学生遇到困难时,老师会进行指导,而不是当场授课。学生进行的通常是项目式学习,教师则针对不同学生进行区别化指导。与传统课堂的接受式学习方式相比,翻转课堂教学模式更注重自主、协作、探究式的建构性学习。基于此,在高中的音乐鉴赏课程的学习中,翻转课堂教学模式的运用也必然是大势所趋。

笔者自 2014 年开始关注翻转课堂教学模式,通过 3 年多的实践,对高中音乐翻转课堂的有效性运用形成初步体悟和经验。

一、研读课标,使高中音乐翻转课堂有的放矢

高中音乐课教学中,每周一节音乐鉴赏课,课程时间有限,学生的课余时间更是少之又少。因此,探索建立更适于高中学生学情的音乐课翻转教学模式是第一要务。

对于任何学习领域,课程标准解决的是"教什么"的问题,而"如何教"的问题则留待教材层面和教学层面了。尽管课程标准十分重要,但它不能直接作用于教师和学生,成为学生学习的直接对象。课程内容只有"教材化",即通过具体的事实、现象、素材表现出来,学生的学习内容才是现实而生动的。

在翻转课堂模式下进行高中音乐教学,教师要首先完成对每节课的教学目标、教学重点以及教学内容的梳理与提炼。这个过程的工作量是非常大的,教师不仅要对课程标准很熟悉,同时要参照课程标准,针对每一课进行目标分解,制定更细致更适合学情的教学目标,能够提纲挈领地将每节课的重点简明扼要地传递给学生。在此基础上,制作五到八分钟的微课,将每一课的核心内容完整地呈现出来,满足学生个性化的需求。这实际上是要求音乐教师基于对课程标准中课程内容的领会和把握,超越对教材内容的机械传递,创造性地、个性化地运用教材,以生成丰富、多样的教学内容。这实际上是将课程、教材、教学等不同的层面贯通起来,从而将"理想的课程"转化为教师实践中运作的"实际的课程"。

制作微课,要课标更要关注学情,满足更适合学生需要的教学需求,但是教师在制作微课的过程中,必然投入大量的精力,要保证每一课都有微课,并且是精致的微课,单凭一个人确实难以完成。因此,对于微课的制作,如果能够以几位教师团队协作的方式进行分工合作,那必将极大地提高微课的使用率。

如今在高中音乐鉴赏课堂中,学生的音乐素养水平参差不齐,教师一味地讲授,并为学生选择特定而有限的音乐作品,学生只能被动地接受,这使音乐的审美感受不够充分,直接导致教学效果大打折扣。而翻转课堂作为一种现代化教学手段,包括声音、图画、动画、视频等多媒体因素,使教学内容更加生动有趣,更易于促进学生学习兴趣的提高。教师摆脱了对教材的崇拜和依赖,对教材进行了"二次开发"。

二、合理运用,使高中音乐翻转课堂实效更显著

传统的高中音乐鉴赏课大多使用的教学方式是聆听感受、知识认知、参与体验、合作探究等,在这种教学方式中,学生的自主学习性被弱化,基本以教师讲授为主,学生的体验也是极为有限的,课后更没有知识内化的过程,因此学习成效相对较弱。而微课的模式,恰恰弥补了传统教学中的弊端,极大地促进了学生自主学习的积极性,通过课前简短的微课学习,学生对课程有了完整、直接、明确的认知,同时把不明白的地方形成问题,在课堂上进行互动提问,这极大地推动了高中音乐课学习的有效性。

翻转课堂教学模式对学生学习能力的培养是毋庸置疑的,对教师的分层教学也有很强的指导性作用,但这并不是对传统教学手段的全盘否定。在高中音乐课的教学中,传统教学方法也有其优势。在现阶段的音乐教育状况下,高中学生音乐认知基础的差异性较大,翻转课堂教学模式并非适用于所有的教学内容,传统教学手段也必须融入其中。

比如在湘教版高中鉴赏教材中,第一单元的教学内容,使用翻转课堂的模式显然就欠妥。在学生对高中音乐课学习的内容、方式完全不熟悉的情况下,传统的传授式教学方式就明显更具优势,教学效果也更显著,学生的学习效果有保障。而第三单元"音乐与民族"的教学,就完全可以使用翻转课堂教学模式。事实证明,用翻转课堂教学模式进行施教的班级比用传统教学方式进行施教的班级,其教学目标的达成更好,教学内容的完成度更高,教学效果更明显。还有一些课程,需要将翻转教学模式和传统教学模式相结合,才能达到更加满意的教学效果。比如第二单元"音乐的美",使用翻转课堂模式对音乐要素表现音乐的手法进行微课教学,继而在课堂上,教师以优美为例,结合音乐要素的表现对学生进行鉴赏方法的引导与欣赏讲授,在这样的学习过程后,大多数学生都能自主对壮美、崇高美、欢乐美以及喜剧美、悲剧美进行学习、理解、探究和总结,学习成效非常显著。

在实际实践中,虽然学生的能力和时间非常有限,但是从课堂的分享中,能很明显地看到学生在音乐学习上的进步,能很强烈地感受到学生对音乐的理解在不断加深,能很欣喜地看到学生对音乐的分析越来越专业,见解也越来越独到。

三、完善管理,使高中音乐翻转课堂运作更规范

翻转课堂教学模式的管理包含时间管理和行为管理。时间管理分为课前时间管理和课堂时间管理。课前时间管理的目标是确保学生在课前有足够的时间观看教学视频,完成基础测试,尤其是要保证学生有独立思考的时间,但由于翻转课堂教学模式的教学视频是在课前提供给学生自主学习用的,所以有时会处于一种弱控制状态,学习效果和效率在一定程度上存在不确定因素,对学生的学习自觉性有很大的考验。课堂时间管理以学生的协作学习、分享学习、探究学习的活动为主,因此,必须充分利用课堂面对面的交流时间,来激发和维持学生的学习积极性,优化教学过程。翻转课堂教学模式的行为管理也有其特殊性,传统课堂的行为管理主要是为了维护良好的课堂教学秩序,约束和控制可能干扰学习的行为发生,而翻转课堂教学模式下的课堂行为管理的主要任务,则是建立良好的激励机制,引导学生积极参与到小组讨论和协作探究等活动中来,从而提高学习效率和翻转课堂的教学效果。

毋庸置疑,运用翻转课堂模式,能极大地体现因材施教的理念,反映学生不同的学习能力和需求。但在高中阶段音乐学科中,教学时间有限,课后学习时间几乎为零,因此,在实际操作中,对分层教学还不能很好地落实施行。当下高中音乐课使用翻转课堂模式也只是初步的探索,希望随着越来越多的老师对翻转课堂教学模式的研究和探讨,高中音乐课的翻转课堂模式教学能愈发精彩!

(此文发表于 2018 年第 7 期《北方音乐》)

◇ 劳技

中学劳技教学有效评价的实践探索

劳技 李 玉

中学劳动与技术教育是以操作性学习为基本特征的教育,教学环节由讲授、操作、评价和拓展等几个环节组成。在劳动与技术课程的教学中对学生评价的目的是为了促进学生的发展,让学生的劳动态度和操作技术得到正确的反映,激发学生学习的积极性。对学生学习的有效评价更是为了让学生培养正确的劳动意识,形成初步的技术技能,养成良好的技术素养,形成认识自我、热爱生活、关心他人的思想情感,继而实现主动学习、探索创新的基本目标。劳技课程在中学阶段的每个学期都有不同的教学项目和教学内容,这就决定了以学生获得积极的劳动体验,形成良好技术素养为基本目标的中学劳技课程有着多样的评价方法和手段。

一、课堂教学评价,关注学生学习态度的养成,促进学生的主体发展

课堂教学是实施劳技课的主要渠道和方法。教师不只是为了完成教学目标进行教学,更应注重学生的学习过程和感受。劳技课堂不是以教师为中心而是以学生的主体性发展为中心,让学生通过一系列的劳技课程和活动项目的学习形成一定的技术素养和技术基础,进而让学生真正感受到技术的魅力和技术带给自己的快乐,形成基本的技术认知和职业体验。笔者认为,教师在课堂上要关注和研究学生因性别、个性、成长环境不同所形成的学习习惯和认知差异,因材施教使师生之间多一些对话的平台,观察学生的学习态度、技能认知、技术习惯等课堂行为,把课堂教学活动"慢"下来,让教师和学生在每一节劳技课堂教学中,通过评价学会反思,让评价的"镜子"作用发挥到实处;通过课堂评价教师及时对学生的行为态度和学习习惯进行具体点评,让学生认识到自己的不足和问题,使学生在情感上、行为上、技术上都能切身感受到作为个体的存在感,使课堂活动评价成为一种常规和习惯,促进学生的主体发展。

二、活动项目评价,体现劳技课程的综合性,发展学生的主动探究能力

评价的作用不是对学生的定性而是促进学生的发展,满足学生的内心需要,使学生的好奇心得到充分的满足,使学生的征服感得到跨越。

教师只有从思想上认识到学生在教学活动的主体性作用,并从学生的接受知识能力和技术差异这些显性行为着手进行评价,关注学生由量变到质变的漫长变化过程,才能在实施劳技教学的过程中使学生的被动性、模仿性操作活动通过有效评价获得主动探究的意识,使技术的创新和拓展在评价中显现出层出不穷的火花。

劳技课程是由不同的活动项目和活动内容组成的。因为学生的个性发展与兴趣爱好不同,所以学生并不是对所有的劳技学习项目都擅长,这就造成了项目学习的不均衡性和困惑性。面对这种情况,笔者认为对学生的评价不能一概而论、一锤定音,而应以阶段性项目活动为基础,在技术操作和实践创新中对学生进行全面客观的评价,使学生在评价的过程中学会多学科知识的综合运用并形成一定的知识迁移,发挥学生在劳技课程中的主体性作用,让学生感受到评价带给自己的新的学习契机。

三、三维立体评价,展示评价方式的多样性,培养学生的技术活动意识

劳动与技术教育的活动内容是开放性的,课程的项目实施也具有一定的选择性。因此,对学生的一系列操作活动和实践项目进行评价的方式也是多种多样的。

(一)过程和结果兼顾的评价方式

《7—9年级劳动与技术教育·信息技术教育实施指南》提出:"在注意结果评价的同时,还要重视结果形成的过程性评价。既要关注学生学习过程中的设计、操作、评价等方面的评价,也要关注学习过程中学生的学习态度、情感的发展和变化。"课堂是由一定的知识体系所构成,也是学生获取知识的主要场所。教师作为课堂教学活动的设计者也应该努力创造条件,使全体学生在学习活动获得情感上的满足,技能上的发展,态度上的转变,价值观念上的更新。通过教师的指导与帮助,使学生在劳技课程的学习中通过评价的方式满足内心需要。教师对学生的学习评价也不只局限于是否取得一定的技术成果,而是更多地培养学生的学习兴趣,增强学生的自我认知能力,以学生为本,融合劳技课程的三维目标,关注学生的学习过程和状态,促进学生个体的和谐发展,使评价的结果能促进人的发展,使劳技课程成为学生体验和实现自身价值、获取技术知识和实践能力、陶冶情操的乐土。

(二)课内和课外多样的评价方式

劳技课程的教学评价也不仅局限于课堂之内,它也可以与丰富的校园文化活动、社区活动、社会实践等活动相结合。在校内,劳技的教学项目可以延伸到其他领域并与之相结合,形成一定的专题活动。比如学校的花艺社团课就是从园艺项目中延伸并独立出来的一门特色课程。学生在纸花的制作过程中,通过日常观察形成关注自然、关注生活、热爱家乡、热爱环境的人文情怀,同时把制作的一朵朵精美的花儿通过学校的文化艺术节、教师节、母亲节等活动进行义卖和展示,把课堂上单一的师生、生生评价转为校内师生、社区家庭等方面的多层次立体互动交流评价。以此让学生获得极大的情感和精神上的满足,继而转向更深地对技术课程的认知,修正思想,感受技术的多样性带给自己的成就感,培养专业兴趣,体验不同的职业技能。

（三）校内和校外多主体性的评价方式

家庭、社会是除学校之外学生活动的重要场所，在评价中除了教师、学生本人、同学的评价之外，家长对学生学习成果的评判，社会对学生技能实践的认可也是劳动与技术课程实施有效评价的手段之一。

例如：我在教凉拌黄瓜时把制作任务分配到课堂和家庭两个方面。在课堂评价展示环节，先展示的是家庭活动方面，通过"家务劳动记录卡"的方式让学生从制作步骤、过程、方法上把自己在家里学到的"厨艺"展示出来，并在同学间进行互评；再通过图片展示的方式让学生从"色香味"中"色"的方面对自己的凉拌黄瓜进行评价，同时通过视频把家长品尝凉拌黄瓜之后的感受播放出来，传递"吃"的乐趣。这样的评价，既让学生对凉拌黄瓜这一活动进行回顾，也让家长参与到劳技课程中来，学生也在与父母的隔空对话中感受到浓浓的亲情和自我服务的技术带来的成就感。

四、考核记录评价，树立学科课程的规范化，提升学生的专业意识

（一）考核评价

学习考核是评价的重要手段，是对学生一个项目的学习、一个学期或一个学年总体学习成果的评定，也是学生对自己阶段性学习的回顾与总结。在劳技学习中，学生既是活动的主体也是评价的主体，在过程评价中教师要逐步引导学生学会评价的方法和评价的方式。通过过程性考核与结论性考核相结合、教师考核与学生考核相结合的考核原则进行评价，在考核评价中既要体现学生对劳技理论知识的理解，也要体现学生对操作技能方法的掌握。通过班级之间评价、小组评价、生生评价、师生评价、家校评价等多种方式，既可以体现评价主体的多元性，又可以提高学生学习劳动与技术课程的积极性，进而促进学生自我提高和自我发展，让学生能从内心感受到技术带给自己的快乐！

（二）档案评价

在教学活动中，通过档案袋式的管理方法把学生的课堂表现、理论学习、项目操作、情感态度、专业技能等方面进行整理和汇编，使学生的学习过程与方法，知识与技能，情感态度与价值观客观展现出来，让学生在评价中得到精神的升华和技术的提高，让评价成为学生感受和领悟技术魅力的过程。档案评价可以优秀、良好、合格、不合格的方法进行总结性评价，还可以星级制度、符号展示等方法对学生进行过程性评价，把档案袋的管理评价应用到学生学习的方方面面，通过不断地对比与回顾，让师生在教与学的过程中都能不断进行自我完善和突破。

（三）赛制评价

在劳技的教学活动中，教师可以借助于校内外各类技术活动比赛鼓励和指导学生参与其中，让学生的实践活动与创新技能通过奖状、奖牌、证书这样的评定形式获得认可与鼓励。通过技术比赛这一平台,让学生从另一个活动角度感受劳动与技术课程多视野的教育功能,多层面的开放性领域,使学生触类旁通,以点带面学会客观、理性、辩证地看待技术课程;同时可以增强学生的集体荣誉感和责任感,提高其劳动与技术学习的自觉性,形成良好的技术素养和专业认知。

总之,学生是劳技课程学习的主体,也是技术探究的主人,教师是劳技课程的组织者、引导者更是学生的亲密伙伴。教师对学生的有效评价是具有激励性的也是具有反思性的,评价的标准具有一定的"硬"性目标但也具有适度的"软"性过程。多样的有效评价方式与方法在教学中的应用是学生对阶段学习的回顾与总结,是学生主动学习的过程,也是学生再一次受教育的过程,更是促进学生发展的重要途径。

(此文发表于 2017 年第 6 期《教学管理与教育研究》)

后　　记

　　南京师范大学附属中学江宁分校是由百年名校南京师范大学附属中学与南京江宁经济技术开发区(国家级)联合创办的一所从幼儿园到高中十五年一贯制的全日制学校。学校 2003 年建校,2006 年就进入稳步发展阶段。就在学校规划如何进一步发展的关键时刻,董事会提出:"把培育以人为本的学校文化,走内涵发展之路,作为学校发展的战略。"2012 年,张士民校长进一步指出:"学校文化的重点是课程文化,特色建设的关键是课程特色,附中的教育追求凝聚着附中课程文化的主体精神。分校必须传承附中深厚的文化底蕴,创建既有附中光荣传统,又有分校特色的个性化课程。"

　　按照这个思路,附中分校承担的江苏省"十二五"规划课题"基于'个性发展'的幼儿园至高中课程一体化建构的校本探索"和江苏省第 10 期教学研究重点课题"少教多学的运行机制及质量保障体系的研究"成功立项。从此,江宁分校从幼儿园到高中,从校长到教师,从理念到行动,掀起了一场轰轰烈烈、全员参与的课程与课堂的教学改革。

　　五年来,在省、市、区教科所领导和课程专家的指导下,课题组成员带领各科教师,以满腔的热情和高度的教育责任感,积极开展一体化校本课程的开发和"少教多学"的实践活动,为本书的编写积累了丰富的材料,付出了艰辛的劳动,他们是徐国民、崔超、李中阳、张文文、张溪、李贝、秦海芸、裴耀军、葛新、陈小兵、丁琴、程玉媛、金祎、张晓、刘佳蕴、居鹏、陆瑶、金盛、高博、宋权、程桂华、李玉、王娟、丁卉、宋丹、董蓉蓉、罗刚淮、陈洋洋、张建忠、闵洪权、殷传聚、朱国军、纪晖、周卫国、周家银、胥明豪等,在此向他们表示衷心感谢。

　　本书由张士民、李滔老师编著,全书渗透了他们的教育理想和教育智慧。最后,由李滔老师负责整合、修改、加工和充实。

　　本书内容分为一体化校本课程的整体建构、"少教多学"课堂的深度实践、课程与课堂实践的理性表达三个部分。由于编写者理论高度和实践能力有限,书中不当或偏颇之处在所难免,竭诚欢迎各位同仁不吝赐教,我们将虚心接受,不断改进。

　　在此书即将问世之时,诚挚地感谢对课题研究给予关心和指导的成尚荣、葛军、董林伟、徐志伟、蔡守龙、姚慧、葛敏、汪圣龙等专家、学者们!

　　课程建设和课堂教学改革,我们永远在路上!

2018 年 8 月